早期
代数的
学习与诊断

Early Algebra

黄兴丰 ◎ 著

上海教育出版社
SHANGHAI EDUCATIONAL
PUBLISHING HOUSE

前言

全美数学教师理事会(National Council of Teachers of Mathematics, 简称 NCTM)早在 1994 年发表了《代数为人人》的报告,这个报告提出:所有的学生都有平等的机会去学习代数的基本思想和方法。"代数为人人",旨在使每个学生都能在代数学习中获得成就,"代数"不能再被看作支离破碎的片断和没有意义的符号游戏,而是由代数思维贯穿的整体,同时这种代数思维还将延伸到几何、概率等领域的课程中。在这一目标的影响下,"代数思维"已经成为一个包含数学教与学的短语,这种教与学将为学生在代数以及其他领域取得成功作好准备。

20 世纪后叶关于 12—15 岁儿童代数思维的研究表明,当学生在高年级开始经历代数学习的时候,其算术思维方式暴露出了许多不足。同时,大量的研究揭示了学生从算术推理转向代数推理过程中遭遇的种种困难。所有这些激励研究者去探索相关的代数活动是否有可能进入低年龄段学生的课程,以帮助他们最终过渡到形式化的代数学习。

但是戴维斯(Davis)指出,自 20 世纪 60 年代以来,关于代数学习是否应该贯穿于中小学课程一直争论不休。他在第 5 届国际数学教育大会(5th International Congress on Mathematical Education,简称 ICME - 5)上所作的《低年级代数思维》的报告,对早期讨论 6—12 岁儿童的代数思维产生了重要意义,也影响了一批正在探索以新的方式组织中小学代数课程的数学教育工作者①。其中的绝大多数工作发生在 20 世纪 90 年代,由美国联邦政府教育部资助的早期代数研究小组以及全美数学教师理事会发起。1987 年召开的代数研究会议一致认为,代数思维是迫切需要关注的研究领域之一。

在美国开展早期代数运动的同时,其他一些国家也开始推进这项工作,如俄罗

---

① DAVIS R B. ICME - 5 Report: Algebraic Thinking in the Early Grades[J]. Journal of Mathematical Behavior, 1985, 4(2): 195 - 208.

斯的实验学校、中国的小学教育等。然而，正如大家所看到的那样，直到晚些时候，我们才能在英文专业出版物上阅读到相关的研究成果。欧洲数学教育研究会（European Society for Research in Mathematics Education）和国际数学教育心理学组织〔the International Group for the Psychology of Mathematics Education（PME），简称 IGPME〕纷纷开始发表相关论文，标志着在更广的国际范围内，反思这一新兴领域的时代已经到来。2001 年，IGPME 第一次表明了应当重视这一主题研究的立场。2001 年 12 月，国际数学教育委员会（International Commission on Mathematical Instruction，简称 ICMI）第 12 届专题研究会议在澳大利亚墨尔本举行，会议主题为"代数教学的未来"。在这届会议上，早期代数工作组（the Early Algebra Working Group，简称 EAWG）正式成立[①]。早期代数研究首次以专门工作组的形式出现在国际专题会议上，标志着早期代数研究登上了数学教育研究的国际舞台。来自世界各地的学者各抒己见，探讨早期代数研究多年来的发展，这些讨论强调了早期代数思维的一个关键特征——概括一般性。这一特征在接下来介绍典型案例研究时会有详细阐述。其后，ICME - 13 又成立了专题调研组来回顾和展望早期代数研究与教学的发展[②]。

20 世纪 80 年代末，与早期代数思维发展相关的研究还是一个新的研究领域。在 1992 年出版的《数学教与学研究手册》（Handbook of Research on Mathematics Teaching and Learning）中，它还不是一个相对独立的分支[③]。但是，目前已经作为早期代数而闻名于世。传统的代数教学通常从 12 岁左右的学生开始，相比之下早期代数关注的是 6—12 岁年龄段的儿童。不过，对于代数思维的研究绝不仅仅局限于低年级儿童，如今代数思维的研究对象已经包括高年级儿童，并逐渐成为代数教学研究的核心。例如，布兰顿（Blanton）和科普特（Kaput）将代数思维定义为"一种思维习惯，渗透在所有的数学活动之中，包括建立、判别、表示与数学结构、数学

① STACEY K，CHICK H，KENDAL M. The Future of the Teaching and Learning of Algebra：The 12th ICMI Study[M]. Dordrecht：Springer，2004.

② KIERAN C，PANG J，SCHIFTER D，NG S F. Early Algebra：Research into Its Nature，Its Learning，Its Teaching[M/OL]. Cham：Springer，2016. https：//doi.org/10.1007/978-3-319-32258-2_2.

③ GROUWS D A. Handbook of Research on Mathematics Teaching and Learning[M]. New York：Macmillan，1992.

关系相关的猜想和假设"①。

另外,所谓早期代数研究关注的是低年龄儿童,与之前的研究相比,出现了微妙的变化,从突出以内容为中心的传统特征转向注重数学推理的过程和表征,使得教学活动看起来更适合低年级儿童;同时,也转向关注早期代数活动的本质,从而促进这些推理过程和表征的发展。

21世纪以来,早期代数的研究领域被描绘得更加清晰,形成了更加综合性的观点,代数思维的理论框架也更加完善。近来的研究关注的核心是数学关系、模式和算术结构,同时密切关注6—12岁儿童的推理过程,因为这正是他们逐步建构关系、模式和结构的关键时期。儿童的推理过程包括:注意、猜想、概括、表征和论证。与推理过程的研究相交织的两个主要的数学内容领域是广义算术(例如,数或量、运算、性质)和函数。这两个内容领域包含的概念和对象有:相等或等价、共变量、变量或准变量、表达式、方程、图示、表格、图像和符号等。总之,在过去的10—15年中,我们对早期代数研究的认识,就其关注的核心、推理过程、内容领域、概念和对象而言,已经变得更加明确。

许多研究,特别是那些将实验组与常态组进行比较的研究清楚地表明,学生的代数思维并不是在以算术为主的传统课程教学中就可以自然形成。必须从低年级开始,在教学中有目的地培养学生的代数思维。越来越多的研究所提供的实证数据证明,早期代数思维可以发展成更复杂的思维方式。反过来,这些更复杂的思维方式又会对学生后续重要代数概念的学习产生影响。

最后,感谢我的研究生一起开展了这方面的研究,她们是唐晓明、季丹晨、朱文静、张国玉、单菲菲、徐小焱、徐佩佩。还有其他几位研究生一起参与了本书的编撰和校对工作,在此一并表示感谢。

黄兴丰

2021年6月

---

① BLANTON M L, KAPUT J J. Elementary Grades Students' Capacity for Functional Thinking[C] // HØINES M J, FUGLESTAD A B. Proceedings of the 28th Conference of the International Group for the Psychology of Mathematics Education, 2004:135 - 142.

目　　录

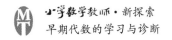

第一章
几何图形的模式概括

◎ 模式概括是发展早期代数思维的有效途径

◎ 行动研究的设计

◎ 理解字母含义是模式表示的关键

◎ 概括乘法模式反而比加法容易

◎ 图形中复杂结构带来的困难

第一节
模式概括是发展早期代数思维的有效途径

一、概括模式的内涵

为了进一步理解代数的本质,我们需要对代数进行更加细致的分析。梅森(Mason)以及科普特等人提出了与概括相关联的代数概念。对于梅森等人来说,一般性是数学的命脉,而代数是表达一般性的语言[1]。科普特和布兰顿认为[2],算术的代数化超越了以熟练为导向的观点,直接指向在低年龄段帮助学生养成今后学习代数的思维方式。他们研究的核心包括关注代数概括的特征,以及在小学阶段如何促进学生在这方面的发展。到目前为止,研究主要集中在概括几何模式和数的性质上。

1. 概括几何模式(规律)

在早期代数思维中,概括被赋予了重要的价值。科普特等人强调,概括过程是任何一个活动代数化的关键要素。即使是数的运用也可以代数化,只要它的目的不是计算本身,而是对一类对象的表征。例如,在概括几何模式的活动中,要求在"大"的图形中找到小正方形的个数,二年级学生能够通过具体的例子,使用数字表示一般意义形成计算方法或法则。

里韦拉(Rivera)察觉到模式的概括过程并不是线性的、层级的、过渡性的。相

---

①　MASON J, GRAHAM A, PIMM D, GOWAR N. Routes to/Roots of Algebra[M]. Milton Keynes: The Open University Press, 1985.

②　KAPUT J J, BLANTON M. Algebrafying the Elementary Mathematics Experience. Part 1: Transforming Task Structures[C] //CHICK H, STACEY K, VINCENT J. Proceedings of the 12th ICMI Study Conference: The Future of the Teaching and Learning of Algebra. Melbourne: The University of Melbourne, 2001:344 - 351.

反,它是多维的、动态的、特性化的,受到认知、社会文化和其他因素的影响。这些特征反映在他的"模式概括分级表征理论"中,其中不同层次之间的各种协调和联系形成了模式概括的过程。这一理论独到地解释了模式概括中学生个体表现的差异性,以及学生在学习和体验的基础上不断发展的特征。

澳大利亚的伯克(Bourke)和斯泰茜(Stacey)做了一项研究[1],对象是 371 位年龄在 9—11 岁的学生,考查他们概括各种梯子长度中线性模式的能力。研究者表示,虽然没有学生在概括上存在困难,但是他们往往倾向于采取快速的解决方法(例如,用 3 乘梯子数),而不善于对自己的回答作批判性思考,或者说不会使用已有的数据来检验自己的答案。很多类似的发现促使研究者和教育工作者尝试开发更加多样化的模式概括问题,也开始思考代数思维的本质这一理论问题,以及与概括相关的方式方法。

新加坡的小学数学课程强调三个思考过程:分析部分与整体、一般化与特殊化、相互抵消。课程所采用的一个整合方式就是"模型方法"(有时被称为"图形方程")——用来表征数量关系、解决相关问题的图形工具。一般认为,如果给儿童提供一种把问题形象化的方法,他们就能看清问题背后的基本结构。新加坡的"模型方法"并不会涉及代数符号或代数方法[2]。

2. 概括数的性质

卡彭特(Carpenter)[3]研究团队的理念是:如果学生能解释和证明其在算术计算时所使用的性质,并能以这样的方式理解算术,那么他们就会学到许多重要的代数基础知识。卡彭特等人认为,学生不仅要能在文字问题情境中理解基本运算和过程,还要抓住这些活动所提供的重要反思机会。研究发现,正误判断题、开放性等式问题的效果尤其明显。这里的研究素材部分来自戴维斯在麦迪逊项目(Madison Project)中的早期成果,例如:$9+5=0+14$ 是对还是错? 在等式 $18+27=\blacktriangle+29$ 中,$\blacktriangle$ 的值是多少? 卡彭特等人的研究成果包括:(1)建立了学生等号概念发展的标准;(2)对学生的猜想进行了分类;(3)形成了大量、丰富的质性描述,

① BOURKE S, STACEY K. Assessing Problem Solving in Mathematics: Some Variables Related to Student Performance[J]. Australian Educational Researcher, 1988, 15(1):73 - 83.

② NG S F. Developing Algebraic Thinking in Early Grades: Case Study of the Singapore Primary Mathematics Curriculum[J]. The Mathematics Educator, 2004, 8(1): 39 - 59.

③ CARPENTER T P, FRANKE M L, LEVI L. Thinking Mathematically: Integrating Arithmetic & Algebra in Elementary School[M]. Portsmouth, NH: Heinemann, 2003.

包括学生逐渐认识到运算性质的路径,学生学习使用运算性质表达和证明猜想的方法。他们是早期代数研究的重要先驱,涉及数的运算及其性质,而且持续致力于这方面的研究。

数之间关系概括的另一个例子来自日本学者藤井(Fujii)的研究团队[①]。藤井介绍了在日本把数当作"准变量"(quasi-variable),用概括性的数的表达式来培养低年级儿童代数思维的方法。例如,像 $78-49+49=78$ 这样的算式,不管先减去和再加回哪个数,等式总是成立的。藤井声称,类似的表达式"不要求学生事先具有符号化的知识,在现有算术问题的基础上就可以为学生进行代数思考提供机会"。

尽管在小学数学课程中,在单变量情境下概括模式正变得愈加常见,但是科普特和布兰顿认为,以发展儿童代数推理为目的的小学数学课程应当进一步渗透函数的思想(表示两个或者更多变量之间的关系)。他们在针对学前到五年级儿童的研究中发现,幼儿园的儿童可以思考共变量,一年级的儿童可以描述变量之间是如何对应的。

二、符号与概括

我们首先是通过感知活动来获得某种模式或规律。科普特等人也将代数与概括的表达联系起来:"如果在表达概括的过程中使用符号,或者在推理过程中使用传统的代数符号系统进行符号化的概括,那么我们就将符号化看作是代数的活动。"[②]他们认为,完全符号化的活动才能称为代数,通过其他符号系统表达概括的活动并不是真正的代数,它们被称为"拟代数"。沿着这一思路,布兰顿等人认为,"代数推理最终可能是代数学中最普遍的一种推理,即以变量表示为基础的传统符号系统"。这也为一年级学生学习字符体系提供了合理的解释。从文化历史发展的角度来看,这样的要求是非常局限的,尤其是对早期代数来说。这样的要求通常不能将思维的非符号化形式看作是真正的代数。我们常常忽视的是,学生使用字符体系的活动也可能是算术的思维。例如,学生可以把 $2+3=3+2,1+6=6+1$

① FUJII T, STEPHENS M. Fostering an Understanding of Algebraic Generalisation through Numerical Expressions:The Role of Quasi-variables[M] // STACEY K, CHICK H. KENDAL M. The Future of the Teaching and Learning of Algebra:The 12th ICMI Study. Dordrecht:Springer,2004.

② KAPUT J J, BLANTON M, MORENO L. Algebra from a Symbolization Point of View [C] // KAPUT J J, CARRAHER D W, BLANTON M L. Algebra in the Early Grades. New York:Erlbaum,2008:19-55.

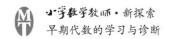

等事实概括为 $a+b=b+a$,然而这可能是一种算术概括。

此外,还有一个常见的问题是将算术思维简化为单纯的计算。换句话说,算术思维被简化为程序化、机械化的计算。这种看法对算术思维来说太局限了。算术中也有概括,由于在早期代数研究中人们对算术思维的认识常常存在一定的局限性,因此我们甚至没有意识到在低年级可能也有非常复杂的算术概括。

在此,雷德福(Radford)考虑了两点[①]:其一,符号既不是代数思维的充分条件,也不是必要条件;其二,概括是人类思维的一种共同属性,并不是代数思维的特性。那么,我们的问题是:代数思维的特征到底是什么?

第一,代数符号体系是一个十分广泛的范畴。真正的代数符号体系既包括字符体系,也包括非常规的符号系统。例如,基兰(Kieran)在论文中提到的自然语言、手势、节奏,以及最近研究显示的学生表示概括的其他符号资源。

第二,代数思维的特点之一就是分析。代数思维是借助不确定的量,在文化和历史背景下表示或符号化这些量及其运算,并以分析的方式来处理这些量。

首先,学生在以代数的方式解决问题时,借助的量不仅可以是给定的数字或其他数学图形,也可以是未知量、变量、参数及广义的数字等。其次,正如前面所提到的,虽然不确定的量可以通过字符体系表示,但它们也可以通过其他的符号系统来表示,并且不会影响代数思维的本质属性。当然,字符体系构成了一个强大的符号系统,通过非常精确的语法和极其精简的意义系统提供了进行高效计算的极大可能性,而使用其他符号系统(如手势、自然语言等)进行计算可能会很困难。但是,从早期代数的角度来看,学生第一次在课堂上触及代数思维时,可能并不需要使用字符。学生可以采取特殊的或非传统的方式来表达或者符号化不确定的量及其运算。最后,不确定的量及其运算是以分析的方式处理的。也就是说,虽然这些量都是未知的,但是也可以进行加减乘除,就好像是已知的一样。

从这些例子中我们不难推测,一直到 21 世纪初的几十年里,早期代数是否应该包含符号形式始终是争论的热门话题。主张不使用符号介绍代数思维的研究者,针对幼儿园到五年级的儿童开发了"探究数、数据和空间"的课程项目。数学的变化、模式与关系、表征及模型是这个项目关注的焦点。莫耶(Moyer)等人使用德里斯科尔(Driscoll)的框架分析了这个项目(德里斯科尔的框架包括以下代数"思

① 路易斯·雷德福.儿童符号代数思维的萌芽(中)[J].张亚楠,黄兴丰,编译.小学数学教师,2019(4):11-15.

维习惯":相互抵消,为表示函数而建立法则,在计算中进行抽象)[1]。他们希望学生能提出一般化的法则,并指出"课程的目的,并不是要求学生能使用代数符号来形式化地表示函数"。事实上,许多研究者认为,学生使用自然语言来表达算术关系、性质和一般化的模式结构是发展和表达代数思维的核心,也是形成字符表征的重要途径。

三、符号表示量之间的关系

尽管早期代数并不意味着要将传统的代数课程下放到小学阶段,但是在一定范围内,研究者中出现了这样的观点:字符记号可以而且应该介绍给早期代数的学习者。俄罗斯的达维多夫(Davydov)等人认为,代数的教学不应建立在数的基础上,而应当建立在量之间的关系上,并且要从一年级开始就使用符号。施米塔(Schmittau)用三年的时间翻译了达维多夫的课程,并在美国的小学里实施。该课程的核心是部分与整体的关系。施米塔和莫里斯(Morris)曾说:"当儿童会写'如果 C 比 P 小 B,那么 $C=P-B$ 和 $C+B=P$'的时候,这些记法表明,他们可以通过加上或减去一个差,把不等关系转变为相等关系;同时,他们也认识到了加法和减法之间的相互关系。"他们进一步声称,这一方法"是根据维果斯基(Vygotsky)对代数本质的判断,形成的一种理论性的思考"。多尔蒂(Dougherty)在达维多夫方法的基础上,在夏威夷创建并实施了一个名为"测量"(Measure up)的项目。她发现,三年级学生在测量的情境中使用代数符号和图示,"对他们的数学发展产生了特别积极的影响,因为这样的方法同时联系了物理模型、中介表征和符号表示"。

卡拉赫(Carraher)等人[2]在课堂教学中引导 8 至 11 岁的儿童使用代数符号表示问题情境中的对象,并解释被表示的对象和符号之间的关系。他们认为,可以拓展这个年龄段学生对符号意义的认识,比如用字母表示未知量,用变量表示关系,列方程,甚至解用字母表示的一次方程。尽管有证据显示,这个年龄段的儿童能够使用字符记号,但沃伦(Warren)认为还是应当谨慎。她有一个长期的研究,关注

[1]　MOYER J, HUINKER D, CAI J. Developing Algebraic Thinking in the Earlier Grades: A Case Study of the U.S. Investigations Curriculum[J]. The Mathematics Educator, 2004, 8(1): 6-38.

[2]　CARRAHER D, SCHLIEMANN A , BÁRBARA M B. Can Young Students Operate on Unknowns? [C] // van den Heuvel-Panhuizen M. Proceedings of the 25th Conference of the International Group for the Psychology of Mathematics Education, 2001: 130-140.

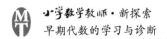
澳大利亚低年级学生对符号的理解和运用,从中发现的证据表明儿童对此仍然保持着狭隘的认识。沃伦注意到,很多八九岁儿童在处理含有未知量的问题时会遇到困难[①]。范阿梅隆(van Ameron)在对荷兰学生的研究中也有类似发现,她指出,试图推动 11 岁的儿童使用符号公式是十分困难的,即便采取了精心设计的试验性方法也是如此[②]。

---

　① WARREN E. Unknowns, Arithmetic to Algebra: Two Exemplars[C]//COCKBURN A D, NARDI E. Proceedings of the 26th Conference of the International Group for the Psychology of Mathematics Education, 2002: 361 - 368.

　② van AMERON B A. Reinvention of Early Algebra—Developmental Research on the Transition from Arithmetic to Algebra[D]. Utrecht University, Freudenthal Institute, 2002. Available from: http://dspace.library.uu.nl/bitstream/handle/1874/874/full.pdf? sequence=18.

第二节
行动研究的设计

一、研究对象

研究对象为上海市浦东新区 J 小学二年级(2)班全体学生,重点访谈对象为 4 个不同水平的学生代表。J 小学位于上海市浦东新区金桥镇,正处于城乡接合部,外来学生较多。学校目前有 24 个教学班共 890 名学生,其中农民工子女 582 名,占全校总人数的 65.4%。二年级(2)班共 41 人,其中女生 20 人,男生 21 人(表 1-2-1)。

表 1-2-1 J 小学二(2)班学生基本情况

类别	人数	百分比
男生	21	51.2%
女生	20	48.8%
合计	41	100%

该班级以平常的基础教学为主,没有额外的数学训练,数学任课教师 G 是一位工作了 7 年的教师,非常赞同在小学低年级发展学生的代数思维。在本次行动研究中,教师 G 全程参与,并进行非参与式观察:观察上课教师的授课情况,观察学生的课堂表现及课后反馈。教师 G 也是本研究的访谈对象之一,通过对他的访谈,研究者能更清晰地了解到教学实践中的优点及需要改进的地方。

在研究的过程中,由教师 G 在班里选出平时数学需努力、合格、优秀、特优 4 个不同水平的学生代表作为数据分析的对象,需努力的学生在下文中指定为 A,合格的学生下文中指定为 B,优秀的学生下文中指定为 C,特优的学生下文中指定为 D。

学习与代数思维相关的知识,学生需要不断地将计算经验和情境理解的经验加以归纳,从近项到远项、再推广到一般项,发现图形的共同特征并用数字、文字或符号进行表征,从而逐步发展代数思维。

二、研究思路

在研究的实施过程中,通过三阶段问题设计、课堂表现、学生作业、个案分析、同行评价、教学反思与改进这六个方面,诊断学生的概括能力,探索促进小学低年级学生代数思维发展的教学策略。

根据实际情况,综合其他教师的意见和建议,确定以下研究计划,如表1-2-2所示。

表1-2-2 研究计划表

研究阶段	研究内容	时间	研究对象
前测	长方形数量递增	2017-05-10	J小学二(2)班
第一阶段	圆形数量递增	2017-05-24	J小学二(2)班
第二阶段	配套桌椅的数量递增 (1桌4椅,分开放)	2017-06-14	J小学二(2)班
第三阶段	配套桌椅的数量递增 (1桌4椅,合并放)	2017-10-11	J小学三(2)班 (原来班级)
后测	三角形数量递增 (题型、数字与前测一致)	2017-10-18	J小学三(2)班 (原来班级)

三、分析框架

在儿童概括能力的发展中,需要协调两种能力:注意能力和表征能力。首先要注意图形的共同特征,然后形成一个一般性的概念,最后学生需要表征推断出的代数结构,并解释可作为公式传递的重复性规律。从目前的研究结果来看,虽然学生能够注意到结构,但同时也表现出许多困难,然而通过数字、文字、符号表征,可以帮助学生学会概括,找出一般规律。[①]

在本研究中,我们采用以下分析框架来诊断学生的学习,如表1-2-3所示。

---

① GUTIÉRREZ Á, LEDER G C, BOERO P. The Second Handbook of Research on the Psychology of Mathematics Education[M]. Rotterdam: Sense Publishers, 2016.

表1-2-3 分析框架

认知阶段	维度	水平
认知的注意阶段	1. 结构	A. 注意到了结构,结论正确 B. 注意到了结构,结论错误 C. 完全没注意到结构
	2. 共同特征	A. 找到了共同特征,结论正确 B. 找到了共同特征,结论错误 C. 没找到共同特征
认知的表征阶段	3. 数字	A. 能用数字表征远项,结论正确 B. 能用数字表征近项,结论正确
	4. 文字	A. 能用文字表征一般项,结论正确 B. 能用文字表征远项,结论正确 C. 能用文字表征近项,结论正确
	5. 符号	A. 能用符号表征,结论正确 B. 能用符号表征,结论错误 C. 不能用符号表征

四、前测问题设计

在问题设计时,研究者了解到学生在此阶段只学习过计算的知识,对于找规律,只是通过平时的练习偶尔触及一些基本的知识。研究者预估:对于一般项的问题,学生很难得出正确结论。

在前测中,研究者希望学生先通过观察前4个几何图形(图1-2-1),用自己的方法探究出规律。接着出示问题1:你能画出第5个图吗?图中有多少个小长方形?再出示问题2:你能画出第6个图吗?图中有多少个小长方形?让学生观察这些相邻项之间存在的规律。当学生已经注意到图形的结构和共同特征,并能写出答案后,出示问题3:第10个图中有多少个小长方形?这里不再是相邻项,而是相对有一些距离的项,这就需要学生在注意到图形的结构和共同特征后,找出规律并用数字表征。由相邻项到相隔较远的项,为后面第100项和一般项的探索作铺垫。接着出示问题4:第100个图中有多少个小长方形?最后出示问题5:第 n 个图中有多少个小长方形?通过从近项到远项、最终到一般项的跨越,诊断学生的思维水平。

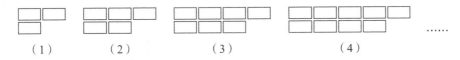

| （1） | （2） | （3） | （4） |

图1-2-1 学生观察的前4个几何图形

根据学生前测完成情况,作出以下统计(表1-2-4):

表1-2-4　前测完成情况统计

	第5个图中有多少个小长方形	第6个图中有多少个小长方形	第10个图中有多少个小长方形	第100个图中有多少个小长方形	第n个图中有多少个小长方形
回答正确	15	21	18	21	7
图形概括	12	17	12	0	0
数字概括	3	4	6	21	0
符号概括	0	0	0	0	7

问题1有15名学生回答正确,其中12名学生通过画一画,根据图形得出正确答案;有3名学生注意到了图形的结构和共同特征,直接用数字表征。问题2回答正确的学生人数从15个上升到了21个,其中17名学生通过画一画,根据图形得出正确答案;有4名学生注意到了图形的结构和共同特征,直接用数字表征。与问题1相比,回答正确的人数增加了,使用数字表征的学生也增加了1个。问题3探究远项第10个图中小长方形的个数,回答正确的学生人数从21个下降到18个,其中用画一画的方法作答的学生减少了,只有12名,另外6名学生注意到了图形的结构和共同特征,直接用数字表征。这表明随着图形数量的增加,学生越来越难用画一画的方法尝试得出结论,于是自己尝试寻找简单的规律。在问题4中,学生根本无法使用画一画的方法去操作,这些远项对学生而言确实是个挑战。但是,有21名学生注意到了图形的结构和共同特征,并用数字表征出正确的结论。最后的问题5,由于对n的陌生与不理解,仅有7名学生能用符号表征。

4名学生代表在问题5中对一般项的概括情况如表1-2-5所示。

表1-2-5　前测中4名学生代表一般项概括情况

学生	问题5:第n个图中有多少个小长方形?
A	/
B	$n+1=11$
C	$n+1+n=2n+1$
D	$n+n+1=2n+1$

从统计表可以看出:4名学生代表中,A空着不会写,显然没有注意到结构,其代数思维处于1C水平;B注意到了图形的结构,即分为上、下两部分,但是他只概括出了上面的部分是$n+1$,漏加了下面的部分,所以结论是错误的,其代数思维处于1B水平;C和D都注意到了图形的结构和共同特征,并且能用符号进行表征,他们的代数思维水平较高,达到了5A水平。

第三节
理解字母含义是模式表示的关键

一、问题设计

研究者将前测中的图形从长方形换成了圆形,将图形的结构从横着的两行换成了横竖相交的结构,将图形的共同特征从上面比下面多 1 个换成了横排比竖排多 1 个(图 1-3-1)。问题还是沿用加法模型,图形的结构分拆成两个部分,将两个部分的圆形数量相加,最终表征出正确的结论。

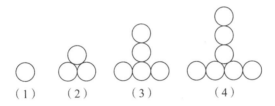

图 1-3-1 找规律

研究者让学生先观察前 4 个图,并通过摆一摆或画一画的方式,注意到图形的结构,再找出图形之间的共同特征,最后用数字、文字或符号表征。在此基础上,依次出示问题 1 至 5,引导学生展开进一步探究。

问题 1:第 5 个图中有多少个圆形? 让学生独立操作学具,在操作的过程中,注意图形的结构和共同特征,探究这些相邻项之间存在的规律,再将其表征出来。

问题 2:第 6 个图中有多少个圆形? 进一步巩固学生对近项图形规律的探究。当学生已经解决了相邻项的问题时,出示问题 3。

问题 3:第 10 个图中有多少个圆形? 这里不再是一个相邻项,而是一个距离较远的项,这时候就需要学生运用自己的代数思维和在近项探究中得到的经验,逐步找出这些图形的结构和图形之间存在的共同特征。在这个过程中,势必会有很多

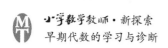

学生出现理解困难、难以概括的情况,需要教师适当引导并予以帮助。

问题4:第100个图中有多少个圆形?从第10个到第100个,对于学生而言,无法通过摆一摆或画一画来帮助理解,只能逐步分析图形的结构和共同特征,再用数字、文字或符号表征。

问题5:第n个图中有多少个圆形?考查学生从用数字和文字表征转换到用符号表征的能力。

行动研究的第一阶段,所有的问题设计遵循从简到难,从相邻项到远项、再到一般项的原则,是一个循序渐进的探究过程,需要学生注意图形的结构和共同特征,再用数字、文字或符号进行表征。

二、课堂表现

在前测中,学生对于简单的根据图形找规律有了基本的认识,但是其概括能力参差不齐。在找规律的过程中,判断代数思维发展水平主要看学生的概括能力,即是否能注意到不同图形间的共同特征,注意到了的学生是否能用数字、文字或者符号表征。

教学片断1

【初步探究】从前4个图中找规律。

师:黑板上有4幅图(图1-3-1),仔细观察,有什么规律呢?

生1:我找到了,就是那里多了1个。

师:哪里?

(生1没有回答)

师:你先请坐。有没有补充?

生2:上面比下面少一个。

师:你说的上面和下面分别指什么?

生2:下面是横着的部分,上面是竖着的部分。

师:你能完整地说一说吗? 你发现了什么规律?

生2:每一个图中,竖着的部分都比横着的部分少1个。

师:你们同意他的说法吗?

生3:我不同意。第3个图中,横着的有3个,竖着的也有3个,共6个。

师:你们有什么要提醒他的?

生 4:第 3 个图中,横着的有 3 个,不看横着的,竖着的只有 2 个。

生 5:第 3 个图中,横着看有 3 个,竖着看也是 3 个,但是中间那个圆形是重复的,所以要去掉。

师:同学们真仔细,说得真棒。其他同学有没有发现什么规律?

生 6:每次都是增加 2 个圆形。

师:是的。还有其他新的发现吗?

生 7:总数都是单数。

在观察简单图形时,学生能注意到图形的结构和共同特征,但部分学生在概括方面存在一定困难。生 1 指出:"我找到了,就是那里多了 1 个。"他注意到了图形的结构,也找到了共同特征,但在教师追问"哪里"时没有回答。这说明生 1 注意到了,但是不能表征,其代数思维处于 2A 水平。对于表达能力较弱的学生,他们在认知的第一阶段能注意到图形的结构和共同特征,但是到了认知的第二阶段,由于缺乏良好的表征能力,他们无法将所思所想正确地表征出来。

生 2 回答:"上面比下面少一个。"他完全注意到了图形的结构可以拆分为上、下两部分,并能找到前 4 个图中的共同特征,概括出"上面比下面少一个"的结论。在认知的第二阶段,生 2 能用文字正确地表征近项,其代数思维达到 4C 水平。在教师的引导下,生 2 把上面改成竖着的部分,把下面改成横着的部分,再概括出"竖着的部分都比横着的部分少 1 个"的规律。学生较为准确的概括减少了由"上面""下面"等模糊定义而引发的歧义,为后续代数思维水平的提高打下基础。

生 3 在研究第 3 个图时,发现"第 3 个图中,横着的有 3 个,竖着的也有 3 个,共 6 个"。虽然发现了图形的结构可分为横排和竖排,但是想当然地认为一共有 6 个圆形,他只注意到两个方向上圆形的数量,却没有注意到,按照他对图形结构的分拆,其中 1 个圆形是重复计算的。学生对图形的结构分析得不准确,导致后面的过程无法进行,代数思维水平只达到 1B。生 5 的方法与生 3 相同,但他及时发现了"第 3 个图中,横着看有 3 个,竖着看也是 3 个,但是中间那个圆形是重复的,所以要去掉。"他对于图形结构和共同特征的分析能力很强,会概括,也能用文字来表征,代数思维达到 4C 水平,为后续探究及代数思维的发展打下扎实的基础。

生 6 从总数上来概括,充分利用文字来表征,把复杂问题简单化、精确化,指出"每次都是增加 2 个圆形";生 7 则从单数双数的角度来概括,指出"总数都是单数"。学生对图形拥有敏锐的观察能力和很强的概括能力,通过课堂上不断地实践,他们的代数思维能力得到快速提高与发展。

教学片断 2

【问题 1】 第 5 个图中有多少个圆形?

师:同学们桌上有卡纸和小圆片,把小圆片放在卡纸上摆一摆,看看你能不能摆出第 5 个图形,也可以在学习单上画一画第 5 个图。用自己喜欢的方法试一试吧。

(学生自主操作,教师巡视)

师:我们来看看这位同学是怎样摆放的。(投影展示图 1-3-2)

图 1-3-2　学生作业 1

师:你来说说看,你是怎么摆的?

生 8:第 5 个图,我把横着的部分增加了 1 个圆形,竖着的部分也增加 1 个圆形。

师:谁听懂了? 再来说一说。

生 9:横着的部分增加 1 个圆形,竖着的部分也增加 1 个圆形。数一数,一共有 9 个圆形。

师:有没有不一样的方法?

生 10:第 5 个图,横排就是 5 个圆形。

师:为什么第 5 个图,横排就是 5 个圆形?

生 10:你看,第 1 个图,横排就是 1 个圆形;第 2 个图,横排就是 2 个圆形;第 3 个图,横排就是 3 个圆形;第 4 个图,横排就是 4 个圆形;所以,第 5 个图,横排就是 5 个圆形。

师:那竖排呢?

生 10:第 1 个图,竖排没有圆形;第 2 个图,竖排有 1 个圆形;第 3 个图,竖排有 2 个圆形;第 4 个图,竖排有 3 个圆形;所以,第 5 个图,竖排有 4 个圆形。竖排每次都比横排少 1 个圆形。

师：你观察得真仔细。

师：谁来黑板上摆一摆第5个图？

（生11上黑板摆第5个图，如图1-3-3所示）

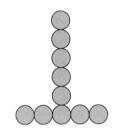

图1-3-3　学生作业2

师：他摆得对不对？

生（全班）：不对。

师：哪里不对？

生12：竖排的小圆片摆错了。

师：为什么？说说你的理由。

生12：竖排多了1个。第5个图，横排有5个圆形，竖排应该少1个，是4个。

生8在摆一摆的过程中，发现"横着的部分增加了1个圆形，竖着的部分也增加1个圆形"。他注意到了图形的结构和共同特征，并能用文字表征，其代数思维达到4C水平。

在生8的基础上，生10作了进一步的概括："第1个图，横排就是1个圆形；第2个图，横排就是2个圆形；第3个图，横排就是3个圆形；第4个图，横排就是4个圆形；所以，第5个图，横排就是5个圆形。"从第1个图到第5个图顺次观察下来，得出横排的规律——第几个图，横排就有几个圆形；并基于同样的观察和思考方式，得出竖排的规律——竖排每次都比横排少1个圆形。生10能用文字准确表征出近项，其代数思维达到4C水平。

生11上黑板摆小圆片，横排摆了5个小圆片，不算横排，竖排也摆了5个小圆片。他的摆法引来同学们的反对，生12马上纠正道："第5个图，横排有5个圆形，竖排应该少1个，是4个。"两位学生都注意到了图形的结构，生11没有找到图形的共同特征，其代数思维停留在2C水平；生12不仅找到了共同特征，而且能用文字表征，其代数思维达到4C水平。

教学片断 3

【问题 3】 第 10 个图中有多少个圆形?

生 13:我没有用摆一摆的方法,小圆片太多了,不方便。

师:那你是怎么做的呢?

生 13:我是在学习单上画出小圆片的。

师:请把你的学习单拿上来,展示给大家看。

(生 13 上台展示作业,如图 1-3-4 所示)

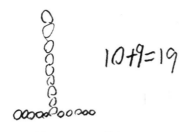

图 1-3-4　学生作业 3

师:画的时候,你先画了什么?

生 13:先画横排,10 个小圆圈;再画竖排,9 个小圆圈。

师:算式中的 10 和 9 分别表示什么?

生 13:10 表示横排有 10 个圆形,9 表示竖排有 9 个圆形。一共有 19 个圆形。

师:说得非常完整、非常准确!

师:还有没有不同的算式?

生 14:我的算式是 10+10-1=19。

师:说说你的理由。

生 14:我的图中,横排有 10 个圆形,竖排也正好有 10 个圆形,有 1 个圆形重复了,需要减去,所以算式就是 10+10-1=19。

师:不同的方法,都做对了,大家都很棒。

从摆一摆到画一画,教师教学内容的转换是为了让学生更加注意图形的结构。生 13 能快速注意到图形的结构并找到共同特征,然后用文字表征,指出"10 表示横排有 10 个圆形,9 表示竖排有 9 个圆形。一共有 19 个圆形"。在此基础上,生 13 用加法,得到了算式 10+9=19;生 14 先加后减,得到了算式 10+10-1=19。学生不仅能发现图形的特征,还会动脑筋用数字表征,其代数思维达到 3A 水平。

⋈ 教学片断 4

【问题 4】第 100 个图中有多少个圆形?

师:现在我们遇到了更难的问题,第 100 个图形中有多少个圆形呢?

师:你们准备用什么方法?摆一摆,还是画一画?

生 15:都不用。

师:为什么?

生 15:100 个数量太多了,没办法摆一摆或者画一画。

生 16:可以摆一摆,也可以画一画,但是花的时间太长了,可能做一天也来不及。

生 17:有简单的方法,就不需要摆一摆和画一画了。

师:看来,很多小朋友都有自己的想法了。谁来分享一下?

生 17:100+99=199。

师:这里 100 和 99 分别表示什么?

生 17:100 表示第 100 个图的横排有 100 个圆形,99 表示竖排有 99 个圆形。所以,第 100 个图中一共有 199 个圆形。

师:说得完全正确。

师:有没有不同的方法?你来说说看。

生 18:我的算式是 100+100-1=199。

师:100 和 1 分别表示什么?为什么要减 1?

生 18:100 表示横排有 100 个圆形,竖排也是 100 个。因为这样数,横排和竖排会有 1 个重复的圆形,所以后面要减 1。

师:分析得很清楚。

学生在经历了第 1 个图到第 5 个、第 10 个图后,对于相邻项和近项找规律已经得心应手。面对第 100 个图,学生已经无法通过摆一摆或者画一画来解决问题,生 15 表示"100 个数量太多了,没办法摆一摆或者画一画",生 16 则认为"可以摆一摆,也可以画一画,但是花的时间太长了,可能做一天也来不及"。

学生在这个过程中深刻体会到,不是每道题都能用摆小圆片或者画图来解决,而是要学会用更简单、更合适的方法去表征远项。生 17 列出了算式"100+99=199",并指出"100 表示第 100 个图的横排有 100 个圆形,99 表示竖排有 99 个圆形。所以,

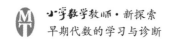

第 100 个图中一共有 199 个圆形"。他不仅知道横排的数量,而且能自觉应用"竖排比横排少一个"的规律,从而得出总数,其代数思维达到 3A 水平。

生 18 得出了算式"100＋100－1＝199",他的分析非常清楚:"100 表示横排有 100 个圆形,竖排也是 100 个。因为这样数,横排和竖排会有 1 个重复的圆形,所以后面要减 1。"尽管第 100 个图已经是远项,但能力强的学生不仅能发现和应用规律,而且能直接用数字来表征,其代数思维达到 3A 水平。

教学片断 5

【问题 5】第 n 个图中有多少个圆形?

师:在先前的测试中,老师已经教过大家关于 n 的基础知识。现在,请大家小组讨论:第 n 个图中有多少个圆形?

(学生探究,教师巡视指导)

师:我们来看一下这位同学的学习单,他的答案是 $n＋n－1$。你来说一说,它们分别表示什么?

生 19:n 表示横排的圆形数量,$n－1$ 表示竖排的圆形数量。两个加起来,$n＋n－1$ 就是第 n 个图中圆形的总数量。

师:经历了前面的学习过程,大家都掌握得很不错。

从近项到远项,再推广到一般项,难度大幅提高。有的学生难以理解 n 的意义,所以能准确回答的学生人数也骤然减少,只有 12 名学生能用符号进行正确地表征。生 19 指出"n 表示横排的圆形数量,$n－1$ 表示竖排的圆形数量。两个加起来,$n＋n－1$ 就是第 n 个图中圆形的总数量",他能注意到图形的结构和共同特征,并用符号表征一般项得出正确的结论,其代数思维达到最高水平 5A。

在行动研究的第一阶段,学生在教师的带领下,代数思维能力不断地发展。

三、个案分析

在班级中选取 4 名学生代表作学习情况跟踪记录,课堂上着重关注这 4 名学生,课后马上对这 4 名学生进行访谈,第一时间对他们在行动研究过程中的学习情况进行记录,并将他们的学习单保存下来作为访谈的依据。

如表 1－3－1,最后一题概括一般项,四名学生中 A、B、C 都没有写。访谈中,他们都表示不理解 n 的意义,所以不会做。只有学生 D 得出了 $2n－1$ 的规律。

表 1-3-1　第一阶段 4 名学生代表一般项概括情况

学生	问题 5:第 n 个图中有多少个圆形?
A	/
B	/
C	/
D	$n+n-1=2n-1$

以下是结合学习单,对这 4 名学生进行的访谈及分析。

学生 A(在校学习成绩不好)

研究者:你一道题也没有做,为什么呢?

A:我不会,听不懂。

研究者:用学具小圆片摆一摆,会吗?

A:我看不懂,不知道应该怎么摆、摆在哪里。

研究者:教师和同学讲解了以后,你能听懂吗?

A:一开始能听懂,但是到了后面的题目,还是不会。

研究者:最后一题,n 表示什么? 你能理解吗?

A:不懂。

观察到学生 A 从问题 1 开始就没有做,访谈以后才知道,他根本没听懂,也不会摆一摆、画一画,面对小圆片无从下手,一直在看同桌的学习单,经过教师和同学的讲解,依然不会做。学生 A 的学习状态很不好,对自己的数学学习能力也抱有怀疑的态度,他连图形的结构都没注意到,其代数思维水平为 1C。

学生 B(在校学习成绩一般)

研究者:你觉得今天的学习难吗?

B:第 5 个图、第 6 个图、第 10 个图,我会做。

研究者:你是怎么做的?

B:我摆小圆片,然后用横排数量加上竖排数量就对了。

研究者:第 100 个图不会吗?

B:100 个太多了,我没有那么多小圆片,学习单上也来不及画。

研究者:有没有发现一些规律呢?

B:没有。

研究者:听了其他同学的分析,也没有发现图形的共同特征?

B:分析的时候听懂了,可是到自己写,还是不会。

研究者:最后一题,n 项,你理解了吗?

B:不太懂。

前 3 个问题学生 B 能通过摆一摆、画一画来做,到了问题 4 第 100 个图时,数量增加,难度也增加。没有深刻理解图形之间的共同特征,导致 B 无法解决第 100 个图和第 n 个图中的问题,其代数思维水平为 3B。

学生 C(在校学习成绩优秀)

研究者:你觉得今天的学习难吗?

C:前 4 道题,我都会做。

研究者:你是怎么做的?

C:一开始我摆小圆片,到了第 10 个图,我发现圆形的总数就是横排加竖排的圆形数量。也可以看成是横排圆形数量乘 2,再减 1。两种方法都可以的。

研究者:第 n 个图,你有自己的想法吗?

C:虽然在前面的学习中遇到过 n,但我仍然不太懂 n 是什么。

研究者:听了其他同学的分析,现在理解了吗?

C:感觉听懂了,以后再遇到这样的问题,我想再试试。

学生 C 在校表现优秀,前 4 道题对她没有难度,最后推广到一般项,源于对 n 的不理解,没有回答出来。但是听了其他同学的分析后,她认为自己已经懂了,并对下一阶段的探究充满了期待。该生能注意到图形的结构和共同特征,但是没有成功表征出一般项,其代数思维水平为 5C。

学生 D〔国际青少年数学竞赛(中国区)选拔赛荣获二年级优秀奖〕

研究者:你觉得今天的学习难吗?

D:非常简单,我看一下就知道答案了。

研究者:整个过程,你是怎么做的?

D:先从前两道题中找到规律,总数就等于横排圆形数量乘 2 再减 1,后面的题目直接用这个思路做就可以了。

研究者:你认为从这次的探究中主要学习到了什么?

D:会看图,会找规律,并把这个规律用到其他题目里。

学习单刚发下去几分钟内,学生 D 就把 5 道题全部做完了。在学习的过程中,该学生没有使用小圆片这个学具,也没有在学习单上画一画,基于自己对题目的理解总结出横排和竖排的规律,快速地完成了所有练习。

由于剩下的时间很多,学生D重新观察了这些题目,并找到了第2种思路,总结出可以用等差数列的方法来解决。在学习过程中,学生D体会到了思考的乐趣,也充分激发了进一步探究的兴趣,其代数思维水平为5A。

四、教学反思与改进

综合学生上课表现、练习纸答题情况、视频录像和对同行教师的访谈,对研究第一阶段的教学总体满意,但是依然存在很多不足需要改进。

反思1:忽略了学困生。在课堂教学中,考虑到学生已有的认知水平和心理状态,研究者先从简单的第1个图、第2个图……过渡到第5个图,这些都是近项之间的找规律。本以为数字不大,学生完全可以先对图进行分析,再通过摆一摆或者画图,找到图形之间的结构和共同特征。但是,班级里有几个基础薄弱的学生连最简单的题目也无从下手,从头懵到尾,找不到图形的结构,其代数思维始终处于最低的1C水平。研究者忽略了这些学生的需要。怎样在课堂教学中做好难度分层,让所有学生都有事可做,仍需好好考虑相应的对策。

改进1:学生对教师展示出来的第1到第4个图,如果一开始没看懂,那就很难完成后面的行动研究。换句话说,前4个图的展示方式对学生的理解是非常重要的。课件怎样展示? 用不同的颜色? 抑或不同的出现顺序? 这些都是第一眼抓取的信息,学生会跟随这些提示展开后续探究思路。课件中直接把图案无差别地显示出来,有的学生会看不懂,认为这是一幅完整的图,不知从何下手。若按照颜色来,横排和竖排使用不同颜色,有助于学生分清图形的结构。

改进2:可按先后顺序出示,例如先出示横排,再出示竖排,这样学生能清晰地注意到图形的结构,有利于他们分析图形之间的共同特征:第几个图,横排上的数量就是几,竖排上的数量比横排上的数量少1,将这两个数相加就是最终的答案。

改进3:多鼓励学生排除障碍,用简单直观的方法去解决问题。在教学过程中多使用小圆片摆一摆或在作业纸上画一画,有利于学生发现图形的结构,逐渐找到图形之间的共同特征。

改进4:通过生活情境导入,让学生在熟悉的情境中进行数学探究,从而掌握知识、获得能力。在活动中体验、理解、感悟,逐步发展代数思维。

反思2:不善表达的学生缺少发言的机会。为了让课堂教学顺利、流畅地进行下去,教师都是请举手的学生来回答问题。有些学生在认知的第一阶段已经注意到了图形的结构和共同特征,但是表达不出来。越是缺少锻炼的机会,到认知的第二阶段就越没有办法用数字、文字或符号去表征。这些不善表达的学生反应没有那么快,需要时间和机会去把简单的规律先捋顺,才能逐渐跟上其他同学思考的步伐。

改进1:对会做但不善于表达的学生要多加鼓励,引导他们将自己的想法清晰地表达出来,例如可以把行动研究的过程看为一则小故事,让学生在说的过程中慢慢发展代数思维。

改进2:课堂时间有限,不可能请每位学生来说,但是教师可以在每个环节留出一分钟,给所有学生锻炼的机会,让所有学生都参与到行动研究中,都有机会说一说。

反思3:不会处理远项和一般项。对于近项,大部分学生都能通过自己喜欢的方法去解决问题。远项和一般项是学生比较难理解的内容。对于远项(如第100个图),部分学生没有发现图形之间的共同特征,也无法通过摆一摆和画图来帮助解决问题。没有正确的方法,要处理远项和一般项,比较难。

改进:对于远项和一般项,也都是要先注意图形的结构,把图形分拆成两部分,找到图形之间的共同特征,才能用数字、文字或符号表征。教师完全可以在课堂中将关键信息反复强调来帮助学生加深印象,也可以让学生以"开小火车"的形式一一重复找规律的重点,以达到向学生输入一般项意义的目的。

第四节
概括乘法模式反而比加法容易

一、教学设计

第一,以学生熟悉的生活情境"为餐桌配椅子的设计"作为课堂的引入,让学生在熟悉的情境中进行数学探究,在探究中体验、理解、感悟,逐步发展代数思维。

第二,鼓励基础薄弱的学生用最简单直观的方法去解决问题,从用小圆片摆一摆,在作业纸上画一画开始,尝试找一找规律。

第三,对于能注意到图形的结构和共同特征但不善于表达的学生,鼓励他们说出自己的想法,不管是用数字、文字还是符号,只要能正确表征,教师都要及时予以表扬和肯定。在每个环节都留一点时间,给所有学生说一说的锻炼机会,让每位学生都参与到行动研究中。

第四,课件展示的过程中,通过出现的不同顺序、不同颜色,帮助学生更好地注意到图形的结构。先出示 2 张餐桌;再出示 4 把红色的椅子,放置在第 1 张餐桌旁(每边 1 把椅子);接着出示 4 把蓝色的椅子,放置在第 2 张餐桌旁。通过这样的呈现方式,希望学生能注意到这个问题中的乘法结构,并用数字、文字或符号进行表征。

第五,近项的找规律难不倒学生,但推广到远项尤其是一般项,学生无法通过摆一摆或者画一画得出结论。由于不理解 n 的意义,因此即便能找到规律,有的学生也很难表示出来。这就需要教师在关于近项的课堂教学中把基础夯实,使每位学生都能有探究和表述规律的机会,让他们尽快理解图形之间的共同特征,并学会用数字、文字或符号来表征。

本阶段课堂教学主要环节与内容如表 1-4-1 所示。

表 1-4-1　第二阶段课堂教学设计

课堂结构	教学内容	知识点
导入	明确数量关系： 1 张餐桌，最多可以放 4 把椅子。	确定数量关系
探究	2 张餐桌，最多可以放多少把椅子？ 3 张餐桌，最多可以放多少把椅子？ 4 张餐桌，最多可以放多少把椅子？ n 张餐桌，最多可以放多少把椅子？	发现规律： 椅子的数量是餐桌数量的 4 倍
总结	你有什么收获？	

二、课堂表现

教学片断 1

【问题 1】2 张餐桌分开放，最多可以放多少把椅子？

师：2 张餐桌，餐桌的每一边都只放 1 把椅子，最多可以放多少把椅子？用你喜欢的方法试一试。

（学生探究）

师：谁来说一说最多可以放多少把椅子？

生 1：8 把。

生 2：6 把。

师：你们同意谁的说法？

生 3：应该有 8 把。

师：为什么？你是怎么做的？

生 3：我用小圆片摆出来的。

师：你来展示给大家看。

生 3：（指着投影仪上的小圆片，如图 1-4-1 所示）这边是 1 个，旁边是 1 个，右边是 1 个，那边是 1 个；第 2 张餐桌每一边也都是 1 个。数一数，一共有 8 个小圆片，就是说有 8 把椅子。

师：用你的方法能正确数出椅子的数量。

师：还有不同的方法吗？

生 4：已经知道 1 张餐桌有 4 把椅子，2 张餐桌当然就是 8 把椅子，因为 4+4=8。

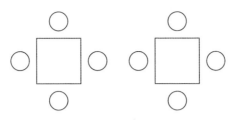

图 1-4-1　学生作业 4

师:你说得很对。谁能像他这样说一说?

生 5:1 张餐桌有 4 把椅子,2 张餐桌有 8 把椅子。

从以上教学片断看,不同水平的学生能通过自己的方法解决问题,不管是摆小圆片,还是数字推理,学生都能快速地找到图形之间的结构和共同特征,概括其中的规律,并用自己的语言去表征。

生 3 通过摆一摆的方法,找到了图形的结构和共同特征,然后直接数一数得出结论,其代数思维达到 3B 水平。生 4 在生 3 的基础上简化了数的过程,直接从"1 张餐桌 4 把椅子"得到"2 张餐桌 8 把椅子",用数字和文字进行表征的能力得到了发展,其代数思维达到 4C 水平。学生的进步有目共睹,会动脑筋的学生值得表扬。

生 3 使用了"这边、旁边、右边、那边"等特别简单的语言表述,也符合这个年龄段孩子语言发展的特点,但这样简单化的表述不是很清楚,听的同学和教师会产生歧义,也会影响其后续的概括和代数思维的发展。该学生的表征能力有待提高。生 4 在文字表达方面比生 3 进步很多,他没有使用有歧义的语言,整个发言只涉及"1 张餐桌 4 把椅子、2 张餐桌 8 把椅子",表征非常清楚且没有冗余。与生 4 相比,生 5 的语言更加简练,没有一点多余的语言,其代数思维也达到 4C 水平。

无论是在找图形的共同特征方面,还是在用数字、文字去表征的过程中,学生的进步都很大,概括能力也逐渐增强。

Ⓜ 教学片断 2

【问题 2】3 张餐桌,最多可以放多少把椅子?

师:3 张餐桌,最多可以放多少把椅子呢?

师:谁来说说自己的想法?

生 6:最多可以放 12 把椅子。

师:你是怎么想的?

生 6:我是画图看出来的。

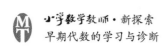

师:带着你的学习单,来展示给大家看。说说你是怎么想的。

生6:(出示作业纸,如图1-4-2所示)每张餐桌都是一个正方形。每边各放1把椅子,数一数,就知道可以放12把椅子。

图1-4-2 学生作业5

师:有没有更简单的方法?

生7:第1张餐桌4把椅子,第2张餐桌4把椅子,第3张餐桌也是4把椅子,所以4+4+4=12。

师:很好,想到了用连加的方法。

师:你觉得你的方法和刚才那位同学的方法相比,哪种方法更好?

生7:我的方法好。

师:为什么?

生7:因为他的方法要一个一个数,我的方法只要做加法就可以了。

师:你们同意吗?

(学生纷纷点头,表示认可)

生8:我有更好的方法。

师:说说你的方法。

生8:我的方法更简单。3张餐桌,每张餐桌4把椅子,3个4就是12。

师:3和4分别表示什么?

生8:3表示3张餐桌,4表示每张餐桌放4把椅子,3×4=12,一共12把椅子。

从2张餐桌到3张餐桌,学生回答的速度加快,举手回答问题的学生也增多。从最简单的画图到用连加,再到用乘法,学生都准确找到了图形的共同特征。在用数字和文字进行表征的过程中,无论是熟练程度还是精准度,相比上一个教学片断中的表现都有了很大的进步。

生6通过画图,再数一数,得出结论"每张餐桌都是一个正方形。每边各放1把椅子,数一数,就知道可以放12把椅子"。方法虽然简单,但准确率高,这也是表征能力薄弱的学生解决此类题目的突破口。学生找到了图形之间的共同特征,再用数一数的方法,得出可以放 12 把椅子的结论,其代数思维达到 3B 水平。但是,只会数一数的方法,在面对远项和一般项的时候,将陷入困境。

生 7 指出:"第 1 张餐桌 4 把椅子,第 2 张餐桌 4 把椅子,第 3 张餐桌也是 4 把椅子,所以 4+4+4=12。"他仔细分析了图形的特征,观察到每张餐桌都是 4 把椅子,用数字连加的方法表征出椅子的数量,其代数思维达到 3B 水平。与生 6 相比,生 7 对图形的观察和分析更为仔细,从一个一个数到用加法算式去表征,概括能力有很大的提高。虽然目前两位学生的代数思维都处于 3B 水平,但是到了远项和一般项的问题,生 7 的代数思维能力一定胜于生 6。

生 8 想到了更简单的方法:"3 张餐桌,每张餐桌 4 把椅子,3×4=12。"生 8 也分析了图形的特征,同样观察到每张餐桌都是 4 把椅子,但是他从生 7 的连加拓展到了乘法,其概括能力比生 6 和生 7 又进步了。生 8 不仅观察仔细,表达得也非常清晰,"3 个 4 就是 12",言简意赅,表示 3 张餐桌每张各配 4 把椅子。无论是在注意图形的结构和共同特征方面,还是在用数字和文字表征的过程中,该生都表现出强大的概括能力,其代数思维显然已达到 3B 水平。

ⓜ 教学片断 3

【问题 3】4 张餐桌,最多可以放多少把椅子?

师:4 张餐桌,最多可以放多少把椅子呢?

生 9:餐桌各边分别放 1 把椅子,共 4 把椅子,4 张餐桌最多可以放 16 把椅子。

师:16 是怎么算出来的?

生 9:4×4=16。

师:这两个 4 表示的意义一样吗?

生 9:不一样。一个 4 表示有 4 张餐桌,另一个 4 表示每张餐桌放 4 把椅子。4×4=16,一共可以放 16 把椅子。

师:说得真棒。请大家把这个发现说给同桌听。

师:探究到这里,你有什么新的发现?

生 10:餐桌数量少,椅子数量多。

生 11:椅子的数量等于餐桌数量的 4 倍。

在这个教学片断中,我们惊喜地发现,通过仔细分析学生很容易就能找出图形的结构和共同特征,在表征的时候,学生不仅可以直接用数字表征,还将数字算式的规

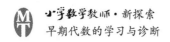

则拓展到文字概括中,这是非常难得的一步,也为后续用符号进行表征作好铺垫。

生9指出:"餐桌各边分别放1把椅子,共4把椅子,4张餐桌最多可以放16把椅子。""4×4=16。"学生从2张餐桌到3张到4张餐桌,就已经注意到了图形的结构和共同特征,得到了餐桌数量与椅子数量的关系。学生通过分析图形的共同特征,迅速得出算式4×4=16,虽然4×4=16中有两个4,但是学生对算式中每个数字的意义了解得很清楚——"一个4表示有4张餐桌,另一个4表示每张餐桌放4把椅子。4×4=16,一共可以放16把椅子"。学生的代数思维达到3B水平。学生对于算式知其然也知其所以然,乘法模式的应用为学生达到认知阶段的更高水平作准备。

学生用文字表征的能力非常强,生10指出"餐桌数量少,椅子数量多",生11概括出"椅子的数量等于餐桌数量的4倍"。这些学生善于发现图形之间的共同特征与变化规律,能力出众。概括的能力越强,后续找出一般项的可能性就越大。

更难得的是,生11将同学们的探究上升到了文字概括的数量关系中,通过自己对图形结构及等量关系的分析,用文字来表征,这是非常不容易的,其代数思维达到4C水平。学生的概括能力和代数思维得到了质的飞跃。有了文字的表征,学生可以概括出很多内容。从1张餐桌到5张餐桌,学生能直接回答出"5张餐桌有20把椅子",说明这一环节的文字表征起到了很大的作用,为推广到一般项打好了扎实的基础。

Ⓜ 教学片断4

【问题4】 n 张餐桌,最多可以放多少把椅子?

师:现在餐桌的数量为 n,最多可以放多少把椅子呢? 同桌讨论一下。

(学生讨论)

师:谁来说一说?

生12: $n×4$。

师:说说你的理由。

生12:1张餐桌,1×4把椅子;2张餐桌,2×4把椅子;3张餐桌,3×4把椅子;所以,n 张餐桌,$n×4$ 把椅子,就是 $4n$。

师:请大家将找到的这个规律说给同桌听。

本环节的探究对学生而言并不难。所以,当拓展到第 n 项时,回答正确的人数直线上升,从之前的 12 人上升为 22 人。学生能轻易地从"1 张餐桌最多放 4 把椅子"注意到图形的结构就是"1 桌 4 椅",共同特征就是椅子的数量是餐桌数量的 4 倍。虽然从第一阶段的加法模型上升到第二阶段的乘法模型,但由于图形的结构"1 桌 4 椅"是固定的,学生反而觉得比加法模型更容易上手,更容易得出一般项。例如,生 12 指出"1 张餐桌,1×4 把椅子;2 张餐桌,2×4 把椅子;3 张餐桌,3×4 把椅子;所以,n 张餐桌,$n \times 4$ 把椅子,就是 $4n$",不仅概括准确,表达也十分清晰。学生经过第一阶段和第二阶段的探究,代数思维能力得到了提高。

三、个案分析

第二阶段 4 名学生代表概括一般项的情况如下(表 1 - 4 - 2):

表 1 - 4 - 2　第二阶段 4 名学生代表一般项概括情况

学生	问题 4:n 张餐桌,最多可以放多少把椅子?
A	/
B	$4 \times 20 = 100$
C	$n \times 4 = 4n$
D	$n \times 4 = 4n$

这节课以生活中的情境导入,探究餐桌数量与椅子数量之间的关系及规律。最后一题概括一般项,四名学生代表中 A 空着没有写,B 随意写了个答案上去,只有 C 和 D 得出了正确的结论。

以下是结合学习单,对这 4 名学生的访谈及分析。

学生 A(在校学习成绩不好)

研究者:你认为自己进步了吗?

A:进步了。

研究者:具体哪些地方有进步?

A:上节课,我看到题目都不知道怎么做、做什么? 不敢去做,因为怕做错了。

研究者:那现在呢?

A:上次老师让我学会用小圆片,这次我认真听,并且用小圆片摆一摆。我发现,这些题目我也能做对。

访谈中,明显感觉到学生 A 的自信心比第一阶段提升了很多。从 A 的学习单上可以看出,他愿意写了,学习单上不再是空白,说明其学习能力与之前相比有很大的提高。学生 A 在第一阶段的访谈后听取了教师的意见,尝试用小圆片摆一摆来帮助自己观察图形的结构和共同特征。

研究者:3 张餐桌的题目,我看你写的算式是 3+3+3=9?

A:(不好意思地抓抓头)我写错了,不是 3,是 4。太着急了,就写错了。

学生 A 画出了 3 组"1 桌 4 椅",说明他已经注意到了结构,结论也正确,其代数思维达到 1A 水平。可是因为书写错误,将 4 个椅子写成了 3,影响到了其后续的表征。

研究者:我看你的学习单上前 3 题都做了,只有第 4 题空着?

A:是的,前 3 题我画了图就会做了,最后一题没法用画一画表示。

研究者:n 项的结构你注意到了吗?

A:和前面一样的,1 桌 4 椅。

研究者:你回答得很不错。

研究者:你认为找规律的题目难吗?

A:除了 n,其他我都能行。

虽然前 3 题学生都是用连加去解决问题,不够灵活,但是他的进步还是非常大的。对于一般项,确实需要给予 A 更多的时间和机会。

学生 B(在校学习成绩一般)

研究者:你觉得今天做得怎么样?

B:除了 n 项我是乱做的,其他我都会。以前都是蒙的,现在我也能做对,很开心。

访谈中,学生 B 自信了很多。以前面对这些题目,完全靠蒙,现在自己也能做对,他觉得很开心,上课的积极性也提高了。

研究者:前 3 题你是怎么做的?

B:我画图,然后一个一个数的。

研究者:你喜欢这种方法吗?

B:喜欢。

研究者:为什么?

B:因为很方便。

学生 B 能通过画一画注意到图形的结构和共同特征,其代数思维达到 3B 水平。基础薄弱的学生习惯于通过最简单的画图并数一数的方法,帮助自己理清思路。

研究者:我看你的学习单(图1-4-3)上,第2题明明画了3张餐桌、12把椅子,可答案写的怎么是16?

图1-4-3 学生作业6

B:我写得太快,写错了。

研究者:其他同学在画的过程中用正方形表示餐桌,用圆形表示椅子。你这里的点表示什么?

B:点也是代表椅子。这样更方便。

在画一画的过程中,既有用圆形代表椅子,也有用点代表椅子,这表明在学生心中,图形符号已不再那么重要,仅仅是一种表示。从实物情境到用图形代表,再到简化为一个点,反映了从具体实物思维到抽象概括思维的演变。这一过程将有利于学生对远项和一般项的概括。

研究者:最后一题,n项,你理解了吗?

B:老师分析的时候听懂了,可是到自己写,还是不会。

一般项对学生B而言还是比较抽象、难以理解,他需要更多的时间去理解和练习。

学生C(在校学习成绩优秀)

研究者:你觉得今天的学习难吗?

C:很简单。

研究者:你是怎么做的?

C:一开始我画图,只画了2个图,我就发现了规律,都是按照餐桌数量是椅子数量的4倍来做,很容易。

研究者:你的学习单确实完成得很出色。

研究者:我发现你在学习单上用的都是乘法,而不是连加?

C:开始我想的也是连加,因为比起乘法,我觉得加法更容易。后来,我发现用乘法才更简单。

研究者:以后遇到这类题目,有信心做对吗?

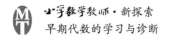

C：当然有。

学生 C 能独立完成所有的题目，且完全做对；所有的图都画得很准确，所有的乘法算式也都正确。他只做了 2 道题，就注意到图形之间的共同特征，并归纳出规律——餐桌数量是椅子数量的 4 倍，其代数思维达到 4B 水平。

关于一般项的题目，在第一阶段学生 C 还不会。现在通过参与行动研究，她理解了 n 的意义，顺利完成了一般项的题目。

学生 D〔国际青少年数学竞赛（中国区）选拔赛荣获二年级优秀奖〕

研究者：今天的题难吗？

D：非常简单。感觉比上次找圆形的题还要简单。

研究者：在课堂中，我发现你很快就全部完成了，对吗？

D：是的，因为这些题就是求椅子的数量，而椅子的数量就等于桌子数量的 4 倍，所以就算不画图，我也能快速地回答出来。

学生 D 面对这类题目，能迅速地在几分钟内完成，数学素养很高。D 认为这类找规律的探究对他而言已经过于简单了。D 拥有敏锐的观察能力，能迅速找出图形的共同特征，并快速反应、得出结论，其用数字、文字、符号进行表征的能力很强，代数思维水平达到了 4A。

四、教学反思与改进

第二阶段的教学中，研究者收获了很大的惊喜。很多学生相比第一阶段有了很大的进步，回答问题的速度也加快很多，这也让研究者对后续的研究有了更大的信心。

反思 1：学困生得到重视，他们的学习情况得以改善。前一次教学中最大的问题就是在课堂推进时只顾着教学的进度，教师和中上游的学生一路往前，却忽略了学习基础本就薄弱的学困生，导致他们整节课都是懵的，完全听不懂。这提醒我们在教学设计和课堂教学中重视学困生。本节课，教师有意放慢了课堂推进的速度，争取让所有学生都能跟得上；每次有了正确答案或发现规律，都会让全班所有学生把这个答案或者规律说给同桌听，弥补了课堂时间受限不能让所有学生表达的遗憾与不足。

在探究活动中，教师会走到基础薄弱的学生身边，对他们进行指导，协助他们摆小圆片、画图等。从最简单最基本的事情做起，让这些学生从自己能做的小事、能处理的问题开始，慢慢找回学习数学的兴趣，并尽快跟上其他同学。

这一阶段学生都有了比较大的进步,特别是像 A 这样基础薄弱的学生,在这么短的时间里,他竟然能做对 3 题,大家都感觉不可思议,也由衷地为他高兴。

改进:继续重视学困生的学习,给予这些基础薄弱的孩子多一点的关爱。课堂教学中多留一些说的时间和机会给学生,课堂学生自主探究时,多走动到他们身边,及时给予他们帮助和指导。

反思 2:学生用文字表征的能力亟待提高。有部分学生能通过摆小圆片或画图发现图形的结构和共同特征,但是课上让他们分析、概括时,往往因为表达能力较弱,导致表述不清晰。例如,本次行动研究中生 4 的回答中出现了"这边""旁边""那边"等多个意义不清的词(见本节教学片断 1),这表明学生用文字进行表征的能力亟待提高。

改进:鼓励会做但不善于表达的学生勇敢说出自己的想法。在说的过程中逐步拓展概括的能力、发展代数思维。

反思 3:在第 1 维度中,有的学生开始尝试不用实物去摆,而用抽象的画一画的方法去注意图形的结构。画一画更能将图形的结构进行分割,有利于学生对图形结构的注意,有利于学生找到共同特征,为代数思维的发展作准备。

改进:鼓励学生用多样的方法去操作,帮助学生从多角度去解决问题,进而发展学生的代数思维。

反思 4:与前一次教学相比,无论是在题目的理解,还是在答题的速度等方面,学生的表现都有了明显提升。是学生的代数思维真的得到了迅速发展吗?通过对两次教学视频的比较,结合学生的学习单和访谈,我们发现,第一次教学中虽然是加法模型,但图形的结构需要被拆分成横排和竖排两部分,这对于注意图形的结构和共同特征是不利的。不能注意到图形的结构和共同特征的学生,就无法进行下一步的概括。而第二次教学中虽然是乘法模型,但"1 桌 4 椅"的结构是固定的,学生很容易就抓住了图形的结构和共同特征,顺利通过了认知的第一阶段,并进入认知的第二阶段进行表征。这表明,图形的结构对学生代数概括也有很大的影响。

改进:对于图形的结构,研究者要多加思考:什么样的图形更适合发展学生的代数思维?图形的结构不能太复杂,否则不利于学生进行概括。

第五节
图形中复杂结构带来的困难

一、问题设计

第二次教学中，餐桌之间没有合并，所以1张餐桌就有4把椅子。在探究的过程中，有一名学生没有看清题目要求，把2张餐桌合并了，这个小插曲给了研究者一些启发。椅子数量是餐桌数量的4倍，即"1桌4椅"的结构，更利于学生注意到用乘法概括的便捷。在此基础上，第三阶段我们加大难度，设计了2张餐桌合并的例子，激发学生动脑思考。通过对题目的探索和对数据的分析，概括出一般规律。

通过让学生动手摆一摆、画一画，发现图形的结构和共同特征，依次回答2张、3张、4张、5张、10张、n张餐桌合并，最多可以放几把椅子。餐桌的数量为2张、3张、4张、5张时，这些都是近项，学生通过摆一摆、画一画就能解决问题。到了10张餐桌时，这是远项，学生也可以通过摆一摆或者画一画来获取答案，但是会有很多学生尝试用代数思维的方法来解决问题。无论最终的答案正确与否，学生愿意尝试用代数思维解决问题，就是迈向成功的第一步。最后到第n张餐桌时，真正理解题目、能注意到图形的结构和共同特征的学生就能概括出一般项。

在教学中，继续重视学困生的学习，多给予他们一些时间和机会；在课件的展示过程中，通过不同的颜色和出现的不同顺序，帮助学生分析图形结构；鼓励学生多参与表达；鼓励学生多动脑筋，学会不同的方法；对于一般项，给予学生多一点的时间进行思考。本阶段课堂教学主要环节与内容如表1-5-1所示。

表1-5-1 第三阶段课堂教学设计

课堂结构	教学内容	知识点
导入	明确数量关系： 2张餐桌合并，最多可以放6把椅子。	确定数量关系

（续表）

课堂结构	教学内容	知识点
探究	3 张餐桌合并,最多可以放多少把椅子? 4 张餐桌合并,最多可以放多少把椅子? 5 张餐桌合并,最多可以放多少把椅子? 10 张餐桌合并,最多可以放多少把椅子? n 张餐桌合并,最多可以放多少把椅子?	发现规律: 椅子的数量是餐桌数量的 2 倍再加 2
总结	你有什么收获?	

二、课堂表现

经历了第一阶段和第二阶段的学习,对于简单的根据图形找出规律,学生基本都能掌握,而且进步很大。第一阶段找规律涉及加法概括,第二阶段找规律涉及乘法概括,第三阶段难度加大,出现了既有加法又有乘法的模式探究。

教学片断 1

【问题 1】3 张餐桌合并,最多可以放多少把椅子?

师:3 张餐桌合并,最多可以放多少把椅子呢? 试着猜一猜。

生 1:3 张餐桌合并,有 9 把椅子。

师:为什么?

生 1:1 张餐桌,3 把椅子;2 张餐桌,6 把椅子。所以,3 张餐桌,应该有 9 把椅子。每次会多 3 把椅子。

师:你们同意他的猜想吗?

生(全班):不同意。

概括出规律的关键是先要注意到图形的结构。生 1 根据数字来推断——1 桌 3 椅、2 桌 6 椅、3 桌 9 椅,每次多 3 把椅子。但是,他忽略了图形的结构,3 张餐桌是合并的,中间的餐桌只能有 2 把椅子。结构观察错了,结论自然也是错的,其代数思维水平只达到 1C。

教学片断 2

【初步探究】借助直观,尝试解决。

生 2:(出示作业纸,如图 1-5-1)横着的部分,上面是 3 把椅子,下面和上面一

37

样,也是3把;侧面各1把,共2把;总共8把椅子。

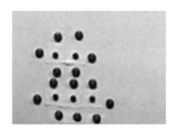

图1-5-1 学生作业7

师:你的方法很好,很直观也很准确。

师:你们会了吗? 谁再来说一说?

生3:3张桌子合并得到长条餐桌。长的边各放3把椅子,共6把;短的边各放1把椅子,共2把。加起来一共8把椅子。

师:你说得真棒。

师:有没有不同的方法?

生4:我是画画的。

师:把你的学习单放到展台上,说说你的想法。

生4:(出示作业纸,如图1-5-2所示)横着的2行各有3把椅子,2个3是6,侧面2把,一共8把椅子。

图1-5-2 学生作业8

师:很好的方法。请其他同学像这样说一说,说给同桌听。

第三阶段的探究不是简单的加法计算和乘法计算,而是既有乘法计算又有加法计算,难度有所提升,但是学生依然能通过观察找到图形的结构和共同特征,并概括正确的结论。

生2通过摆小圆片,概括出"横着的部分,上面是3把椅子,下面和上面一样,也是3把;侧面各1把,共2把;总共8把椅子"。生3将合并后的桌子视为长条餐桌,并指出"长的边各放3把椅子,共6把;短的边各放1把椅子,共2把。加起来一共8把椅子"。生2和生3通过摆小圆片,注意到了图形的结构和共同特征,并进行表征,获得了准确的答案,其代数思维达到 4C 水平。学生在用文字进行表征的过程中,语言规范了很多,也通顺了很多。

生 4 通过画画找出了规律:"横着的 2 行各有 3 把椅子,2 个 3 是 6,侧面 2 把,一共 8 把椅子。"学生从图形中找到规律的时间越来越短,速度越来越快,在用文字进行表征的时候,准确性提高了很多,概括能力也得到了提升,其代数思维达到 4C 水平。接着,教师给学生留出了内化方法的时间,让每一个学生都能开口说一说,照顾到了全体学生。

Ⓜ 教学片断 3

【问题 2】4 张餐桌合并,最多可以放多少把椅子?

生 5:4 张餐桌合并,有 10 把椅子。

师:为什么? 你是怎么做的?

生 5:我是摆小圆片得出结果的。

师:请你上黑板来摆一摆。

生 5:上面对应的是 4 把椅子,下面也是,左右两边各 1 把椅子,共 10 把椅子。

师:谁能再来说一说?

生 6:上面 4 把椅子,下面也是 4 把椅子,左右两边各 1 把椅子,共 10 把椅子。

师:非常好。请大家说一遍,说给自己听。

在前面学习的基础上,学生已经掌握了合并情形下餐桌数量与椅子数量的关系。所以,当生 5 迅速在黑板上摆好小圆片以后,椅子的数量一目了然,上、下共 8 把,左、右共 2 把。在进行文字表征的时候,生 5 也非常顺利地表达了出来。生 6 在复述时表达也非常清晰、有条理。两位学生的代数思维都达到了 4C 水平。

Ⓜ 教学片断 4

【深入探究】引导归纳,发现规律。

师:我们来看:2 张餐桌合并,6 把椅子;3 张餐桌合并,8 把椅子;4 张餐桌合并,10 把椅子。你能找到其中的规律吗?

生 7:餐桌数量乘 2,再加 2,就是椅子的数量。

师:你能仔细地解释一下吗?

生 7:2 张餐桌合并,上面可以放 2 把椅子,下面也是 2 把椅子,就是餐桌的数量乘2。再加上侧面的2把椅子,就是6把椅子。

师:你分析得真棒。

在教学过程中,学生都是用摆一摆、画一画的方法来注意图形的结构。由于表征的过程中既有乘法计算又有加法计算,学生倾向于通过数一数得到结果,而不是去寻找图形的共同特征,这对于后面远项和一般项的表征是非常不利的。教师适时叫停,并提问"你能找到其中的规律吗",意在引导学生直接找出餐桌数量和椅子数量的关系。生7得出了结论"餐桌数量乘2,再加2,就是椅子的数量",并且用2张餐桌合并的例子验证了自己的结论。在这个规律中,既有乘法又有加法。对学生而言,既考验了其注意图形结构和共同特征的能力,又考验了其用文字表征的能力。生7能迅速得出这个结论,实属不易,其代数思维达到4C水平。

最后,教师依然留出了时间给所有学生,把这个正确的规律说给同桌听,让每个学生都能得到锻炼。

Ⓜ️ 教学片断5

【问题3】5 张餐桌合并,最多可以放多少把椅子?

生8:先摆放5张连起来的餐桌,然后每一边都放1把椅子(图1-5-3)。一共12把椅子。

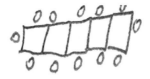

图1-5-3 学生作业9

师:不错。

师:除了摆小圆片和画图的方法,有没有同学用不一样的方法呢?

生9:我是直接算的,12把椅子。

师:怎么算的呢?

生9:餐桌数×2+2,就是5×2+2=12。

师:这里5、2、2分别表示什么?

生9:5表示餐桌数,前面一个2表示上下的椅子数是餐桌数的2倍,后面的2表示左侧和右侧各1把椅子。

师:说得真好,请大家像他一样说给同桌听。

生 8 通过画图,得出以下结论:"先摆放 5 张连起来的餐桌,然后每一边都放 1 把椅子。一共 12 把椅子。"该生在画图的过程中非常仔细,在用文字表征时也非常清晰,其代数思维水平达到 4C。生 9 直接计算:"餐桌数×2+2,就是 5×2+2=12。"他不仅能根据图形的结构和共同特征快速得到结论,在用文字表征的时候,也分析得非常准确。算式中的每一个数字以及它们表示的意义,学生都很清楚,其代数思维达到 4C 水平。清晰的思路和对每一部分的准确理解,为学生在表征方面达到最高水平作了铺垫。

教学片断 6

【问题 4】10 张餐桌合并,最多可以放多少把椅子?

师:谁有好办法?

生 10:我是直接算的。10×2+2=22。

师:为什么这样算?

生 10:因为刚才已经说了,餐桌数×2+2=椅子的总数。

师:算式中的 10、2、2 分别表示什么?

生 10:10 表示餐桌数,前一个 2 表示上下的椅子数是餐桌数的 2 倍,后面的 2 表示左侧和右侧各 1 把椅子。

师:你说得真不错。

生 10 用数字直接表征,快速得出结论"10×2+2=22",接着用关系式"餐桌数×2+2=椅子的总数"进一步揭示了规律,并且用文字准确表征了算式中数字所表示的含义,其代数思维水平达到 4B。

教学片断 7

【问题 5】n 张餐桌合并,最多可以放多少把椅子?

生 11:$2n+2$。

师:为什么? 你是怎么想的?

生 11:餐桌数量乘 2 就是 $2n$,再加 2,所以 $2n+2$ 就是椅子的数量。

师:谁能再来说一说这个规律?

生 12:餐桌数量乘 2 就是 $2n$,再加 2,$2n+2$ 就是椅子的数量。

到了一般项,因为前面已经作好了充分的铺垫,得出"椅子数=餐桌数×2+2"

41

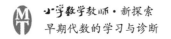
的结论,学生反而不觉得有难度了。生 11 很快就得出"$2n+2$"的结论,并指出"餐桌数量乘 2 就是 $2n$,再加 2,所以 $2n+2$ 就是椅子的数量",其代数思维达到 5A 水平。

通过三个阶段新知识的学习,学生在 2 个认知阶段、5 个方面的能力不断地提升,代数思维得到有效发展。

三、个案分析

第三阶段 4 名学生代表概括一般项的情况统计如下(表 1-5-2):

表 1-5-2　第三阶段 4 名学生代表一般项概括情况

学生	问题 5:n 张餐桌合并,最多可以放多少把椅子?
A	$n+2=102$
B	$B+B=26(把)$
C	$n+2=n2$
D	$n×2+2=2n+2$

4 名学生代表前 4 题都答对,与前两次行动研究相比进步很大。但处理一般项时,A 和 C 错在对 n 的理解有误;B 在没有理解的情况下乱写,代数思维还是比较弱,需要更加努力;只有 D 依然正确。

以下是结合学习单,对这 4 名学生的访谈及分析。

学生 A(在校学习成绩不好)

研究者:你认为自己这节课表现怎么样?

A:只有 n 项不会,其他都会,而且都做对了。

学生 A 在前 4 个问题中,无论是近项还是远项,都能注意到图形的结构和共同特征,表征出正确答案。然而,仔细分析 A 的学习单,发现他所有的题目都是先画图,然后通过数一数得出答案。从 1 张到 10 张餐桌,还能画得出来,一旦餐桌的数量很大,A 就束手无策了,这直接导致他无法处理问题 5——一般项的问题。前 4 题中,学生 A 的代数思维停留在 2A 水平。

A:但是每次 n 项都做不出来,还是有点失望。

研究者:你觉得这类题目难吗?

A:还可以。

研究者:前面几项都做得很好。最后的一般项,你的答案是 $n+2$,没有做对,你觉得是哪里做得不够好呢？

A：我以为 n 和 $2n$ 是一样的，它们都可以表示桌子合并以后，长的边上可以放的椅子数量。

最后的一般项写出了 $n+2$，说明学生 A 也努力思考过，只是离成功还差一步。与之前遇到一般项完全没有思路相比，通过参与行动研究，其在代数思维方面还是有比较大的进步的。

学生 B(在校学习成绩一般)

研究者：说一说，前几题你是怎么想的？

B：合并的餐桌可看成一个长方形，短的一边加长的一边的椅子数就是(餐桌数+1)×2，就是椅子的总数。例如，5 张餐桌合并，椅子数就是(5+1)×2=12。

研究者：问题 1 你写的是"2×4=8"。

B：我一开始没想明白，后面做着做着就发现了。

学生 B 有自己独特的想法，他把合并的餐桌看成一个长方形，短的一边加长的一边的椅子数就是椅子总数的一半，也就是说，椅子的数量是 2 个(长边+1)。

研究者：你的想法很巧妙，在课堂上为什么没有提出呢？

B：我不确定到底对不对，就没有说。

尽管算法和想法很巧妙，但因为不确定对不对，所以没有在课堂上大胆提出。看来，学生 B 还是自信心不足。其实，按照 B 的方法，计算会变得非常便捷。

研究者：第 10 项错了，当时是怎么想的呢？

B：我发现了简单的方法以后，变得有点心急，应该是做加法，结果做成减法了，把 11 算成了 9，就错了。

研究者：那 n 项呢？n 张餐桌怎么会出现数字 13？

B：没想明白，有点难，就随意写了。

学生 B 总体有进步，但对于远项和一般项的概括还是没掌握好，用数字、文字、符号表征的能力也有待加强。

学生 C(在校学习成绩优秀)

研究者：今天上学迟到了，前面 2 个问题没来得及做，你觉得对后面的问题解答有影响吗？

C：应该没有。因为我从 5 张餐桌开始做，通过画一画，马上就看出了图形的结构。

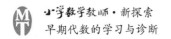
研究者:5张餐桌和10张餐桌这两题,结构是怎样的?

C:餐桌数量乘2再加2,就是椅子的数量。

研究者:为什么没有把算式写上去?

C:因为我心算就得出答案了。

学生C对于近项和远项的图形结构分析得很清楚,也能找到图形的共同特征,其代数思维达到4B水平。

研究者:一般项做错了,是什么原因呢?

C:我写的是"$n+2=n2$"。之前说n是任意的数,我以为餐桌数量的2倍也可以用n表示,就写了"$n+2$",后来又想到餐桌数的2倍应该还可以写成"$n2$",但忘了后面的"$+2$",所以就错了。

学生C反复纠结n可以表示什么,其实错误的原因还是对n的意义没有深入理解。像这样既有乘法又有加法的表征,还是比较难以掌握的。C能用符号表征,但是结论出现了错误,其代数思维水平为5B。

学生D〔国际青少年数学竞赛(中国区)选拔赛荣获二年级优秀奖〕

研究者:你做得很快,分享一下你的方法?

D:其实和之前的都差不多,只要找到规律,就能写出答案。

研究者:说说你找到的规律。

D:餐桌合并以后,两条短边各1把椅子,一共2把;长边上一侧椅子的数量是n,另一侧也是n,一共就是$2n$。所以,第n项就是把这些都加起来,即$2n+2$。

学生D迅速完成题目,并准确地写出了答案,学习能力和概括能力非常强,不仅注意到了图形的结构和共同特征,还能用文字表征一般项,其代数思维达到5A水平。

四、教学反思与后测

本阶段教学中,图形结构比较复杂,计算也是既有乘法又有加法。对学生而言,要先注意到复杂结构,然后将复杂结构进行分拆,再思索用数字、文字、符号去表征,确实难度比较大。但是,孩子们都没有放弃。他们认真执着,通过画图来分解复杂的结构。基础薄弱的学生用数一数的方法得出正确结论,基础扎实的学生在注意到结构后能概括出共同特征,并用数字、文字、符号表征。这些都是学生获得的进步!

课堂上举手的学生明显增多,参加数学探究的学生明显增多(前两次探究活动中,有学生几乎不参与),每个环节都让学生把规律说给同桌听,使得全班都有机会表达。学生参与度提高,说明行动研究取得了成效:之前课上总有些学生独自坐在位子上,一言不发,现在他们都愿意在小组探究中表达自己的意见;在把规律说给大家听这个环节,学生都愿意开口阐述了;学习单中不再出现"白卷",哪怕是学困生,也能根据教师指导的方法去合理进行探究。学生在这些活动中的参与度提高,说明他们对学习代数思维有了信心。

前测是在 2017 年 5 月开展的,彼时被测者处于小学二年级第二学期的学习中;后测是在 2017 年 10 月开展的,此时被测者处于小学三年级第一学期的学习中。后测问题设计时仅把前测中的长方形换成了三角形,题型、数字、题目数量都不变,在保持这些量不变的情况下,看学生是否能做对题目,是否能写出一般项。通过前测与后测的对比,了解学生的代数思维是否得到发展。

先出示图 1-5-4,由学生自主探究其中的规律,再依次解答后继 5 个问题。

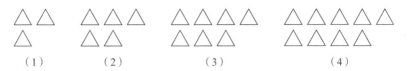

（1）　　　（2）　　　（3）　　　　　（4）

图 1-5-4　找规律(后测)

① 第 5 个图中有多少个三角形?

② 第 6 个图中有多少个三角形?

③ 第 10 个图中有多少个三角形?

④ 第 100 个图中有多少个三角形?

⑤ 第 n 个图中有多少个三角形?

根据学生回答情况作出以下统计(表 1-5-3):

表 1-5-3　后测完成情况统计

	第 5 个图中有多少个三角形?	第 6 个图中有多少个三角形?	第 10 个图中有多少个三角形?	第 100 个图中有多少个三角形?	第 n 个图中有多少个三角形?
回答正确	37	38	38	39	35
图形概括	15	15	10	0	0
数字概括	22	23	28	39	0
符号概括	0	0	0	0	35

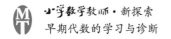

从完成情况来看,在后测中,无论是近项、远项,还是一般项,正确率都在85%以上(全班一共41名学生),远远高于前测中的正确率。

4名学生代表对于一般项的概括情况如表1-5-4所示。只有A在表征的时候出现了错误,B、C和D完全做对了。

表1-5-4 后测中4名学生代表一般项概括情况

学生	问题5:第 n 个图中有多少个三角形?
A	$n+1+1=n2$
B	$n+n+1=2n+1$
C	$n+(n+1)=2n+1$
D	$n+(n+1)=2n+1$

从完成的时间看,前测中这些题花了整整一节课的时间,而后测中全部学生做完时一节课还剩余10分钟。学生做题的速度快了很多,说明他们是真正理解了。

从前测到后测,面对同样的题型,学生解答正确率大幅提升,并且运用摆小圆片和画一画等方法的学生在逐渐减少。这表明行动研究中渗透的知识与技能已经被学生逐渐掌握,其代数思维水平得到了很大的发展。

第二章
加法运算中的数值推理

◎ 数值推理是发展早期代数思维的切入点

◎ 课程中的数值推理

◎ 访谈问题的设计结构

◎ 以 20 以内加减法推理百以内加减法

◎ 以数的性质和运算规律为基础的数值推理

第一节
数值推理是发展早期代数思维的切入点

一、推理能力是数学课程标准的培养目标之一

《义务教育数学课程标准（2011年版）》[①]（以下简称《标准》）的学段目标强调了合情推理在小学数学中的重要性。第一学段提出："在观察、操作等活动中，能提出一些简单的猜想。"第二学段提出："在观察、实验、猜想、验证等活动中，发展合情推理能力，能进行有条理的思考，能比较清楚地表达自己的思考过程与结果。"在教学实施建议中还提到："推理贯穿于数学教学的始终，推理能力的形成和提高需要一个长期的、循序渐进的过程。义务教育阶段要注重学生思考的条理性，不要过分强调推理的形式。"教师在教学过程中，应该设计适当的学习活动，引导学生通过观察、尝试、估算、归纳、类比、画图等活动发现一些规律，猜测某些结论，发展合情推理能力；通过实例使学生逐步意识到，结论的正确性需要演绎推理的确认，可以根据学生的年龄特征提出不同程度的要求。

《上海市中小学数学课程标准（试行稿）》中也提到了关于推理的内容。在教学目标中，推理属于过程与方法维度。例如，在学习四则运算的过程中，提高计算的正确性，培养自觉选择合理算法和估算的意识，逐步发展计算的灵活性；在探究性学习和解决其他数学问题的过程中，能够通过观察、操作进行比较、分析、综合或类比，能进行初步的抽象、概括，会进行简单的判断、说理，能说出判断的依据与推理的思路。

从课程标准中可以感受到，数学推理能力作为学科核心素养之一正越来越受

---

① 中华人民共和国教育部.义务教育数学课程标准(2011年版)[S].北京:北京师范大学出版社,2012.

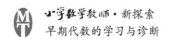

到重视,并且应该在小学阶段就引起重视,渗透在平时的教学过程中,潜移默化地对学生产生积极影响。

二、从小学阶段开始培养代数思维

近年来,国外有关学生代数学习的研究[1]发现,很多青少年在代数学习中面临不同程度的困难。那么,对年龄更小的儿童来说,这样的情况是否存在? 是否可以在早期的数学教学中就渗透代数思想? 在算术和早期几何教学中打好基础,是否会对学生未来学习代数产生帮助?

在这样的背景下,一些研究者提出了早期代数计划,即在小学数学学习中就有意识地培养学生的代数思维。全美数学教师理事会建议将代数作为所有 K-12 年级水平的学习内容,提出"代数为人人"的理念,要求必须从低年级开始培养代数思维,为高年级的代数学习作好准备。

从课程内容的设置来看,基本上所有国家的数学课程设计都是让学生在小学先掌握有关数的运算,并在小学高年级适当引入一些字母符号和简易方程,真正的代数学习是在初中开始并贯穿整个中学阶段的。但事实上,小学课程中很多内容已经涉及代数思想的应用,如交换律、结合律和分配律的字母表示,图形面积、周长的公式表示等。小学阶段关于图形与几何的知识有很多,但受限于学生的认识发展阶段,通常无法达到严密的推理证明水平。代数是算术的一般化,代数的学习以算术学习为基础。所以,研究者希望在小学阶段数与代数领域的教与学中就开始注重代数思维的培养,从而为未来中学阶段正式的代数学习作好充分准备。[2]

三、数值推理是渗透早期代数的切入点

数与代数领域的内容在义务教育阶段占有很大的比重,《标准》中要求发展学生的数感、符号感,以及形成推理能力,这些都要以数与代数的学习为基础。[3] 关于教学,《标准》还提出教师应该引导学生在实际的问题情境中体验和感受数与代

① CARRAHER D W, SCHLIEMANN A D. Early Algebra and Algebraic Reasoning [C] // LESTER F. Second Handbook of Research on Mathematics Teaching and Learning: A Project of the National Council of Teachers of Mathematics (Vol.Ⅱ). Charlotte: Information Age Publishing, 2007: 609-705.

② 蒲淑萍.国外"早期代数"研究述评[J].数学教育学报,2014 (03):92-97.

③ 中华人民共和国教育部.义务教育数学课程标准(2011 年版)[S].北京:北京师范大学出版社,2012.

数的意义和价值,让学生经历从现实到模型的过程,尽可能多地将学习与其周围生活联系起来,体现数与代数的交流意义。

在小学第一和第二学段,学生主要学习数的认识与运算,在具体的问题情境中用字母表达数、解简单的方程、理解等式性质。真正系统的代数学习是从第三学段才展开的。但是研究发现,在进入第三学段后,很多学生都表现出了代数学习上的困难。所以,算术与代数之间是否可以搭建一座桥梁,让学生能够带着所学的算术知识顺利地走向代数学习领域,是值得我们深入研究的问题。

卡拉赫曾在关于早期代数与代数推理的研究中提到,算术中的数量推理,包括数值推理(numerical reasoning)和数量关系推理(quantitative reasoning),是渗透早期代数的切入点。① 其中,数值推理可以从运算定律与数的性质、对数的一般化概括和算式中的准变量这三方面去渗透关于早期代数的思想;数量关系推理又可以分为涉及物理量、几何量和抽象数字的推理。

算术中的数值推理可以作为渗透早期代数的切入点,原因有三②:一是算术具有代数的特征,它和代数并不是不同的领域,其实可以看作代数学习的一部分。二是儿童有时可以在不了解代数概念的情况下进行代数的概括。所以,研究者能够把儿童(特别是低年级学生)作为研究对象,去了解他们身上早期代数思维的表现。三是数值推理属于算术学习的一部分,而算术作为早期代数的切入点是可行的,有很多的问题值得去观察和探讨。

正是基于以上背景,本研究将聚焦于小学低年级阶段的学生,从算术的角度出发,主要观察低年级学生在推理过程中的三方面表现:(1)如何运用已经学过的推理方法或规律去解决新的计算问题?(2)如何从具体情境中概括出一般化的结论去解决新的计算问题?(3)是否能对概括出的结论进行适当证明?据此了解学生数值推理能力的发展现状,探究一、二年级学生在数值推理能力上是否存在差异。

---

① CARRAHER D W, SCHLIEMANN A D. Early Algebra and Algebraic Reasoning [C]// LESTER F. Second Handbook of Research on Mathematics Teaching and Learning: A project of the National Council of Teachers of Mathematics (Vol. II). Charlotte: Information Age Publishing, 2007:609-705.

② 同①。

四、研究意义

1. 数值推理是算术向代数过渡的桥梁

如果将算术和代数分开进行学习，那么学习效果一定不理想。我们要在小学数学的课程里融入代数思想，在数与算术的学习中发展学生的代数思维。在算术教学中融入早期代数思想，能够促进学生对数学对象的一般化、结构化，以及对数量关系的更深刻理解，在提高小学生数值推理能力的同时发展他们的代数思维。在发展函数思维之前，培养数值推理能力是一个基础，所以研究学生的数值推理能力是研究早期代数的切口。本研究旨在为学生从算术的学习过渡到代数的学习搭建一座桥梁，通过了解低年级学生数值推理能力发展的现状，更好地解决如何将算术与代数的学习结合在一起，为后续的代数学习作好铺垫。

2. 为低年级阶段渗透早期代数提供依据

在数学教育界，越来越多的人认可和接受小学生可以参与到代数思维的学习过程中。[①] 一般认为，概括（generalizing）、表征（representing）、证明（justifying）和推理（reasoning）是实践代数思维的四种形式，可以丰富小学生在早期代数学习中的经历。

斯蒂芬斯（Stephens）曾提出，早期代数思维虽然是指在小学低年级的数学中没有出现正式的代数形式，但在数的教学中需要注意培养学生对代数结构与关系的理解。代数思维的本质并不是代数符号的使用，而是对代数结构与关系的理解。培养对这种结构与关系的认识（称为早期代数思维）应该从小学一年级数与计算的教学开始。数值的相等、变化和模式，算术与数值推理，量的推理等也是渗透代数思维的极好切入点。

国外对于早期代数融入小学课堂教学的研究大多是以算术与推理作为切入点。研究发现，对低年级学生推理能力的培养，特别是在算术中关于数和量的推理的训练，不仅能够帮助学生提高解题能力，而且渗透了早期代数思维。本研究对低年级学生数值推理能力发展现状的调查，也为我们能否在小学阶段开展早期代数的教学提供了依据。

3. 为数与代数领域的教与学提供新的思路

与国外相比，我国数学教育更加注重计算的教学，其实质是注重计算的方法和

---

① KAPUT J, CARRAHER D, BLANTON M. Algebra in the Early Grades[M]. Mahwah: Lawrence Erlbaum Associates, 2007.

结果,把计算当成解决其他复杂问题的一种工具或方法,而忽略了对于过程的重视。其实,在计算教学中也蕴含了很多技巧之外的东西。

对教师而言,"教会学生思考"很大程度上就是指教会学生独立进行数学推理的方法。"授之以鱼,不如授之以渔",教给学生独立进行推理的方法,让他们自己把握推理链条中的种种关系,学生所学到的就不仅仅是数学问题解决的方法,更是今后发展所需要的思维品质。让低年级学生在进行数值推理的过程中体会推算的乐趣,感悟代数的思想,这是一件有意义的事。因此,教师应该设计合理的教学任务来帮助学生萌发并建立早期代数思维,为今后正式的代数学习打下坚实的基础。研究低年级学生数值推理能力的发展,为教师重新审视小学低年级数的运算领域的教学方式提供了一些新的思路。

对学生而言,应尽可能多地积极参与和体验数学知识被探索、被发现、被归纳、被创造的过程。在这样的学习形式中,学生积极主动地建构数学概念、归纳数学定理和结论,其中必定有推理思维形式的广泛参与。可见,关于推理的教学有利于转变学生的学习和思考方式。

4. 丰富国内关于早期代数的实证研究

目前国内关于数学推理能力的研究大部分集中于中学阶段,对于小学阶段数学推理能力的研究也集中于中高年级。研究的范围总体上不够清晰,较多关注推理的教学和教材中可以结合推理来教的内容。关注数与运算能力的研究,都是将焦点集中在算术概念、计算和算法的推广上,将推理作为一种教学方法,而不是一种学习能力来研究。

此外,国内关于早期代数的研究比国外少,特别是针对小学低年级学段的实证研究几乎没有。中国儿童思维的发展离不开具体的文化背景、社会环境和课程体系,其与西方儿童思维发展的特点是否一致,或者有哪些不同,目前尚不清楚,因此这一领域值得研究。本研究从早期代数知识领域出发,聚焦小学低年级学生数值推理能力的发展,在国内的研究中具有一定的创新意义。

本研究从课程内容出发,关注数值计算方面的推理能力。由于数值计算最基本的算法和算理都在一、二年级进行学习,学生只要熟练掌握了20以内加减法的运算规律和性质,其方法都可以直接推广到百以内、万以内以及小数的加减法当中,因此我们将研究进一步聚焦于初始阶段,即小学低年级的数值推理活动。通过深入细致的访谈调查,了解低年级学生在推理过程中对推理方法的理解与运用和对规律的概括与运用这两方面的表现,从而了解目前低年级学生数值推理能力的

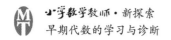

发展现状,初步探索是否可以从低年级开始就逐渐渗透代数思维和培养推理能力,为这一阶段的课程设置和教学实施提供借鉴。

五、核心概念

1. 数值推理

国内关于数学推理的研究中几乎没有提到"数值推理"这个概念,只能通过"运算能力""推算""在计算教学中培养推理能力"等相关概念窥探一斑。而在国外的研究中,关于小学生的推理能力已经有较为细致的划分和界定。一般来说,数量的推理可以划分为数的推理和量的推理。其中,数的推理即关于抽象数字的推理,这些数字是没有任何具体情境的,如 3、—0.12、4i 和 π 等。量的推理中的"量"可以大致分为两类:一类是可以直接测量的基本量,如长度、时间、质量等;另外一些量是在测量的基础上通过综合计算导出的,如角速度、速度、密度、压强等。

本研究中的数值推理,是指通过纯数值来进行计算的一种推理方式。这里的"数值"指的是"不带单位的数",是由抽象的数字组成的。进行数值推理的过程可以看作通过一个或几个已知的事实(包括运算的定义、法则、性质和具体运算规律等),推算出另一个未知结果或结论的过程。

2. 准变量表达式

准变量是一种学生可以在代数的环境中使用的潜在的变量。准变量表达式是指一个或一组一般化的算式,它(们)蕴含着一个潜在的数学关系,即不管题目中具体的数字是什么,这个(些)算式都能成立。例如,$9+4=9+1+4-1=10+4-1$,算式中无论加上什么数,都使其构成整十数,再减去多加的数。又如,$71-54=71-60+6$,算式中无论减去什么数,都使其构成整十数,再加上多减的数。

准变量表达式是算术中潜在的代数性质,它在由算术思维过渡到代数思维的过程中具有不可替代的作用和意义。算术中的准变量(表达式)是解决小学与初中代数学习衔接问题的一个强有力的思想[①]。准变量表达式既动摇了算术与代数之间的传统割裂,又在算术思维与代数思维之间起到了桥梁作用。

六、研究问题

根据对数值推理的内容划分和低年级学生已有的学习情况,我们确定了以下

---

① 徐文彬.试论算术中的代数思维:准变量表达式[J].学科教育,2003(11):6-10.

两个研究问题,借此了解低年级学生数值推理能力的发展现状:

（1）低年级学生如何运用已学过的方法去解决新的计算问题?

（2）低年级学生如何从具体计算过程中猜想并概括出一般化的结论去解决新的计算问题?

第二节
课程中的数值推理

一、代数推理的理论研究

1. 代数推理的分类

（1）科普特的分类

科普特对什么是代数和早期代数进行了分析与阐述，指出代数主要包括两个核心内容，并体现在三个方面，如表 2-2-1 所示。

表 2-2-1　科普特对代数的分类①

两个核心内容	三个方面
（A）代数系统地象征着规律的概括和约束； （B）代数在传统符号系统中作为一种以语法为导向的推理和对行为的概括。	1. 代数作为一般化的算术，包括了对于计算及其关系的推理和量的推理； 2. 代数作为函数、关系和相关变量； 3. 代数作为一种建模语言的应用，包括数学内部和数学外部的语言。

科普特谈到的第一个方面"代数作为一般化的算术"，其中就涉及代数推理，他从内容的角度将其分为三类：

① 对算术中运算过程与性质的概括，以及对更多一般化关系与形式的推理。例如，零的性质、交换律、相反关系等。

② 对数的性质和关系的概括。例如，两个奇数相加和为偶数；三个连续的自然数相加之和的性质；百以内加法和乘法的规律；为什么乘 10 或者 100 后，在数的

---

① KAPUT J, CARRAHER D, BLANTON M. Algebra in the Early Grades [M]. Mahwah: Lawrence Erlbaum Associates, 2007.

末尾添上零等。这些经典的规律虽然不能一眼就看出,但是通过对算术的概括能够得到。

③ 对计算策略的概括,并应用其表达式(包括传统的计算方法和学生自己发现的方法)。例如,补偿的策略。加上一个加数,然后从总数中再把它减去,以完成一个稍复杂的计算。又如,在知道了加法交换律的情况下,我们可以使 $3+18$ 这个计算变成 $18+3$。使用这些计算策略的表达式就是一个代数化的过程。

(2) 卡拉赫对数值推理的分类[①]

卡拉赫对早期代数中的代数推理进行了研究,概述了 6—12 岁学生在代数推理方面的学习情况。其中,他提到了算术和数值推理可以作为进入早期代数学习的一个切入点,由此总结了以下三个方面关于学生数值推理的研究。

① 运算定律和数的性质

表 2‐2‐2　运算定律和数的性质

名称	加法	乘法
交换律	$a+b=b+a$	$ab=ba$
结合律	$(a+b)+c=a+(b+c)$	$(ab)c=a(bc)$
分配律	$a(b+c)=ab+ac$	
单位元	$a+0=a=0+a$	$a\times1=1\times a$
相反数/倒数	$a+(-a)=0=(-a)+a$	$a\times\dfrac{1}{a}=1=\dfrac{1}{a}\times a(a\neq0)$

对于表 2‐2‐2,要说明的是,其中的 a、b 没有特定的值,可以被任意地赋予一个值,除去一些特殊情况,比如 0 不能作除数。另外,除法在有理数和实数域情况下存在,但是在整数域情况中,除法运算会受到一定的限制。这就是所谓的带余除法:如果 b 是一个正整数,a 是一个非负整数,那么存在唯一的非负整数 q 和 r,使得 $a=qb+r(0\leqslant r<b)$ 成立。这表明了非负整数 a 可以被表示成一个非负整数 q 乘一个正整数 b,再加上非负整数的余数 r 的形式,其中 r 不能比 b 大。

除法的性质是欧几里得算法的基础,也是扩大算术理论的基础。这些算术都是

---

① CARRAHER D W, SCHLIEMANN A D. Early Algebra and Algebraic Reasoning [C]// LESTER F, Second Handbook of Research on Mathematics Teaching and Learning: A project of the National Council of Teachers of Mathematics (Vol. Ⅱ). Charlotte: Information Age Publishing,2007.

具有代数特征的,所以学生在进行算术学习的时候,其实就已经在进行代数活动了。

② 数的概括

卡拉赫认为,从一些具体的算术问题中,学生能够自己去发现算式中的规律并进行一定的概括。

例如,在卡彭特的研究(研究涉及的算式实例参见表 2-2-3)中,学生可以用自然语言对加减乘除中的性质进行概括:

(1)"当一个数加上 0 时,你就会得到和原来一样的数"。(加法中单位元的性质)

(2)"当一个数减去它本身,就会得到 0。"

(3)"当两个数相乘时,你可以交换两个数的位置。"(乘法交换律)

尽管学生在回答中没有用到代数符号,但同样是在表达数系中一般化的代数的性质。

表 2-2-3　卡彭特研究中学生用以进行归纳概括的算式实例①

$8-5=3$	$3+5=5+3$
$3\times4=12$	$3+5=4+4$
$3+5=8$	$9+5=14+0$
$8=3+5$	$9+5=0+14$
$8=8$	$9+5=13+1$
$3+5=3+5$	$3+5=\square$ 或者 $3+\square=8$

在巴斯特布尔(Bastable)和希夫特(Schifter)的研究中,一位教师对学生提出了一个关于平方数的问题:$2+2^2+3=2+4+3=9$,学生去尝试 7 的平方数和 8 的平方数,得出 $7+49+8=64$。一位叫亚当(Adam)的学生先用口头语言去表达这种代数关系,然后尝试着画正方形,去解释概括出的结论。如果用代数概念来表征的话,这名学生的推理可以写成 $(n+1)^2$ 的展开表达式,即对于所有的自然数 n,有 $(n+1)^2=n+n^2+(n+1)$。

③ 准变量

准变量表达式这一概念是由澳大利亚的斯蒂芬斯和日本的滕井两位学者提

---

① CARPENTER T P, FRANKE M L, LEVI L. Thinking Mathematically: Integrating Arithmetic and Algebra in Elementary School[M]. Portsmouth, NH: Heinemann, 2003.

出的。[1]

这里先举出一个例子。斯蒂芬斯和滕井提出准变量表达式这一概念后,用"彼特减 5 算法"(如 $32-5=32+5-10$)对澳大利亚和日本的一些一、二年级小学生进行了访谈。访谈的目的是了解:

- 学生是如何理解"彼特减 5 算法"的?
- 学生是如何运用"彼特减 5 算法"来构造自己的案例的?

结果表明,孩子们对算法的选择并没有明显的倾向性,把注意力集中于获取正确答案的算术程序也是无可厚非的。同时,也有一些学生能够对"彼特减 5 算法"进行一般化:"无论你减什么数,你都要加另外一个 1 到 10 之间的数,使它们的和等于 10,比如 7 和 3、4 和 6 等,然后减去 10,就算出了答案。""我有一个适合任何数字的解释,那就是,无论彼特要减去什么数,都应该加上一个数,使其构成一个10,然后减去 10。减去的数越大,要加的那个数就越小,而且它们的和要等于 10。"(这些都是算术中的代数思维,即准变量的运用)

此研究中,学生在算术条件下运用到了隐含的变量。准变量表达式通常指代一个或一组算式,其中蕴含着一个潜在的数学关系,在这种关系中,不管所包含的数字是什么,算式都是成立的。例如,计算 $71-13$ 时,学生运算过程中的表达式为$71-13=71-[10+(10-7)]=71-(20-7)=(71-20)+7$。当学生对数系有深入了解时,就想避免减去一个非整十数,特别是在不够减的情况下,于是用加法"$[10+(10-7)]$"来表示 13。这种形式可以被看作一个算法,把数字当成一个虚拟的变量,可以运用于其他数值推理中。

(3) 小结

国外对于代数推理分类的研究比较早,而国内起步较晚,不过也有学者对代数推理的分类提出了自己的看法。杨彦[2]在研究中提到代数推理又可以分为合情推理与演绎推理。合情推理又称似真推理,是一种合乎情理、好像为真的推理,是根据已有事实和正确结论(包括定义、定理以及公理等)、实验和实践结果,及个人经验、直觉等推测某些结果的推理过程。归纳推理和类比推理是两种主要的合情推理。演绎推理又称论证推理,是根据已有事实和正确结论(包括定义、定理以及公理等),按照严格的逻辑法则得出结论的推理过程。演绎推理主要包括等价转化和

---

[1] 徐文彬.试论算术中的代数思维:准变量表达式[J].学科教育,2003(11):6-10.

[2] 杨彦.小学阶段要进行代数推理教学[J].南方论刊,2008(02):109-110.

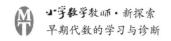

比例推理等。

由此可以看出,对于代数推理的分类,国外学者倾向于从内容角度出发,即从数学知识中代数领域的学习内容进行分类,而国内已有的一些关于代数推理的研究,基本上是从推理的角度,即从推理的形式进行分类。

二、代数推理的特点

李娜[①]认为代数推理过程往往具有如下特点:(1)代数推理讲求严谨性,每一步推理都要有充足的理由;(2)代数推理是一种做题手段,要使得推理步骤简单明了,必须掌握足够的数学知识,灵活变换数学思想,灵活运用数学方法;(3)代数推理要综合考查逻辑演绎与过程分析这两种方法,基于对所给已知信息及隐含信息的考查并紧扣概念,利用定理对条件进行等价转化;(4)代数推理比较抽象,一般没有几何图形等直观信息,主要考查的就是抽象思维及逻辑思维能力,并且对这两种能力有相当高的要求。

三、代数推理的实证研究

1. 在算术中融入代数推理的实证研究

要将代数推理教学推行到小学各个年级,教师必须认真研究教材,关注未开发的资源,特别是算术材料。科普特和布兰顿对一组三年级学生进行了为期一年的教学实验和案例研究,结果表明[②]:小学生是有潜力在算术学习中进行代数推理的。他们强调,要注重发展教师对代数的敏感度,从一年级就要重视将代数推理融入日常教学,从算术问题中挖掘出新的有挑战性的问题,借以培养学生的代数推理能力。这些问题应该包含重要数学概念,适用于不同层次及表征,有多种解决策略或者涉及蕴含推理的运算。其中有这样一道题:"5 个人两两握手,共要握几次? 6个人呢? 20 个人呢? n 个人呢? 写出算式表示总数。"被追踪研究的教师简(Jan)通过这道题,在计算了多次结果后,最终引导学生归纳出 $1+2+\cdots+n$ 的计算公式。上述研究表明,许多传统算术问题可以转化成培养学生代数推理能力的新材料。

---

① 李娜.几何推理与代数推理的关系研究[D].武汉:华中师范大学,2015:20.

② BLANTON M, STEPHENS A, KNUTH E, et al. The Development of Children's Algebraic Thinking: The Impact of A Comprehensive Early Algebra Intervention in Third Grade[J]. Journal for Research in Mathematics Education, 2015, 46(1):39-87.

巴斯特布尔和希夫特[①]在 20 世纪 90 年代参与了关于能否在小学阶段发展代数推理的研究和讨论。他们观察到，儿童在进行一般化概括的过程中会使用自己的语言表述，于是重点关注算术计算中儿童对于概括的表达，以其作为探索早期代数的切入口。他们在一至六年级的教室中开展了相关的实证研究，如表 2-2-4所示，通过一些特殊的算术问题，发现学生虽然在一般化过程中没有使用传统的代数符号，但是其推理过程却和正式的代数有着紧密的关联，并且展现出了代数思维。这些研究与后续八年级关于正式代数学习的项目产生一定的联系和比较。

表 2-2-4　对巴斯特布尔等人关于小学生参与代数推理的研究案例之整理

探究主题	涉及年级	探究过程
奇偶数的规律	一年级	以雪球游戏规则作为模型，学生发现一个偶数加上 2 还是偶数，两个奇数相加可以变成偶数。
加减法的互逆关系	二年级	在解决求缺失加数的实际问题中，无论使用加法还是减法都能得出正确结果，从而体会到减法和加法的互逆关系。
观察平方数	二年级	利用板条块或者从已知的较小平方数出发，去探究更大的平方数以及平方数的一些特征。
乘法交换律	三年级	通过枚举实例 $12\times3,6\times6,4\times9$ 等，发现结果相同；用数组的形式证明 $3\times7=7\times3$，探索结论是否适用于所有的数。
加法中加数的顺序	三年级	在计算物品总价格时产生疑问，经过小组讨论，得出无论加数的顺序是怎样的，得到的结果不变。
0 是奇数还是偶数	三年级	学生已经知道了奇偶数加法的规律，通过用一些数去加 0，认识到因为它没有打破规则，所以 0 是偶数。
连续平方数的关系	四年级	通过实例概括出：把两个相邻的数相加，再加上较小数的平方，结果等于较大数的平方。（例如，$7+7^2+8=8^2$）
0 是否为平方数	五年级	学生从乘法的意义和数的组成的角度探讨 0 是否为平方数。
乘法（整数→有理数）	六年级	通过具体情境中的计算，探讨整数的乘法是否适用于有理数。

在这些有关算术推理和证明的实证研究中，研究者发现学生通过举例，能够从特殊的数量关系中发现一般关系，但是在代数语言的表达上还停留于自然语言描述阶段。这些案例表明了小学阶段的学生能够从具体的算术表征中探索出更加一

① BASTABLE V, SCHIFTER D. Classroom Stories: Examples of Elementary Students Engaged in Early Algebra[C]// Kaput J, Carraher D, Blanton M. Algebra in the Early Grades. Mahwah: Erlbaum,2007:165-184.

般化的结论,即具备了早期代数思维的潜力。巴斯特布尔等人同时提出,可以从教师、课程和研究者的角度去思考如何能够更好地支持儿童早期代数思维的发展。

2. 在实际问题情境中融入代数推理的实证研究

基兰等人[①]在关于早期代数进入小学课堂的研究中,提到了加拿大四年级数学课堂中一个关于代数推理的问题。

问题情境:马克(Marc)在他生日来临之际准备存钱。原来小猪储蓄罐里有 1 美元,他每周存 2 美元。第 1 周马克存下了 3 美元,第 2 周存下了 5 美元,以此类推……学生用红色和蓝色的小圆片来表征和建立前 5 周所存金额的模型,然后尝试解决 10 周、15 周、25 周后存了多少钱。

如图 2-2-1 所示,克里斯托(Krystal)和阿尔伯特(Albert)建立了前 5 周的数量模型,然后讨论第 10 周所存金额的问题。学生试着去猜想并寻找一个一般化的规律:$n+1, n+2, n+3$……,直至找到对应的函数模型 $f(n)=1+2n$。这个问题可以让学生从特殊的例子中意识到潜在的一般化的结论,感受到函数的形成,培养一定的代数思维。

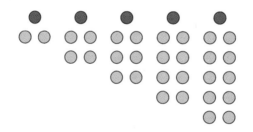

图 2-2-1 克里斯托和阿尔伯特建立的模型
(注:第一行的小圆片为蓝色,其余为红色)

四、关于小学阶段数值推理的研究

从上述较早开始研究早期代数和代数推理的学者对于代数推理的分类中可以发现,数值推理是代数推理中的一个分支。笔者对小学阶段数值推理的相关研究进行了文献整理,主要从课堂教学、学生代数思维发展和课程内容三个方面进行综述。

---

① KIERAN C, PANG J S, SCHIFTER D, NG S F. Early Algebra: Research into Its Nature, Its Learning, Its Teaching[M/OL]. Cham: Springer, 2016. https://doi.org/10.1007/978-3-319-32258-2-2.

1. 课堂教学中的数值推理

数与运算板块的学习内容在小学数学的学习中占了很大的比重,而计算教学贯穿于小学数学教学的始终,培养学生推理能力和养成推理的习惯在计算教学中也是十分重要的目标。国内很多研究者对如何在课堂的计算教学中培养学生的推理能力进行了研究,也呈现了很多课堂教学的实例。

张广祥等人[①]从德国教材《数字世界》第 4 册(四年级)第 1 单元中选取了两个与算术有关的推理问题,研究如何在小学数学的课程中培养低年级学生观察、猜想和自主探索的能力。与推理有关的计算问题决不会使学生简单地停留在数值运算本身,借助于简单的算术运算同样能展示严密的推理功能。因此,他们认为教师和教科书设计者可以适当引导学生通过自主观察、归纳猜想来找到规律和法则。

丁璐[②]描述了在两位数乘两位数的计算教学中,应设法让学生明白竖式计算每一步的含义,即算理。以 14×12 为例,第一步个位上的 2 乘 14(表示 2 个 14);第二步十位上的 1 乘 14,竖式中 140 末尾的 0 省略不写,4 写十位上(表示 14 个 10);最后相加。重视在计算教学中培养学生的推理能力可以相应提升学生解决问题的能力,帮助学生更好地掌握计算的算理与算法。

史宁中[③]认为现在的教材大多是采取演绎的方式讲解数学概念,即先给出一个形式定义,直接呈现给学生,然后让学生理解消化,再去应用。其实,有些定义可以用归纳的方法进行教学:从具体的数字出发,在计算的过程中让学生感悟运算的道理;掌握从具体问题入手进行运算的方法,积累正确思考数学问题的经验。

柏叶总等人[④]在执教苏教版小学《数学》三年级下册"有趣的乘法计算"一课时,通过设计探究活动,让学生经历探索一些特殊的两位数乘两位数计算规律的过程,并运用发现的规律进行一些简便运算,一方面加深对两位数乘两位数计算过程和方法的理解,另一方面进一步感受探索和发现规律的一般过程,发展合情推理的能力。

---

① 张广祥,陈祥彬.数字推理——从德国小学教科书中的一个简单算术问题说起[J].数学通报,2013(01):28-29.

② 丁璐.在计算教学中培养学生的推理能力[J].数学学习与研究,2015(18):91.

③ 王瑾,史宁中,史亮,孔凡哲.中小学数学中的归纳推理:教育价值、教材设计与教学实施——数学教育热点问题系列访谈之六[J].课程·教材·教法,2011(02):58-63.

④ 柏叶总,刘国文.猜想与验证:在不完全归纳中合情推理——"有趣的乘法计算"教学实践与评析[J].教育研究与评论(课堂观察),2015(06):59-65.

仲秋月[①]在探讨数学推理能力培养的教学研究中提到,培养合情推理能力要让学生在经历过程中感悟思想。具体而言,精选适当的教学素材有利于引发学生的数学直观,激活思维,提出猜想,形成结论;以恰当的情境和适切的问题引领探究活动,能够让学生快速地定位研究的切入点,并顺着一定的方向、带着问题进入情境,有效地获取活动情境所承载的数学信息,进而展开探究;在呈现具体实例后,教师应巧妙点拨和深入引导,以促进学生观察与比较。对于演绎推理能力的培养,可借助正推反证发展思维严谨性,也可借助图示表格发展思维逻辑性。针对每一种培养策略,研究者分别举出了在小学数学课堂教学中的实例进行补充说明。

2.数值推理与学生代数思维发展

1999 年新西兰教育部在小学阶段引入了运算能力项目(the Numeracy Project),也称为运算能力发展项目。该项目日趋发展成熟,现已覆盖新西兰的所有小学。运算能力项目的核心是构建了一个由策略和知识组成的数字框架,这个数字框架是对学生进行诊断性访谈的评价标准。数字框架的策略部分由九个阶段组成,这九个阶段从总体上又可以被归为两类:"计数策略"和"部分—整体策略"。在数字框架中,知识被分为下面几个部分:(1)数字识别:帮助儿童学习认识数字。(2)数字顺序:帮助儿童学习数字的顺序,能比较数字间的大小关系。(3)数字位置值:帮助儿童学习十位、百位、千位、十分位、百分位、千分位是如何使用的。(4)基本的事实:帮助学生学习加减乘除的事实。[②]

对于这个运算能力项目,很多学者开展了相关的实证研究。其中,布里特(Britt)[③]通过记录 8 岁的玛丽(Mary)在一系列运算项目中的解题策略和思考过程,发现教师在数值推理过程中的干预能够帮助她从阶段水平四的能力逐渐发展到阶段水平五的能力。下面,对此案例进行大致整理并作简要评析:

【案例描述】

被试玛丽已有的知识水平:能够从 1 数到 99,知道数位的含义。

初始任务:利用十进制的表格来解决 9+4 的问题,并且不能通过数数的方法。

---

① 仲秋月.建构推理模式,学会数学思考——小学数学推理能力培养的教学研究[J].新教育,2016(14):28 - 29.

② 张文宇,傅海伦.新西兰小学运算能力项目的影响及启示[J].外国中小学教育,2010(05):48 - 53.

③ BRITT M S, IRWIN K C. Algebraic Thinking with and without Algebraic Representation: A Three-year Longitudinal Study[J]. ZDM, 2008,40(1):39 - 53.

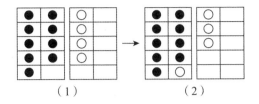

图 2 - 2 - 2　利用十进制框架表发展早期对加法补偿策略的理解

任务 1：将 9 个小圆片放入十进制框架表中，然后在另外一张表中放 4 个小圆片，如图 2 - 2 - 2(1)所示。

学生操作 1：玛丽将 9＋4 的小圆片摆成了 10＋3 的形式，如图 2 - 2 - 2(2)所示。因此，她从框架表中得出了 9＋4＝13 的答案。

学生操作 2：玛丽继续在十进制的框架表中完成了 8＋5 和 7＋6 的计算。

任务 2：在十进制框架表中摆出 9＋7 的答案，然后提出能否在没有框架表的情况下解决 19＋4，27＋6 和 38＋7 的计算。(如果不知道怎么做，玛丽可以继续利用框架表来帮忙)在每一道计算完成之后，教师会向她了解思考的过程。

玛丽的方法如下：

19＋4：从 4 中拿出 1 给 19，而她原先就知道 20＋3＝23。

27＋6：从 6 中拿出 3 给 27，转化成 30＋3＝33。

38＋7：从 7 中拿出 2 给 38，转化成 40＋5＝45。

学生在上述计算中多次运用加法补偿的方法，这一数值推理策略隐含了一个一般化意义上的代数表达式：$a+b=(a+c)+(b-c)$。玛丽在描述自己的思考过程时，其实就已经表现出了能够用语言来表述一般化策略的能力水平。还有很多学者基于新西兰运算能力项目的相关素材，对不同年龄层次的学生进行案例研究，证实了学生在数值推理的过程中能够发展代数思维和运算能力，同时也有利于数感的形成与发展。

本研究所针对的我国低年级学生的学习水平在新西兰的运算能力项目中处于阶段五和六，如表 2 - 2 - 5 所示。"部分—整体"策略的第一阶段也就是总体策略发展的阶段五：简单的加法，涉及有限的分解、重新组合的策略。而阶段六表现为：复杂的加法和简单的乘法，涉及从大范围的策略中选择有效的策略以解决加减法问题。

表 2 - 2 - 5　新西兰运算能力项目数字框架策略阶段五与六的基本要求①

阶段水平	计算领域	
	加法和减法	乘法和除法
阶段五：简单的加法	早期加法和减法 用一些策略去解决加减法中的问题。如： $8+7=8+8-1$（加倍） $39+26=40+25=65$（分拆和补偿）	乘法是重复的加法 使用乘法算式中一个已知的因数去做重复的加法。如： $4\times6=(6+6)+(6+6)=12+12=24$ 使用乘法算式中未知的因数做重复的加法，可以先做除法。如： $20\div4=5$，因为 $5+5=10$，所以 $10+10=20$
阶段六：复杂的加法、简单的乘法	进一步学习整数的加减法 可以估测结果 解决与整数有关的加减法问题，选择合适的策略解决计算问题。如： $324-86=324-100+14$ $1242-986=1242+14-(986+14)$	乘法的衍生 选择乘法中已知的因数来推理其他乘法和除法问题。如： $4\times8=2\times16=32$（因数的加倍和减半） $9\times6=(10\times6)-6=54$

　　章勤琼和谭莉②在文章中也谈到新西兰的这个运算能力项目，并且进一步展开了主题为"学生数字运算的代数性质"的研究，其中涉及 $47+25=47+3+25-3=50+22$ 等算式例子。他们认为学生在运用这种策略解决不同的算式问题时，就表现出了对数字之间关系的理解。学生显示出在不依靠字母或符号的情况下也可以实施一般化的策略，这为其代数思维的发展奠定了基础。

　　3. 课程内容中的数值推理

　　在《标准》的理念指导下，我国不同版本的数学教材在课程内容的编排上都为学生提供了与数值推理相关的学习素材。

　　王秋歌③对合情推理在小学教材中的呈现进行了研究，发现在"数的认识""数

---

　　① BRITT M S, IRWIN K C. Algebraic Thinking with and without Algebraic Representation: A Three-year Longitudinal Study[J]. ZDM, 2008,40(1):39 - 53.

　　② 章勤琼,谭莉.早期代数思维的培养：小学阶段"数与代数"教学的应有之义[J].江苏教育,2013(33):7 - 9.

　　③ 王秋歌.合情推理在小学数学教材中的呈现[J].教学与管理,2016(35):52 - 54.

的运算""比例与方程"和"探索规律"等内容板块可以进行归纳推理的教学,并且合情推理在人教版小学数学教材中的四个内容领域(数与代数、图形与几何、统计与概率、综合与实践)均有呈现。

柏叶总、刘国文[①]梳理了苏教版小学数学教材,发现从三年级上册开始,教材已经有计划地在每一册里各编排一个"探索规律"的专题活动,这有利于改变"重演绎、轻归纳"的思维习惯和教学传统,以更好地培养学生的合情推理能力。

朱一晨[②]认为小学数学中很多性质、公式、规律、结论等都是在列举一些特殊例子的基础上归纳得出的,很多问题也都是在研究一些特殊情况的基础上归纳解决的。结合苏教版小学数学教材,她从数式的性质、运算律、计算方法和数量关系四个方面,列举了大量实例来说明可以在教学中广泛应用归纳推理的方法,涉及的内容包括分数的基本性质、小数的性质、加法结合律、乘法交换律、乘法分配律、小数乘法的计算方法,以及像"总价=单价×数量"这样的数量关系等。

从我国对于小学阶段数值推理的一些研究中可以窥探到,研究者更多地关注"教师的教",研究如何用演绎推理或者归纳推理的形式来进行教学内容的选择与教学过程的设计,如何将其作为一种新的教学方法融入实际课堂教学中,通过引导学生感受知识形成的过程来培养学习能力。具体到计算教学中,主张改变教师的教学方式,重视算理的理解,注重新旧知识的迁移,从而更好地帮助学生理解知识形成的过程。

国外关于数值推理的研究更多地关注"学生的学",关注学生在学习过程中的表现,观察总结学生所使用的推理策略和水平层次,与上位的知识和思想方法是否能够产生联系,从而有效地进行长期培养。在过程中,教师以辅助者和引导者的身份进行干预,探究影响学生发展的因素等。

经过文献梳理与总结,我们发现国外对代数推理的研究起步较早,研究内容较为丰富,从开始对于早期代数、代数推理等概念的界定和划分,到现在多样化的实证研究,从高年级到低年级,从教师的教法到学生的学法,一直是一个研究的热门领域;而国内关于数值推理的研究偏向于从教学内容角度出发,更注重学生从理解意义上发展数学计算的能力,关注推理能力培养的研究较多,关注算术思维向代数思维过渡的研究较少,

---

① 柏叶总,刘国文.猜想与验证:在不完全归纳中合情推理——"有趣的乘法计算"教学实践与评析[J].教育研究与评论(课堂观察),2015(06):59-65.

② 朱一晨.例谈归纳思想在小学数学教学中的应用[J].教育研究与评论(课堂观察),2017(04):95-96.

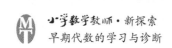

从数值推理能力培养的视角促进低年级学生代数思维发展的研究几乎没有。

本研究从课程内容出发,关注学生在进行数值计算时的思考过程和表现。因此,我们首先对上海版一、二年级数学教材中出现的关于数值推理方面的内容进行如下整理。

五、上海版教材中相关内容的分析与选择

1. 四册教材中的数值推理

(1) 以十为基础的推理

一、二年级的主要目标之一是培养学生的计算能力,一年级上册学习 20 以内的进退位加减法,一年级下册学习百以内(两位数)的进退位加减法,二年级下册学习三位数的进退位加减法。从第一册的计算教学开始,教材就引入了以十为基础的数值推理方式,"凑十法""破十法""平十法"等算法,都是把算式中的某些数进行以十为基础的拆分,有的是把每个数位分开(例如,18+4=10+8+4),有的是为凑出整十数而拆分(例如,18+4=18+2+2)。根据低年级学生的学习特点,教材通过丰富的实物图引入,由具体慢慢过渡到抽象,从而使学生理解并掌握以十为基础的推理方法,这样的推理方法也适用于计算更大的数值。在以十为基础的推理中,我们也能感受到学生逐步建立起对潜在的稳定数量关系的理解,即存在对准变量表达式的使用。

(2) 以运算定律与运算性质为基础的推理

小学阶段关于数的运算方面的知识有着较为清晰的结构和分类,在一、二年级主要涉及加法交换律和减法的运算性质。

在一年级下册中,教材已经对加法交换律有所介绍,通过对具体问题情境的理解和对竖式计算结果的总结,学生能够归纳出"交换两个加数的位置,和不变"的结论,加深对于加法交换律的实际理解和运用。

学生在进行退位减法计算的过程中,也潜移默化地使用了减法运算性质,即减去几个数的和,等于分别减去这几个数。

(3) 以运算规律为基础的推理

从一年级上册起,教材就编排了"推算"这一内容,其主要教学目标是通过相邻题之间的关系,探索加数与和,被减数、减数与差的关系,从而进行推算。刚开始教推算时,让学生经过大量计算,通过观察、分析,发现算式之间的规律,从而归纳出关于加法或减法运算规律的一些结论。如图 2-2-3,第一行的算式组介绍了加法运算规律;第二行和第三行的算式组介绍了减法运算规律。

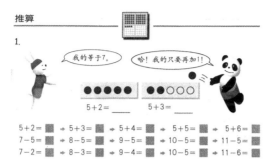

图 2-2-3 用运算规律进行数值推理(一年级第一学期)

此外,教材中只要涉及计算的教学,其配套练习也会使用含有运算规律的算式组,如图 2-2-4,教师可以在学生完成练习之后,带领他们一起找算式组的规律,从而归纳推理出加减法的运算规律。

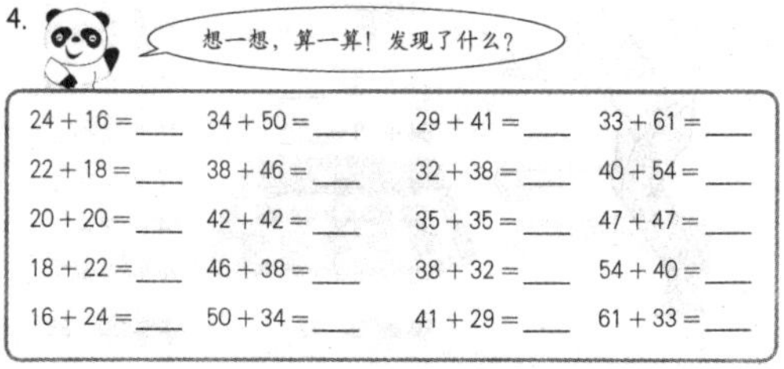

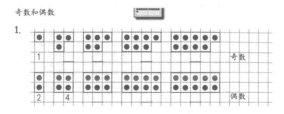

图 2-2-4 用运算规律进行数值推理(一年级第二学期)

(4)从具体问题情境出发的推理

除了对一般的计算过程和方法进行教学之外,在整理与提高部分,教材也适当为低年级学生提供了思考的空间。例如,二年级上册认识奇数与偶数的教学中,先对大量的实例进行计算,然后对两个奇数或偶数相加的结果进行观察以总结规律,并且借助点图进行概念上的理解和证明(图 2-2-5)。

奇数和偶数

1.

					奇数
1					
					偶数
2	4				

图 2-2-5 从具体问题情境出发的推理(二年级第一学期)

2. 低年级学生的学习基础

基于对《上海市中小学数学课程标准(试行稿)》和《上海市小学数学学科教学基本要求》相关内容的整理,我们初步明确了低年级学生在"数的运算"方面的学习

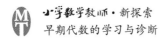

基础,如表 2-2-6 所示。这为我们进一步设计出符合学生认知水平的数值推理类试题提供了参考。

表 2-2-6　一、二年级学生的学习基础(第一学期)

年级	学习基础	举例
一年级	会根据 10 以内数的加减法,计算出十几加减几的结果。	$8-2=6→18-2=16$
	会在数板、数射线上进行 20 以内进位加法、20 以内退位减法的计算。	$10-9=1→20-9=11$
	掌握"凑十"算法。	$7+5=12$ ① $7+3=10$ ② $10+2=12$
	知道被减数、减数、差之间的关系。	被减数—减数=差 被减数=减数+差 减数=被减数—差
	能根据 20 以内加减法的计算,初步知道加法与减法之间的关系。	$8+5=13→13-5=8$
二年级	掌握两位数加减整十数、一位数、两位数的计算方法,并能熟练进行口算,会提出自己的算法,进行交流和比较。	$58-25=$ ① $58-20=38→38-5=33$ ② $58-5=53→53-20=33$ ③ $50-20=30→8-5=3→30+3=33$
	理解连加、连减、加减混合的意义,掌握运算顺序并正确计算。	从左往右依次计算
	通过计算,初步学习加法交换律,找到使计算简便的方法。	$14+21=21+14$
	掌握表内乘法。	九九乘法表
	初步理解乘法的基本含义,知道乘法是重复添加。	同数相加可用乘法表示
	会用乘法口诀计算一位数除法。	$6×7=42→42÷7=6$
	初步学会类推乘法口诀。	几个几加几个几等于几个几

3. 理论框架

本研究参考了科普特与卡拉赫等人对代数推理的研究,特别关注其对代数推理策略的分类,并且根据我国的实际教学情况和低年级学生的学情,针对一、二年级学生进行了数值推理能力理论框架内容的选择与设计。

(1) 类型一:以十为基础的数值推理

在小学低年级算术教学中,借助实物(如小棒)进行"捆扎"活动是十分常见的手段,以帮助学生建立对十进制的位值体系的认识,并从数的组成的角度分析和理解算理,最后熟练记忆和掌握算法。"捆扎"活动中所体现的往往就是以十为基础的数值推理,其涉及的准变量表达式如表 2-2-7 所示。

表 2-2-7　以十为基础的数值推理:相关准变量表达式

条件	准变量表达式	举例
a、$b \in \{x \mid 0 \leqslant x \leqslant 10, x \in \mathbf{N}\}$	$a+b=a+(10-a)+b-(10-a)$ <hr> $a+b=a-(10-b)+b+(10-b)$	$4+8=4+6+8-6$
$a \in \{x \mid 10 \leqslant x \leqslant 20, x \in \mathbf{N}\}$ $b \in \{x \mid 0 \leqslant x \leqslant 10, x \in \mathbf{N}\}$	$a+b=a+(20-a)+b-(20-a)$ <hr> $a+b=a-(10-b)+b+(10-b)$	$17+8=17+3+8-3$
a、$b \in \{x \mid 10 \leqslant x \leqslant 20, x \in \mathbf{N}\}$	$\begin{aligned} a+b &= 10+(a-10)+10+(b-10) \\ &= 10+10+(a-10)+(b-10) \\ &= 20+[(a-10)+(b-10)] \end{aligned}$	$17+15=10+10+7+5$
$a \in \{x \mid 10 \leqslant x \leqslant 20, x \in \mathbf{N}\}$, $b \in \{x \mid 0 \leqslant x \leqslant 10, x \in \mathbf{N}\}$,且 $a-10 < b$	$\begin{aligned} a-b &= 10+(a-10)-b \\ &= (a-10)+(10-b) \end{aligned}$ <hr> $\begin{aligned} a-b &= a-[(a-10)+b-(a-10)] \\ &= a-(a-10)-[b-(a-10)] \\ &= 10-[b-(a-10)] \end{aligned}$	$\begin{aligned} 16-9 &= 10+6-9 \\ &= 6+10-9 \end{aligned}$ <hr> $\begin{aligned} 16-9 &= 16-6-3 \\ &= 10-3 \end{aligned}$

(2) 类型二:以运算定律、数的性质和运算规律为基础的数值推理

根据低年级学生的学情,本研究挑选了加法运算定律和数的性质作为数值推理的内容(表 2-2-8)。对于减法运算性质的学习和运用,在以十为基础的数值推理(退位减法)中有所体现,且教材中没有以单独章节呈现,因此这里不作研究。

表 2-2-8　数值推理中涉及的部分运算定律和数的性质

	名称	加法	乘法
运算定律	交换律	$a+b=b+a$	$ab=ba$
	结合律	$(a+b)+c=a+(b+c)$	$(ab)c=a(bc)$
	分配律	$a(b+c)=ab+ac$	
数的性质	相反数/倒数	$a+(-a)=0$ $(-a)+a=0$	$a \cdot a^{-1}=a^{-1} \cdot a=1$

此外,以运算规律为基础的推理是低年级学生在进行数值推理过程中经常使用的推理方式。如图 2-2-6,在一年级第一学期的教材中就已经出现基于运算规律的推算。

3. 你喜欢先算哪道题?

5+5= ▓	7+7= ▓	4+4= ▓	8+8= ▓
6+5= ▓	7+8= ▓	5+4= ▓	8+9= ▓
6+6= ▓	8+8= ▓	5+5= ▓	9+9= ▓
13-2= ▓	16-5= ▓	17-6= ▓	19- 8= ▓
13-3= ▓	16-6= ▓	17-7= ▓	19- 9= ▓
13-4= ▓	16-7= ▓	17-8= ▓	19-10= ▓

图 2 - 2 - 6   一年级第一学期教材中涉及"推算"的内容示例

加减法数值推理中涉及的运算规律包括:

加法:①一个加数不变,另一个加数增加或减少一个数,和增加或减少相同的数,表达式为 $a+b=c \rightarrow a+(b\pm n)=c\pm n$;②一个加数增加一个数,另一个加数减少相同的数,和不变,表达式为 $a+b=c \rightarrow (a+n)+(b-n)=c$。

减法:①被减数不变,减数增加或减少一个数,差减少或增加相同的数,表达式为 $a-b=c \rightarrow a-(b-n)=c+n$ 或 $a-(b+n)=c-n$(其中 $a>b$ 且 $c>n$);②减数不变,被减数增加或减少一个数,差增加或减少相同的数,表达式为 $a-b=c \rightarrow (a-n)-b=c-n$ 或 $(a+n)-b=c+n$(其中 $a>b$ 且 $c>n$);③被减数和减数同时增加或减少相同的数,差不变,表达式为 $a-b=c \rightarrow (a\pm n)-(b\pm n)=c$(其中 $a>b>n$)。

第三节
访谈问题的设计结构

一、研究目的

本研究从代数领域中数值推理的角度出发,通过访谈调查法,对一、二年级学生进行半开放式的访谈,以了解低年级学生在解决数值推理问题的过程中对于推理方法的理解与运用和对规律的概括与运用,窥探当前低年级学生数值推理能力的发展现状,为在低年级进行早期代数思维的渗透提供依据,为算术与代数的学习搭建过渡的桥梁,也为后续代数思维的进一步发展作准备。

二、研究对象

1. 选取的依据

(1) 研究内容在教材中的呈现

基于对教材内容的整理,我们选择调查低年级学生数值推理能力的原因有如下两点:

① 教材从一年级开始就编排了数值推理的相关内容

上海版教材从一年级第一学期第二单元开始就陆续编排了与数值推理有关的内容,如图 2-3-1,这里出现了与加法交换律有关的现实情境。

学生进入小学进行数学学习的第 4 个月(每年的 12 月左右),会学到"推算"这一内容。此外,正如文献综述中所提及,在 20 以内的加减法和相关的计算练习中,也都体现出对于数值推理内容的渗透。

② 20 以内加减运算的推理方法可适用于更大数值的计算

数值计算最基本的算法和算理都在一、二年级进行教学。在一年级第一学期,学生就已经掌握了 20 以内的进退位加减法,虽然没有明确向学生说明运算定律和

图 2-3-1　一年级第一学期第二单元"加法"的教学内容

性质,但在数的组成与拆分以及进退位加减法的算理教学中,学生已经接触到加减法数值计算中的基本推理方法。也就是说,学生只要掌握了 20 以内加减法运算的推理方式,其方法都可以直接推广到百以内、万以内的加减法,以及小数的加减法当中(图 2-3-2)。所以,选择对一、二年级的学生进行研究,可以帮助我们更好地了解学生是否能够通过数值推理去解决课堂中没有学过的计算问题。

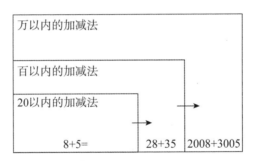

图 2-3-2　20 以内加减法的算理推广至百以内和万以内的数

因此,我们将研究对象聚焦于小学一、二年级,观察学生在面对更大数值的计算问题时,能否运用 20 以内加减法的推理方法去尝试解决;能否从具体计算过程中猜想和概括出一般化的规律,从而解决新的计算问题;通过对比一、二年级学生在推理过程中的表现,探索二者之间是否存在差异。

(2) 访谈对象的特征

根据上述研究目的,访谈中需要对学生进行不断的追问,以充分了解其在推理过程中使用的计算方法及理由。也就是说,研究不只关注正确的数值计算结果,更重要的是了解推理中的思考过程。因此,我们在任课教师的帮助下,选择了语言表达能力较好的 48 名学生进行访谈。在访谈过程中发现,这 48 名学生的成绩都处于班级的中上游水平,平时的数学学习表现较好。

作为一次探索性的研究,主要通过推理表现,了解和分析低年级学生在数值推理能力方面的总体发展情况,为后续更深入的研究作准备。

2. 访谈对象的基本信息

本研究合作对象为上海市浦东新区的 N 小学和 F 小学,选取两校一年级和二年级学生各 12 名,一共 48 名学生作为调查对象。

N 小学成立于 2004 年,近年来连续多次在本区年终学校考核中获评优秀等荣誉称号,同时被命名为区级素质教育实验学校、教师专业发展学校和见习教师规范化培训基地。该校在编教师 65 名,其中中学高级教师 6 名,区学科带头人 2 名,区骨干教师 3 名,署级骨干教师 5 名,是一所深受家长、社会好评的公办学校。选择该校作为调查学校,基本可以代表目前上海学生普遍的发展水平。

F 小学成立于 1987 年,在浦东新区有着良好的声誉和优质的教育资源。从 2007 年开始,F 小学接受教育行政部门的委托管理区内几所小学,是上海市文明单位、国家级课题实验学校。该校教师中,大专及以上学历占 98%,中学高级以及小学高级职称占比达 70%,区级学科带头人、骨干教师占比达 25%。F 小学在数学教学方面也拥有自己的特色,注重把握教材的基础内容,重视培养学生的思维方式。因此,选择该学校作为调查学校,基本可以了解在课程实施到位的情况下,学生数值推理能力发展的现状如何,也能够代表上海学生较好的发展水平。

研究选取 N 小学和 F 小学一、二年级各一个班的学生。同一所学校的两个班级的综合考核成绩均处于整个年级的中等水平,并且两个班级由同一位数学教师执教,基本能够保证两个班级的受访者受到的教学方式和教学风格的影响相同。

N 小学两个班级的任课教师祝老师拥有二十余年的小学数学教学经验,他刚结束高年级的教学工作,再次投入低年级的教学中。F 小学的沈老师拥有近三十年的教学经验,在研究展开期间和祝老师一样进行跨年级的教学任务。

在任课教师和班主任的建议与帮助下,分别抽取各班在数学学习中表现中等偏上,数学表达能力较好的学生进行访谈。下面是研究对象的基本情况。

N 小学一年级抽取男生 6 人、女生 6 人,共计 12 人;二年级抽取男生 7 人、女生 5 人,共计 12 人。F 小学一年级抽取男生 6 人、女生 6 人,共计 12 人;二年级抽取男生 7 人、女生 5 人,共计 12 人。

此外,研究者在 N 小学实习了两个月,而后在 F 小学进行带班教学和就职准备,因此较为深入地了解了两所学校的教学情况及学生的学习基础,便于研究的开展,并确保数据的真实性。

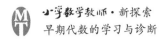
3. 研究方法

本研究主要采用访谈法,通过半开放式的访谈,深入了解低年级学生数值推理能力的发展现状。

根据我国的实际教学情况,小学阶段比较注重算法的教学和数值计算能力的培养,因此从低年级开始,学生已经具备一定的数值计算能力。如果用问卷调查法进行大范围的试题测试,从测试成绩并不能看出低年级学生在数值推理能力方面的发展情况。推理是一种思维形式,只有真正了解学生在解决问题过程中的想法,才能深入了解其思考过程。

由于研究对象比较特殊,低年级学生刚进入小学学习,数学表达能力还比较欠缺,因此我们与每位学生分别进行谈话,对其在数值推理过程中的思考方式和采用的方法策略进行提问,了解学生真实的思维过程,并且根据学生的即时反馈进行一定的追问。此外,通过对听课教师和其他学生的访谈,了解执教者采取的教学方式和教学策略等。整个访谈过程全程录音,之后转化成文字予以记录。本研究的基本流程设计如下(图2-3-3):

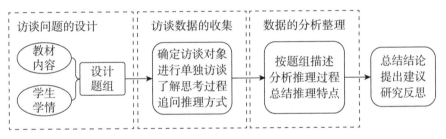

图2-3-3　研究设计流程图

4. 访谈问题的设计

(1) 访谈问题的总体结构

基于学生的学习基础和教材内容的安排,本研究设计了一套研究低年级学生数值推理能力的访谈问题,其总体结构如表2-3-1所示,以前文所述的数值推理方式为内核来设计题组。

表2-3-1　低年级学生数值推理能力访谈问题的设计结构

题号	数值推理方式	推理过程
题组1a	类型一:以十为基础	根据20以内进退位加减法的推理方式解决百以内进退位加减法的问题。
题组1b	类型二:加法交换律	根据加法交换律推理百以内加法计算问题。

（续表）

题号	数值推理方式	推理过程
题组 1c	类型二:相反数	根据相反数的性质推理百以内加减混合计算。
题组 2a	类型二:加法运算规律①	根据加法运算规律①推理百以内加法计算。
题组 2b	类型二:减法运算规律①	根据减法运算规律①推理百以内减法计算。
题组 2c	类型二:加法运算规律②	根据加法运算规律②推理百以内加法计算。
题组 2d	类型二:减法运算规律③	根据减法运算规律③推理百以内减法计算。

（2）访谈题组的具体分析与说明

下面具体给出每个题组,分析题目的特点及对应考查的能力,并对学生推理过程的表现类型进行预设和编码,如表 2 - 3 - 2 所示。

表 2 - 3 - 2　访谈题组编码表

题号	题目	分析	推理过程的表现类型
题组 1a	(1) 8+5=	一位数加一位数,两个加数都小于10,考查学生是否掌握了 20 以内的进位加法,了解学生对进位加法推理方式的理解程度。	A1——理解算理,记住标准算法,通过标准算法直接得出计算结果。
	(2) 17+8=	两位数加一位数,其中两位数在 10 到 20 之间,考查学生是否能通过已掌握的推理方式,对百以内的进位加法进行数值推理。	(例:记住 7+8=15,理解以十为基础的推理方式,通过标准算法直接得出 17+8 的计算结果)
	(3) 18+15=	两位数加两位数,两个加数都在 10 到 20 之间,考查学生是否能通过已掌握的推理方式,对百以内的进位加法进行数值推理。	A2——理解算理,记住标准算法,通过推理计算结果。(例:记住 7+8=15,理解以十为基础的推理方式,推算出 17+8=17+3+5=20+5=25)
	(4) 13-6=	两位数减一位数,被减数在 10 到 20 之间,考查学生是否掌握了 20 以内的退位减法,了解学生对退位减法推理方式的理解程度。	A3——不理解算理,记住标准算法,通过标准算法直接得出计算结果。(例:记住 7+8=15,不理解以十为基础的推理方式,通过标准算法直接得出 17+8 的计算结果)
	(5) 71-17=	两位数减两位数,被减数在 20 到 100 之间,减数在 10 到 20 之间,考查学生是否能通过已掌握的推理方式,对百以内的退位减法进行数值推理。	

（续表）

题号	题目	分析	推理过程的表现类型
题组 1b	13＋28＝ 28＋13＝	考查学生是否能通过加法交换律来进行数值推理。	B1——知道加法交换律/相反数的性质，通过推理计算结果。
题组 1c	25－19＋19＝	考查学生是否能通过相反数的性质来进行数值推理。	B2——不知道并且没有发现加法交换律/相反数的性质，直接得出计算结果。
题组 2a	26＋15＝ 26＋16＝ 26＋17＝ 26＋19＝ 26＋20＝	考查学生能否运用加法运算规律①（一个加数不变，另一个加数增加一个数，和增加相同的数）进行递推算式组的数值推理。	C1——知道运算规律，通过规律进行数值推理。 C2——不知道运算规律，在计算过程中发现并归纳正确的规律进行数值推理。
题组 2b	30－10＝ 30－11＝ 30－12＝ 30－13＝ 30－14＝	考查学生能否运用减法运算规律①（被减数不变，减数增加一个数，差减少相同的数）进行递推算式组的数值推理。	C3——不知道运算规律，在计算过程中发现并归纳错误的规律进行数值推理。
题组 2c	17＋15＝ 16＋16＝ 15＋17＝ 14＋18＝ 12＋20＝	考查学生能否运用加法运算规律②（一个加数增加一个数，另一个加数减少相同的数，和不变）进行递推算式组的数值推理。	C4——不知道并且没有发现运算规律，直接得出计算结果。
题组 2d	35－8＝ 34－7＝ 33－6＝ 32－5＝ 31－4＝	考查学生能否运用减法运算规律③（被减数和减数同时增加或减少相同的数，差不变）进行递推算式组的数值推理。	

第四节
以 20 以内加减法推理百以内加减法

题组 1a 中的五道题目主要考查低年级学生是否能够使用在 20 以内加减法中学到的以十为基础的推理方式,去解决百以内进退位加减法的问题。通过访谈了解学生在题组 1a 中采取的推理方式及思考过程,我们发现学生在推理过程中主要有三种表现。

一、表现类型 A1

处于表现类型 A1 的学生能够正确地理解算理,并在理解的基础上对标准算法进行记忆,通过算法直接进行计算。

题组 1a 中的"(1)8+5;(4)13-6"两道题目对低年级学生来说是在计算能力范围内的问题,所有学生都计算正确。而通过访谈中的追问,可以深入了解学生在通过标准算法进行计算的过程中,是否真正理解了算理。

表 2-4-1 题组 1a 中表现类型 A1 的人数分布

年级	人数(所占百分比)	
	(1) 8+5=	(4) 13-6=
一	23	21
二	24	24
合计	47(97.92%)	45(93.75%)

如表 2-4-1 所示,二年级学生全部体现出表现类型 A1,而在一年级学生中,第(1)题有 23 名学生体现出表现类型 A1,第(4)题有 21 名学生体现出表现类型 A1,即他们能够在记忆的基础上直接通过标准算法进行计算。

在追问"记住答案之外,你可以怎样推算出这个结果"时发现,在展现算法的过

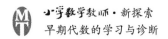

程中,一年级学生比二年级学生表现出的推理过程更加丰富,如表 2-4-2 所示。

表 2-4-2 题组 1a 第(1)(4)题中学生的推理表现

题号及题目	学生推理过程	人数	学生描述举例
题组 1a (1) 8+5	① $8+5=13$ $8+2=10$ $10+3=13$	42	生 2:我是直接算出来的。可以把 5 分成 2 和 3,把第一个加数 8 凑成十。
	② $8+5=13$ 3 5 10	5	生 4:把 8 拆分成 3 和 5,5 加 5 等于 10,再加 3 等于 13。
题组 1a (4) 13-6=	① $13-6=7$ 3 3 10	42	生 2:我是直接算出来的。把 6 拆成 3 和 3,13 减 3 等于 10,10 减 3 等于 7。(平十法)
	② $13-6=7$ 10 3 $10-6=4$ $3+4=7$	1	生 17:就是直接背出来了。可以把 13 拆成 10 和 3,10 减 6 等于 4,3 加 4 等于 7。(破十法)
	③ 做减法想加法	2	生 1:这道题目我是直接计算的。也可以这样想:7 加 6 等于 13,所以 13 减 6 等于 7。我们学过做减法想加法。

1. 在题组 1a 第(1)题中,学生出现了两种推理过程:

① 把 5 分成 2 和 3,则 8+5=8+2+3=10+3=13。(42 人)

② 把 8 分成 3 和 5,则 8+5=3+5+5=3+10=13。(5 人)

表现类型 A1 中,89.36% 的学生采用推理过程①,访谈时追问“为什么想到把 5 进行拆分”,学生反馈的原因主要有三种:

① 找最接近的整十数:8 比 5 更接近整十数。(33 人)

② 加数的位置关系:习惯拆第二个位置上的加数。(4 人)

③ 说不出原因,随意拆。(5 人)

2. 在题组 1a 第(4)题中,学生出现了三种推理过程:

①“平十法”。(42 人)

②“破十法”。(1 人)

③ 做减法想加法。(2 人)

没有采用数值推理就直接进行计算,说明学生对于 20 以内加减法的数值计算结果的固定搭配有了很深的记忆。在继续追问时发现,93.75% 的学生都能够说出推理方法。前两种推理过程中的“拆数”环节体现了低年级学生对于 20 以内以十为基础的推理方式有很好的理解,尽管他们可能并未意识到自己使用了减法的运算性质 $a-(b+c)=a-b-c$。

3. 二年级学生在题组 1a 中全部展现表现类型 A1。

题组 1a 中的五道计算题都是百以内的进退位加减法,有 24 名二年级学生和 2 名一年级学生(生 8 和生 16)在所有题目中均表现出对于标准算法的熟练掌握与应用,能够说出"凑十法"的算理,在理解算理的情况下,通过标准算法进行计算。下面是从访谈过程中截取的片断:

师:你是如何计算 17+8 的?

生 8:从个位算起,7 加 8 等于 15,满十向前一位进 1,十位上 1 加 1 等于 2。

师:真棒,你已经能熟练运用标准化的方法进行计算了。那你能不能说说看,在这道计算题中,可以怎样把结果一步一步推出来呢?

生 8:可以想 7 加几等于 10,需要加 3,8 减 3 等于 5,所以就是 25。($7+\square=10$ →3,8-3=5,17+3=20,20+5=25)

二、表现类型 A2

处于表现类型 A2 的学生能够正确理解算理,并在理解的基础上对标准算法进行记忆,通过以十为基础的推理方式计算结果。

在访谈所处时段,题组 1a 中"(2)17+8;(3)18+15;(5)71-17"这三道题目对一年级学生来说属于计算能力范围外的题目,要求学生对 20 以外、百以内的算式,即更大数值的算式进行数值推理。

表 2-4-3 题组 1a 第(2)(3)(5)题中表现类型 A2 的人数分布

年级	学校	人数(所占百分比)		
		(2) 17+8=	(3) 18+15=	(5) 71-17=
一年级	N 小学	9	8	7
	F 小学	11	11	8
合计		20(83.33%)	19(76.17%)	15(62.50%)

如表 2-4-3 所示,在题组 1a 第(2)(3)(5)题中,分别有 20 名、19 名和 15 名一年级学生能够根据对算理的理解,运用以十为基础的数值推理方式去解决计算能力范围之外的新问题。

1. 在题组 1a 第(2)题中,一年级学生出现了三种推理过程:

① 把 8 分拆,将 17 进行凑整。

② 把 17 分拆,分离出整十数,将剩余部分变成 20 以内的加减法。

③ 把 17 分拆,将 8 进行凑整。

如表 2－4－4 所示,将一年级学生在推理过程中的表现进行分类,可归纳为以下两种算法:

算法一:凑出整十数(推理过程①和③)。

算法二:拆出整十数(推理过程②)。

表 2－4－4　题组 1a 第(2)题中一年级学生的推理过程

题号及题目	学生推理过程	人数
题组 1a (2) 17+8=	① 17+8=25 17+3=20 20+5=25	12
	② 17+8=25 7+8=15	6
	③ 17+8=25 15 2 10	2

2. 在题组 1a 第(3)题中,一年级学生出现了两种推理过程:

① 把两个加数都进行分拆,将整十数部分相加,剩余部分变成 20 以内的加法。(14 人)

② 把 15 分拆,将 18 进行凑整。(5 人)

如表 2－4－5 所示,将一年级学生在推理过程中的表现进行分类,可归纳为以下两种算法:

算法一:凑出整十数(推理过程②)。

算法二:拆出整十数(推理过程①)。

表 2－4－5　题组 1a 第(3)题中一年级学生的推理过程

题号及题目	学生推理过程	人数
题组 1a (3) 18+15=	① 18+15=33 10 8 10 5	14
	② 18+15=33 18+2=20 20+13=33	5

以上一年级学生的推理过程体现了其对于以十为基础的推理方式有着很好的理解和运用。推理过程中学生潜在地使用了加法交换律和加法结合律,尽管学生可能并未意识到自己使用了这些运算定律。

在推算"17+8"的过程中,一年级有 14 人选择凑出整十数的方法,6 人选择拆出整十数的方法。而在推算"18+15"的过程中,一年级仅有 5 人选择凑出整十数,有 14 人选择拆出整十数。随着计算情境复杂程度的提升(从一位数变为两位数,从 20 以内的加法变成百以内的加法),学生能够进行适度推算,而且在慢慢地靠近标准算法。随着年级的升高,二年级的学生在解决此类问题时,更多地选择推理过程②。学生在教师的引导下,逐渐倾向于选择快速的计算方法,并自觉进行算法的优化。

3. 在题组 1a 第(5)题中,一年级学生出现了三种推理过程(表 2-4-6):

① 把 17 分拆成 1、10 和 6,再用 71 依次减去这三个数。

② 把 71 和 17 分别进行拆分,将整十数部分相减,剩余部分做 20 以内减法,再相加。

③ 大的数减小的数,再十位减个位。

表 2-4-6　题组 1a 第(5)题中一年级学生的推理过程

题号及题目	学生推理过程	人数
题组 1a (5) 71-17=	① 71-17=54 71-10=61 61-1=60　60-6=54	12
	② 71-17= 60　11	2
	③ 71-17=54 70-10=60 7-1=6	1

题组 1a 第(5)题属于百以内两位数减两位数的退位减法,已经超出一年级学生的学习范围,因此只有 62.5% 的一年级学生进行了数值推理。但从推理过程①到③来看,学生在百以内退位减法中,仍然表现出对以十为基础的推理方式的较高的理解和运用水平。同时也要看到,学生在减法中的推理成功率明显低于加法。

三、表现类型 A3

处于表现类型 A3 的学生不理解算理,机械化地记忆标准算法,通过标准算法

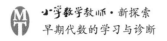
直接进行计算。

通过访谈发现,生11、生12和生20在解答题组1a第(4)题"13-6"时的推理过程处于表现类型A3。虽然书面呈现的数值结果是正确的,但在追问其思考过程的时候发现,其实这三名学生对于退位减法的推理过程并不清楚。如表2-4-7所示,他们主要对两项知识中的一项进行了机械记忆:一是机械记忆加法计算结果从而对减法进行推算;二是对退位减法的标准算法进行机械记忆。

表2-4-7 题组1a第(4)题中一年级学生的推理表现

题号及题目	学生推理过程	人数	学生的描述举例
题组1a (4)13-6=	① 13-6=7 6+7=13 13-6=7	2	生11/12:看减法想加法,因为6+7=13,所以13-6=7。(不知道为什么等于7)
	② 十位退1作10	1	生20:把十位的1退掉。(不知道为什么要退1)

题组1a第(5)题的作答结果也可以直观证明,导致这三名学生没有对之后更大数值的算式进行正确计算的原因是他们没有理解推理方法。如果学习只停留在对陈述性知识的记忆层面,那么这样的学生将不具备推理能力,对后续的学习也会产生消极影响。

四、追加测试中学生的典型推理表现

根据推理过程表现编码记录表中呈现的数据,可以发现在前五道题目中,24名一年级学生中有14名(其中N小学6名,F小学8名)出现了"A1—A2—A2—A1—A2"这种稳定的推理表现。可以说,这14名学生已经表现出了稳定的数值推理能力。

由此可知,一年级学生完全有能力运用在20以内加减法中学到的以十为基础的推理方式,去解决百以内进退位加减法的问题。

第二学期初,研究者对这14名有着稳定推理表现的学生进行了追加测试。如表2-4-8所示,在具备稳定数值推理能力的一年级学生中,有57.14%的学生顺利推理出了三位数的进位加法,有50.00%的学生推理出了三位数减两位数的退位减法,有35.71%的学生推理出了三位数减三位数的退位减法。

表 2 - 4 - 8　追加测试中表现类型 A2 的人数分布

年级	学校	人数(所占百分比)		
		(1) 538＋175＝	(2) 121－43＝	(3) 456－127＝
一年级	N 小学	3	2	2
	F 小学	5	5	3
合计		8(57.14％)	7(50.00％)	5(35.71％)

在没有正式学习标准化算法之前,我们请这 14 名学生尝试对更复杂的三位数进退位加减法进行数值推理。在面对三位数进退位加减法的题目时,学生没有表现出对复杂的新问题的畏惧,而是基于对算理的理解尝试进行推理。例如,生 3 每次先将最高位相加或相减,每一个数位都转换成 20 以内的加减法来进行计算,通过自己的推理方式完成了数值推理(图 2 - 4 - 1)。可以说,这些一年级学生的数值推理能力发展水平是比较高的。

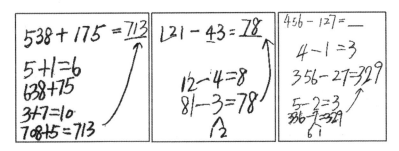

图 2 - 4 - 1　生 3 进行三位数进退位加减法时的推理表现

另外一些学生在面对三位数加减法的题目时未能成功解决,其原因是多方面的。例如,生 17 对数进行了拆分,但由于计算后的数仍然比较大,拆剩的数比较多,而且涉及进退位,于是在推理过程中产生了困难,没有成功计算出结果(图 2 - 4 - 2)。

$$456-127=\underline{\quad}$$
$$450-120=330$$

图 2 - 4 - 2　生 17 进行三位数退位减法时的推理表现

第五节
以数的性质和运算规律为基础的数值推理

一、以数的性质为基础的数值推理

通过访谈了解学生在题组 1c 中采取的推理方式和思考过程,发现学生在推理过程中主要有两种表现(人数分布情况见表 2-5-1):

(1) 处于表现类型 B1 的学生知道相反数的性质,并且能通过相反数的性质进行数值推理和正确计算。

(2) 处于表现类型 B2 的学生没有发现算式中的相反数及相反数的性质,直接进行正确计算。

表 2-5-1 题组 1c 中两种表现类型的人数分布

年级	人数(N 小学/F 小学)	
	B1	B2
一	13(4/9)	7(4/3)
二	16(4/12)	8(8/0)
合计	29	15

1. 表现类型 B1

如表 2-5-1 所示,54.17%的一年级学生和 66.67%的二年级学生通过相反数的性质进行推算。值得指出的是,两所小学使用相反数的性质进行推理的人数差距较大,特别是对二年级而言,F 小学的 12 名学生全都使用了数值推理的方式。

对这 29 人的访谈进行整理,我们发现学生主要出现了三种推理过程:(1)没加没减(8 人);(2)相互抵消(19 人);(3)数字不变,符号相反(2 人)。具体见表 2-5-2。

表 2-5-2　题组 1c 中表现类型 B1 的推理过程及描述

推理过程	人数	学生描述举例
没加没减	8	生 22：不用算，还是 25。减去的和加上的一样，就说明没加没减。
相互抵消	19	生 33：可以相互抵消的。
数字不变，符号相反	2	生 1：数字一样，前面的符号不一样，所以答案不变。

尽管低年级阶段还没有正式地学习相反数的性质，但从三种类型的推理过程可以看出，学生已经对相反数的性质有了一定程度的了解：认为"没加没减"的学生表述比较口语化，初步建立了对于相反数性质在意义上的理解；认为可以"相互抵消"的学生关注到了后面两个数之间的联系，表述更加规范；认为"数字不变，符号相反"的学生基本已经建立起了相反数的性质，能够体会并表达相反数是绝对值相同、符号不同的两个数，表述也更加清晰。

2. 表现类型 B2

如表 2-5-1 所示，直接进行正确计算的有 15 人，其中一年级有 7 人，二年级有 8 人。对处于表现类型 B2 的 15 名学生进行访谈，追问："观察这个算式，你是否发现什么规律？"2 名一年级学生没有发现规律，其余学生均表示可以进行推算。

下面是访谈过程中的片断：

师：做的时候你有没有发现什么规律？

生 25：我直接从左往右依次进行计算，在做的时候没有发现规律，等做完以后才发现有规律。

在直接进行计算的学生中，有 86.67% 的学生能够在计算结束之后发现规律，选择直接进行计算的原因在于题目没有看完整。

二、以运算规律为基础的数值推理

通过访谈了解学生在题组 2 中采取的推理方式和思考过程，我们发现学生在推理过程中主要有四种表现。

1. 表现类型 C1

处于表现类型 C1 的学生知道具体算式组中的运算规律，并且能通过规律进行数值推理。从表 2-5-3 可知，一年级在题组 2a 和 2b 中使用运算规律进行推理的学生人数明显多于在题组 2c 和 2d 中使用运算规律进行推理的人数；而二年级处于表现类型 C1 的学生人数明显多于一年级。

表 2-5-3 题组 2 中表现类型 C1 的人数分布

年级	人数(N 小学/F 小学)			
	a	b	c	d
一	9(5/4)	11(6/5)	5(2/3)	4(2/2)
二	14(7/7)	14(6/8)	13(6/7)	8(4/4)
合计	23(12/11)	25(12/13)	18(8/10)	12(6/6)

2. 表现类型 C2

处于表现类型 C2 的学生不知道运算规律,在具体计算的过程中发现并归纳出正确的规律,从而进行数值推理(人数分布情况见表 2-5-4)。

表 2-5-4 题组 2 中表现类型 C2 的人数分布

年级	人数(N 小学/F 小学)			
	a	b	c	d
一	7(2/5)	6(2/4)	4(1/3)	8(3/5)
二	9(5/4)	8(5/3)	7(4/3)	8(3/5)
合计	16(7/9)	14(7/7)	11(5/6)	16(6/10)

(1) 题组 2a

能通过算式组中前几道题目,发现加法运算规律①并进行数值推理和正确计算的人中,有 7 名一年级学生和 9 名二年级学生。

表 2-5-5 题组 2a 中表现类型 C2 的推理过程及描述

题号	学生推理过程	人数	学生描述举例
题组 2a	① $26+15=41$ $26+16=42$ $26+17=43$ $26+19=45$ $26+20=46$	13	生 2:做了前两道题目之后发现,这一排(加数)不变,后面这排从 5 到 6 加了 1,所以和就加了 1。
	② $26+15=31$ $26+16=32$ $26+17=33$ $26+19=35$ $26+20=46$	3	生 17:我发现十位加十位都是一样的,2 加 1 等于 3;个位加个位,一开始等于 11,然后依次多 1,所以和也多 1。但是到了最后一道,要重新算。

如表 2-5-5 所示,学生出现了两种推理过程:

① 直接纵向观察算式组之间的规律。(13 人)

在进行数值运算的过程中,发现了加数的变化规律,归纳概括出了加法运算规律①,并进行接下来的数值推理。

② 先横向拆分,再纵向观察算式组之间的规律。(3 人)

通过以十为基础的数值推理把两个加数进行拆分,发现十位相加不变,个位相加发生变化,从而总结出规律,并对剩下几个算式进行数值推理。

(2) 题组 2b

能通过算式组中前几道题目,发现减法运算规律①并进行数值推理和正确计算的人中,有 6 名一年级学生和 8 名二年级学生。

表 2-5-6 题组 2b 中表现类型 C2 的推理过程及描述

题号	学生推理过程	人数	学生描述举例
题组 2b	① $30-10=20$ $30-11=19$ $30-12=18$ $30-13=17$ $30-14=16$	12	生 4:算好前三道题之后发现,被减数不变,减数依次增加1,差依次减小 1。
	② $30-10=20$ $30-11=19$ $30-12=18$ $30-13=17$ $30-14=16$	2	生 23:因为 11 比 10 多 1,所以要多减掉 1。每次比上面多减掉一个 1,所以结果依次小 1。

如表 2-5-6 所示,学生出现了两种推理过程:

① 直接纵向观察算式组之间的规律。(12 人)

在进行数值运算的过程中,发现了减数的变化规律,归纳概括出了减法运算规律①,并进行接下来的数值推理。

② 先横向拆分,再纵向观察算式组之间的规律。(2 人)

通过以十为基础的数值推理把减数进行拆分,发现拆分出的其中一部分不变,另一部分即个位数发生变化,从而总结出规律,并对剩下几个算式进行数值推理。

(3) 题组 2c

能通过算式组中前几道题目,发现加法运算规律②并进行数值推理和正确计

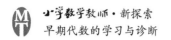

算的人中,有 4 名一年级学生和 7 名二年级学生。

如表 2-5-7 所示,学生出现了两种推理过程:

① 直接纵向观察算式组之间的规律。(8 人)

通过对两个加数的数值大小的变化进行观察,归纳得出规律,然后应用于后续的递推组算式。

② 先横向拆分,再纵向观察算式组之间的规律。(3 人)

通过以十为基础的数值推理进行数的拆分,将两个加数分别拆分,或者将一个加数拆分使得另一个凑整,最后发现其中的规律,并进行后续的推理。

表 2-5-7　题组 2c 中表现类型 C2 的推理过程及描述

题号	学生推理过程	人数	学生描述举例
题组 2c	①　$\begin{aligned}17+15&=32\\16+16&=32\\15+17&=32\\14+18&=32\\12+20&=32\end{aligned}$	8	生 17:一个加,一个减,所以结果都一样。 生 13:一个加数减 1,另一个加数加 1,和不变。或者一个减 2,一个加 2,和不变。
	②　$\begin{aligned}17+15&=32\\16+16&=32\\15+17&=32\\14+18&=32\\12+20&=32\end{aligned}$	3	生 38:个位加个位都是 12,十位加十位都是 20,除了最后一题。 生 6:15 拆成 3 和 12,16 拆成 4 和 12……接下来我发现一个规律,第一个加数慢慢变小,第二个加数慢慢变大,和不变。

(4) 题组 2d

能通过算式组中前几道题目,发现减法运算规律③并进行数值推理和正确计算的人中,有 8 名一年级学生和 8 名二年级学生。

表 2-5-8　题组 2d 中表现类型 C2 的推理过程及描述

题号	学生推理过程	人数	学生描述举例
题组 2d	①　$\begin{aligned}35-8&=27\\34-7&=27\\33-6&=27\\32-5&=27\\31-4&=27\end{aligned}$	11	生 2:前两道算了一下。前面两个数都小了 1,差不变。(追问:为什么差不变?)减数减小了,差肯定要变大,然后被减数也减小了,所以差又要变小,但最终是不变的。

（续表）

题号	学生推理过程	人数	学生描述举例
题组 2d	② $\begin{array}{l} 35-8=27 \\ \quad 15-8=7 \\ 34-7=27 \\ \quad 14-6=7 \\ 33-6=27 \\ \quad 13-6=7 \\ 32-5=27 \\ \quad 12-5=7 \\ 31-4=27 \\ \quad 11-4=7 \end{array}$	5	生 23：我先算 15－8＝7，然后 20＋7＝27。后面的算式都可以这样算，最终都是 20＋7＝27。

如表 2-5-8 所示，学生出现了两种推理过程：

① 纵向观察算式组之间的规律。（11 人）

通过对被减数与减数的数值大小的变化进行观察，归纳得出规律，然后应用于后续的递推组算式。

② 先横向拆分，再纵向观察算式组之间的规律。（5 人）

通过以十为基础的数值推理进行数的拆分，发现拆分出的其中一部分不变，另一部分与减数的差也是不变的，最后运用规律进行后续的推理。

3. 表现类型 C3

处于表现类型 C3 的学生不知道运算规律，在具体计算的过程中发现并归纳出错误的规律，从而进行数值推理（人数分布情况见表 2-5-9）。

表 2-5-9　题组 2d 中表现类型 C3 的人数分布

年级	人数（N 小学/F 小学）
一	5(3/2)
二	2(1/1)
合计	7(4/3)

在题组 2d 中，有 5 名一年级学生和 2 名二年级学生对减法运算规律③进行了错误的观察和归纳。其中一名学生这样描述自己的推理过程（作业单如图 2-5-1 所示）：

生 1：我先算 15－8＝7，然后 20＋7＝27。

师：那 34－7 你是怎么计算的？

生 1：我是推算的。因为 35 到 34 是减 1，8 到 7 也是减 1，所以最后的结果小 2。

通过访谈发现，学生在减法运算规律③中表现出错误推理的原因主要有两个：

（1）受到之前 3 个递推算式组规律的影响，认为算式中两个成分的减小必然

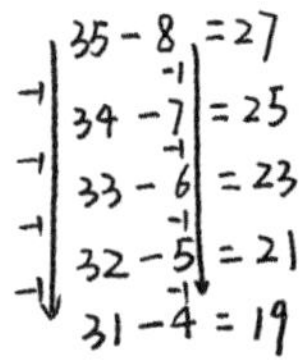

$$35 - 8 = 27$$
$$34 - 7 = 25$$
$$33 - 6 = 23$$
$$32 - 5 = 21$$
$$31 - 4 = 19$$

图 2 - 5 - 1   题组 2d 中学生错误推理的表现

会导致结果减小。

（2）减法中减数的大小与差的大小的变化是相反的,低年级学生对于相反意义量的理解建立在现实意义理解的基础上,这里进行纯数值推理时会产生困难。

4. 表现类型 C4

处于表现类型 C4 的学生不知道并且没有发现运算规律,直接得出计算结果(人数分布情况见表 2 - 5 - 10)。

表 2 - 5 - 10   题组 2 中表现类型 C4 的人数分布

年级	人数(N 小学/F 小学)			
	a	b	c	d
一	4(1/3)	5(2/3)	13(7/6)	4(1/3)
二	1(0/1)	2(1/1)	4(2/2)	5(4/1)
合计	5(1/4)	7(3/4)	17(9/8)	9(5/4)

从表 2 - 5 - 10 可以看出,对于题组 2a 和 2b,学生更容易观察出其中的运算规律,因此以运算规律为基础进行推理的人数较多,而采取直接计算的人数较少。对于题组 2c,采取直接计算的人数大幅增加,由于加法运算规律中的两个加数都在变化,因此学生更倾向于直接进行计算。对于题组 2d,采取直接计算的人数明显减少。

第三章
乘法分配律的学习进阶

第一节
APOS 视角下乘法分配律的学习进阶

乘法分配律学习进阶模型是在大量已有研究成果的基础上构建的。在划分进阶层级时,需考虑学生对概念的理解以及相关能力如何从低水平逐渐发展到高水平。本研究在构建乘法分配律学习进阶模型时,主要参考了如下两个方面:(1)APOS 概念学习理论。美国数学家杜宾斯基(Dubinsky)等人在 20 世纪 80 年代末90 年代初针对学生数学概念学习建立了 APOS 理论,认为学生学习数学概念是需要心理建构的,这一建构过程经历以下四个阶段:活动(Action)阶段—过程(Process)阶段—对象(Object)阶段—图式(Scheme)阶段。本研究参照了该理论的四个阶段,以把握学生在数学知识建构过程中的心理表征。(2)上海小学数学课程。依据上海义务教育阶段的数学课程标准以及上海版教材,对相关知识点进行梳理和排列。

一、乘法分配律学习进阶的构建基础

加法交换律、加法结合律、乘法交换律、乘法结合律及乘法分配律是运算中的基本性质,也是运算体系中具有普遍意义的规律。无论在整数范围,还是在有理数范围,这些规律都适用。随着数的范围进一步扩展到实数、复数,这些运算定律仍然成立。因此,这五条运算定律在数学学习中具有十分重要的意义,甚至被称为"数学大厦的基石"。相较于其他四条运算定律,乘法分配律由于形式较为复杂,原有知识又不易被同化,学生理解起来有困难。尤其是在变式情境中,无法对其进行明确判断。例如,面对 $a(b+c)$ 或 $ab+ac+ad$ 这样的标准结构,学生能够快速辨识出可以运用乘法分配律进行计算;而在面对 $4ab-4a(b+4ab)$ 这样的变式时,学生往往无法看出其中存在乘法分配律的结构。

根据《小学教师实用数学辞典》,乘法分配律也叫乘法对加法的分配律[①]。它是指两个数的和与一个数相乘,可以把两个加数分别与这个数相乘,再把两个积相加,所得结果不变。乘法分配律可推广到多个加数的情况:若干个数的和与一个数相乘,可以先把每个加数与这个数相乘,再把各个积加起来,所得的结果不变。

1. 国内外乘法分配律教学的研究现状

国内外关于乘法分配律教学的研究情况截然不同。从数量上看,国外有大量以乘法分配律为研究主题的论文,有的学者还做了系列研究;而在国内,与此相关的文献并不多。从内容上看,国内外研究无论是在切入的角度,还是在研究的过程上都大相径庭。

(1) 乘法分配律教学的国外研究

国外学者倾向于从结构感和模型思想入手来剖析乘法分配律的本质和内涵,关注的核心是学生的认知特点和能力发展,为乘法分配律的教学研究提供了理论支撑。

努德(Nord)从数学教育的角度,对加法结构和乘法结构做了研究。他认为,乘法结构部分依赖加法结构[②]。这既为构建乘法分配律模型的研究提供了理论基础,也为乘法分配律的教学设计提供了指导与参考。

亚历山大(Alexander)表示,乘法分配律的掌握与认知能够促进学生结构感的发展。他在结构模型的基础上设计了相关研究项目,并且发现有效的练习任务能够支持学生发展结构观念[③]。

亚历山大还研究了乘法分配律应用的灵活性这一课题。他将学生分成了 4 组进行实验,以检测他们在完成特定任务时使用乘法分配律的灵活程度,并对实验数据进行了定量分析。亚历山大认为,在代数表达式转换中的灵活性是一种高阶程序性知识的基础,它反映了一种在广泛的变式情境中运用策略的能力。

(2) 乘法分配律教学的国内研究

香港大学的莫雅慈(Mok)提出,哪怕是已经精通算术和分配律的学生,他们依然对支持分配律的代数结构缺乏认识。她采用测验法,以一所中等学校 203 名学

① 《小学教师实用数学辞典》编写组.小学教师实用数学辞典[M].北京:北京科学技术出版社,1989.

② 理查德·莱什,玛莎·兰多.数学概念和程序的获得[M].孙昌识,苗丹民,等译.济南:山东教育出版社,1991:142.

③ ALEXANDER S-M. Students' Development of Structure Sense for the Distributive Law[J]. Educational Study Math, 2017(96):17 - 32.

生为对象开展研究,并对其中 33 名学生进行了以乘法分配律常见错例为内容的访谈。研究表明,虽然部分学生能够通过常规教学在乘法分配律的理解和应用上有所进步,但另一些学生却不能真正理解其变量的内涵及代数法则。因此,这些学生的代数水平只停留在简单应用的阶段,其对代数结构的理解并不全面。文章最后讨论了在访谈中使用的任务如何为教师提供了教学中新的选择,以加深学生对乘法分配律字母式的理解①。

内地的研究主要关注乘法分配律的教学策略、练习设计及其在简便运算中的应用等。研究者大多使用行动研究法,对教学材料和教学对象进行分析后呈现一个课例,并据此归纳出一些教学建议或对策。也有学者通过调查法、文献分析法等手段研究了我国乘法分配律的教学现状。

杨颖在执教“乘法分配律”一课后得出了若干经验性结论。她认为乘法分配律的教学设计应注重数形结合,使得学生通过直观的图示自然建构清晰的知识体系;与此同时,要注重对比练习和变式情境的设计,帮助学生在辨析中准确构建乘法分配律的模型②。

许德道基于实证研究指出了教学中存在的主要问题:包括乘法分配律在内的五大运算定律的教学模式固化,教师对教材的理解浮于表面,学生的应用意识较弱等③。

丁玉华在长期的教学实践中发现了一个令人困惑的现象:原本可以减轻计算负担的乘法分配律却成为学生的负担。由此可见乘法分配律的特殊性与复杂性。丁玉华认为,教学中教师忽视对概念本质的挖掘,过于简单地处理教材,没有持续构建的过程等原因造成了“教之困”。他针对如此现象提出,让学生在问题情境中经历乘法分配律知识的形成过程,可以有效弥补只重视乘法分配律的“形”(受到乘法分配律外部结构形式的强烈刺激干扰)而忽略乘法分配律的“神”(对乘法分配律本质意义的理解)的教学缺憾,帮助学生清晰地理解乘法分配律的本质内涵④。

---

① MOK I A C. Students' Algebra Sense via Their Understanding of the Distributive Law[J]. Pedagogics: An International Journal, 2010(5): 3,251 - 263.

② 杨颖.数形结合 自然建构 突破难点——“乘法分配律”教学片断与思考[J].小学教学 (数学版),2012(3):36 - 38.

③ 许德道.基于应用意识的乘法分配律教学研究[D].成都:四川师范大学,2016.

④ 丁玉华.以问题提出促进意义建构——“乘法分配律”教与学现状分析及教学建议[J].教育科学论坛,2019(04):46 - 50.

2. 上海课程标准中乘法分配律的相关内容

运算定律在小学数学"数与运算"模块中是一个非常重要的内容。研究数的运算时,在给出运算的定义之后,最主要的工作就是研究该运算的性质。在运算的各种性质中,最基本的几条性质通常称为运算定律,因此运算定律是运算体系中具有普遍意义的规律。《上海市中小学数学课程标准(试行稿)》从知识与技能维度提出"会自然数、小数的四则运算""懂得运算定律,知道四则混合运算的顺序,会进行简单的四则混合运算,并能加以应用"①。根据上述目标,进一步给出了与学习主题相对应的具体要求及活动建议,如表3-1-1所示。《上海市中小学数学课程标准(试行稿)》还指出:在学习四则运算的过程中,提高计算的正确性,培养自觉选择合理算法的意识,逐步发展计算的灵活性。此外,课标在各个维度和各个学段的目标中都强调了数学知识与现实世界的联系。

表3-1-1 《上海市中小学数学课程标准(试行稿)》中运算定律相关内容

知识模块	学段	学习内容	具体要求及活动建议
数与运算	一、二年级	乘除法含义	通过操作活动,从连加引出乘法的含义,知道求相同加数的和可用乘法计算(例如,3个4连加,可以写成4×3,也可以写成3×4)。知道乘法算式中因数和积的名称。
	三~五年级	乘除法口算乘除法笔算	结合实例,渗透乘法分配律,理解一位数乘三、四位数的计算方法,并能笔算。
		乘法运算定律	从实例中归纳乘法的运算定律,知道它们的一些应用,注意培养灵活选择合理算法的能力。
		小数乘除法	通过实例验证乘法运算定律同样适合小数乘法,并初步会用。
		混合运算	认识方括号,整理、总结含有方、圆括号的混合运算顺序,会计算以三步为主的混合运算式题。
方程与代数	三~五年级	用字母表示常见数量关系	初步会用字母表示乘法运算定律。

基于以上分析,乘法分配律的学习主要分为以下三个方面:第一,理解四则运算的含义及其联系,并能够进行准确计算;第二,结合生活情境和具体实

---

① 上海市教育委员会.上海市中小学数学课程标准(试行稿)[S].上海:上海教育出版社,2004.

例,初步感知乘法分配律的内涵并熟悉其结构;第三,定义乘法分配律并灵活运用。

3. 上海版教材中乘法分配律的相关内容

(1) 乘法分配律相关知识点分布

课程标准的一个显性载体就是教科书,它规划了教学的范围和顺序,是教学活动的核心材料。上海版小学数学教材的编制在整体把握《上海市中小学数学课程标准(试行稿)》的学习内容与基本要求的基础上,遵循皮亚杰认知结构理论,搭建起了螺旋上升的课程体系。现提取上海版教材中乘法分配律的相关内容,整理成表3-1-2。从表格中不难发现,一至三年级教材为学生提供了逐步深入理解加法与乘法内涵的情境,给出了大量反映乘法分配律的例子,希望学生在此过程中熟悉乘法分配律的结构,逐渐感悟乘法分配律的本质,为四年级教材正式介绍运算定律作孕伏。

表3-1-2 上海版小学数学教材中乘法分配律相关内容及说明

年级	学习内容	教材呈现	说明
二上	乘法引入——几个几相加、从加到乘	p.10	• 通过操作活动,由同数连加引出乘法。 • 感受乘法与加法之间的联系。
	5个3加、减3个3	pp.77—78	• 从生活经验出发,体会把某个数量作为单位进行计数。 • 在解决实际问题的过程中初步感知乘法分配律。
二下	分拆成几个几加几个几	p.4	• 能将形如14×6这类表外乘法题分拆成两个表内乘法题进行计算。 • 感知乘法分配律的逆向形式。
三上	用一位数乘	pp.16—24	• 根据经验,探索用一位数乘的计算方法。 • 结合实例,渗透乘法分配律。体会将两位数或三位数进行分拆后计算的便捷性。
	单价、数量、总价	pp.45—46	• 在熟悉的生活情境中,利用单价、数量和总价的数量关系渗透乘法分配律。
	长方形、正方形的面积	pp.62—63	• 在求解长、正方形面积的过程中感受乘法分配律的几何意义。
三下	用两位数乘	pp.13—21	• 在用一位数乘的基础上继续尝试利用分拆的方法进行计算。 • 进一步熟悉乘法分配律的结构。
	长方形、正方形的周长	pp.62—64	• 在探究长、正方形周长计算方法的过程中感知乘法分配律的内涵。

（续表）

年级	学习内容	教材呈现	说明
四上	运算定律	pp.64—67	• 从实例中归纳乘法分配律,并能用字母表达式表示。 • 能运用乘法分配律进行简便计算。 • 能运用乘法分配律解决实际问题。
五	化简与求值	pp.46—48	• 会用乘法运算定律对含有字母的式子进行化简。
	小数的四则混合运算	pp.76—78	• 正确运用乘法运算定律进行小数四则运算的简便计算,进一步发展数感。 • 结合具体情境,综合运用小数四则混合运算的知识解决实际生活中的问题。

在一年级第一学期"2 个 5 是 10"一课中,学生就能够以 5 为单位进行计数。在认识百以内数的过程中,学生接收到来自各类学习材料的强刺激:10 根小棒一捆、10 个草莓一圈、10 个小圆片一行……都是以 10 为单位进行计数,这些为学生学习数的认识、运算的算理等内容打下了基础。

二年级第一学期,教材基于学生有关加法的学习基础,在引入乘法的章节安排了相同数量的事物重复出现的情境,让学生先学习用几个几来描述,然后用同数连加来计算几个几的和。给出几组相同数量的人或物求总数的情境,有助于学生体会求几个相同数连加的和的行为,从而为理解乘法的含义作铺垫。通俗地说,乘法是加法的简便计算形式。"从加到乘"(图 3-1-1)这一内容反映了乘与加之间的内在联系。这也是学生理解乘法分配律的基础。因此,我们将这些内容的学习作为乘法分配律学习进阶的准备阶段,对应进阶水平 1。

图 3-1-1 《数学》(二年级第一学期)第 10 页

（2）乘法分配律相关知识点分析

① 活动阶段

基于对 APOS 理论的分析，处于活动阶段的学生可以通过创设具体情境以及运算求解等具体的数学活动，初步感悟乘法分配律的基本形式。

在理解乘法的含义后，学生第一次接触了形如 $5×3+3×3=8×3$ 的结构。教材为学生提供了直观的材料（图 3-1-2），从生活经验出发引出学习任务。基于乘法的学习经验，解决这个问题有两种基本思路：其一，先分别计算出红、绿两种苹果的数量，再相加得到总数；其二，由于两种苹果都是 3 个装一盘，先累加出总盘数，再乘每盘的数量，同样可以算出苹果的总数。当这两种方法提出后，学生可以通过数一数、算一算的方式进行验证，并尝试发现其中的算理，即以 3 为单位进行计数，理解 5 个 3 加 3 个 3 等于 8 个 3。

图 3-1-2 《数学》（二年级第一学期）第 77 页

为了进一步验证这个结构，教材紧接着呈现了一张表格。在计算的过程中，学生不难发现一个数的 3 倍加这个数的 4 倍就是这个数的 7 倍。当学生对乘法分配律的形式有了初步的认知后，教材又通过同样的情境将这个新的结构从乘加推广至乘减（图 3-1-3）。这部分的学习是从生活场景引入，在具体情境中以某个数量为单位进行计数，从而构建乘法分配律的模型，并通过直接计算进行验证。学生对于结构的理解是基于说理、数数、计算等实际操作活动，符合 APOS 学习理论中活动阶段的特征。

与以上内容相对应的是二年级第二学期第一单元中"分拆成几个几加几个几"一课（图 3-1-4）。分拆的办法有多种，关键是将未知的问题用乘法分配律的形式

图 3-1-3 《数学》(二年级第一学期)第 78 页

转化为已知的表内乘法进行计算。在这里,学生可以结合实际情境理解分拆的过程。当学生有了充分的感知后,让情境退出,学生基于对算理的叙述得到分拆的结果并抽象成算式。

图 3-1-4 《数学》(二年级第二学期)第 4 页

教材呈现的这一知识点,意图使学生对乘法分配律的认识从操作阶段向过程阶段过渡。考虑到学生对分拆过程的理解离不开情境的辅助和算理的支撑,我们将这部分的学习内容仍然划分在活动阶段。这一进阶层级构建的具体情况如表 3-1-3 所示。

表 3-1-3　乘法分配律假设性学习进阶——水平 2

进阶层级		概念理解水平	学生具体表现
活动阶段	水平 2.1	通过创设具体情境以及运算求解等数学活动,初步感悟乘法分配律的基本形式。	1. 能在具体情境中理解形如 $3×5+7×5=(3+7)×5$ 这类等式的含义,并能进行简单的模仿计算。 2. 能通过计算对乘法分配律进行论证。 3. 能将形如 $14×6$ 这类表外乘法题分拆成两个有共同因数的表内乘法题进行计算。
	水平 2.2	在特定的数学问题中,能结合具体情境进一步感知乘法分配律的形式。	能够结合具体情境解释 $a×c+b×c$ 和 $(a+b)×c$ 是相等的。

在四年级教材正式揭示乘法分配律的内涵之前,学生还会在许多数学问题中遇到乘法分配律的结构。例如,在"单价、数量、总价"的学习中,当计算几套服装的总价时,学生可以先算出一套服装的单价再乘套数,也可以分别算出上衣和裤子的总价后再相加;在归纳长方形周长的计算公式时,既可以分别算出两组对边的长度后相加,也可以先计算一组邻边的长度之和再乘 2……学生在解决这些数学问题时,能够结合具体情境感受两种不同计算形式之间的内在联系,为理解乘法分配律积累了大量的学习经验。

② 过程阶段

多位数的乘法是三年级教材中数与运算模块一个重要的学习内容,包括"用一位数乘"(图 3-1-5)、用"两位数乘"等章节。

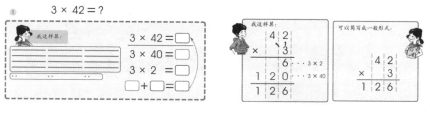

图 3-1-5　《数学》(三年级第一学期)第 16—17 页

学习这些内容时,学生的经验基础有二年级学习的乘法,包括乘法的意义、表内计算口诀、几个几加几个几和分拆。在新授阶段探究算法时,学生会提出多种不同的方式,以连加和数的分拆为主。无论哪一种方法,都是基于对乘法含义的理解,是对乘和加之间关系的运用。无论是横式分拆还是竖式计算,都是将一个因数分拆,分别与另一个因数相乘后再相加,从而算出结果。从一位数乘两三位数到多位数的乘法计算,学生已经无需借助情境直观、说理等具体形式,而是可以直接在头脑中运行分拆的程序。在理解算理和熟练算法的过程中,学生对乘法分配律的形式不断进行反思、内化,并抽象提炼出一般化表达$(a+b)\times c=a\times c+b\times c$。但此时,学生还不能把这一模型看成一个完整的对象,其头脑中的a、b、c仅仅是 3 个具体的数。由此得出处于过程阶段的学生学习乘法分配律时的概念理解水平和具体表现,如表 3 - 1 - 4 所示。

表 3 - 1 - 4   乘法分配律假设性学习进阶——水平 3

进阶层级		概念理解水平	学生具体表现
过程阶段	水平 3	能将 $a\times c+b\times c$ 的形式和 $(a+b)\times c$ 的形式建立联系,但尚未形成完整的定义。	能用分拆的方法进行多位数乘法的计算(包括横式和竖式),并理解算理。

③ 对象阶段

处于对象阶段的学生经历前面一次次的抽象,能将学习中积累的关于乘法分配律的零散的感性认识上升为理性认识,理解乘法分配律的本质,并将这一模型看作完整的对象来运算或使用。这里的本质指的是,在这一结构中可以改变算式的形式和计算的步骤,但结果不变。根据教材所涉及的知识点,对象阶段又可以划分为 2 个进阶层级。

四年级第一学期,教材揭示了乘法分配律的内涵,具体内容如图 3 - 1 - 6 所示。

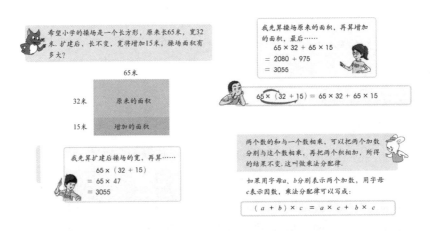

图 3 - 1 - 6   《数学》(四年级第一学期)第 64—65 页

教材通过解决一个实际问题引入新课。值得注意的是,这里还配有相应的图示,以便同时构建乘法分配律的代数模型与几何模型,意图通过数形结合的方式帮助学生把握"分配"的内涵。这节课常见的处理方式是提供熟悉的学习素材,调动学生的已有认知经验,让学生经历观察、分析、抽象等思维活动,尝试概括乘法分配律的含义。学生对乘法分配律的理解从过程阶段向对象阶段过渡。从整数四则运算到小数四则运算,学生通过练习和反思进一步掌握了乘法分配律的内涵和应用。而到了五年级第一学期,学生尝试应用乘法分配律对含有字母的式子进行化简,如图 3-1-7 所示。乘法分配律的应用从算术迁移至代数。

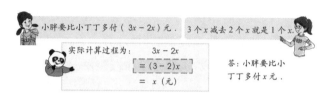

图 3-1-7 《数学》(五年级第一学期)第 46 页

经历了乘法分配律在数学问题中的运用,处于对象阶段的学生对乘法分配律的理解逐渐摆脱了形式的影响,进而把握概念本质,其具体表现如表 3-1-5 所示。

表 3-1-5 乘法分配律假设性学习进阶——水平 4、水平 5

	进阶层级	概念理解水平	学生具体表现
对象阶段	水平 4	能从实例中抽象出乘法分配律,并理解其内涵。	1. 能用字母表达式表示乘法分配律。 2. 能用乘法分配律进行整数和小数四则运算的简便计算。 3. 能用乘法分配律解决简单的实际问题。
	水平 5	能在非标准形式中识别乘法分配律的结构,进一步理解乘法分配律的本质。	1. 会用乘法分配律对含有字母的式子进行化简与分拆。 2. 能在非标准形式的四则运算中,运用乘法分配律进行巧算。

④ 图式阶段

处于图式阶段的学生能了解乘法分配律的现实情境,理解抽象的过程,把握乘法分配律的本质,形成完整的定义;建立起乘法分配律与其他运算定律等数学概念之间的联系,形成知识的综合图式。那么,怎样才能说明学生把握了概念的本质,

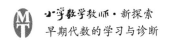

形成了概念的图式呢?

《上海市小学数学学科教学基本要求》①明确提出,能在较复杂的问题情境中,合理、灵活地选择运算方式,进行计算。这也是本研究中乘法分配律学习进阶的终点。学生在经历了"体验乘法分配律的相关实例—理解抽象的过程—概括其含义"等阶段后,方能将所学知识结构化、网络化。值得注意的是,《上海市小学数学学科教学基本要求》中出现了以下关于乘法分配律的例题。

【例1】用简便方法计算:

$4.87×0.36+48.7×0.054+0.4$ $6×3.4+2×6.8$

解决此类问题时,学生要将乘法分配律与乘法的计算、小数的性质、乘法结合律等概念进行综合应用,从而简便、高效地进行计算。由此,我们可以判断该学生对乘法分配律的理解进入图式阶段,也即小学阶段乘法分配律学习进阶的最高层级,具体表现如表3-1-6所示。

表3-1-6 乘法分配律假设性学习进阶——水平6

进阶层级	概念理解水平	学生具体表现
图式阶段	水平6	具有完整的乘法分配律概念;建立起与其他数学概念之间的联系,形成知识的综合图式。	1. 能用乘法分配律的定义识别各种表征形式下的乘法分配律模型。 2. 能联系乘法与加法的关系进一步认识乘法分配律,明确乘法分配律与乘法、加法的交换律、结合律的区别,能同时运用多个运算定律进行简算。 3. 能沟通已有知识与乘法分配律之间的本质联系,能用乘法分配律的定义解决新的数学问题。

二、乘法分配律假设性学习进阶模型

基于对课程标准和教材的分析,参考国内外与乘法分配律教学研究相关的文献资料,可以发现其对于乘法分配律学习目标的阐述是相对一致的,即都要求学生能够在各种变式情境中识别乘法分配律的结构,并能运用乘法分配律使计算简便或是更高效地解决实际问题。

① 上海市教育委员会教学研究室.上海市小学数学学科教学基本要求[M].北京:人民教育出版社,2017:6.

综上,将文献研究的成果与对课程标准及上海数学教材的分析相整合,依据 APOS 概念学习理论,将乘法分配律假设性学习进阶模型分为 5 个阶段,即准备阶段、活动阶段、过程阶段、对象阶段、图式阶段,并划分出 6 个学习进阶的预期水平层级,同时预设了学生在每一进阶层级的具体表现,如表 3-1-7 所示。

表 3-1-7 乘法分配律假设性学习进阶模型

	进阶层级	概念理解水平	学生具体表现
准备阶段	水平 1	能以某个数量作为单位进行计数,初步理解加法和乘法之间的关联。	能将一个同数连加的算式和与其相应的乘法算式互相改写。
活动阶段	水平 2.1	通过创设具体情境以及运算求解等数学活动,初步感悟乘法分配律的基本形式。	1. 能在具体情境中理解形如 $3×5+7×5=(3+7)×5$ 这类等式的含义,并能进行简单的模仿计算。 2. 能通过计算对乘法分配律进行论证。 3. 能将形如 $14×6$ 这类表外乘法题分拆成两个有共同因数的表内乘法题进行计算。
	水平 2.2	在特定的数学问题中,能结合具体情境进一步感知乘法分配律的形式。	能够结合具体情境解释 $a×c+b×c$ 和 $(a+b)×c$ 是相等的。
过程阶段	水平 3	能将 $a×c+b×c$ 的形式和 $(a+b)×c$ 的形式建立联系,但尚未形成完整的定义。	能用分拆的方法进行多位数乘法的计算(包括横式和竖式),并理解算理。
对象阶段	水平 4	能从实例中抽象出乘法分配律,并理解其内涵。	1. 能用字母表达式表示乘法分配律。 2. 能用乘法分配律进行整数和小数四则运算的简便计算。 3. 能用乘法分配律解决简单的实际问题。
	水平 5	能在非标准形式中识别乘法分配律的结构,进一步理解乘法分配律的本质。	1. 会用乘法分配律对含有字母的式子进行化简与分拆。 2. 能在非标准形式的四则运算中,运用乘法分配律进行巧算。
图式阶段	水平 6	具有完整的乘法分配律概念;建立起与其他数学概念之间的联系,形成知识的综合图式。	1. 能用乘法分配律的定义识别各种表征形式下的乘法分配律模型。 2. 能联系乘法与加法的关系进一步认识乘法分配律,明确乘法分配律与乘法、加法的交换律、结合律的区别,能同时运用多个运算定律进行简算。 3. 能沟通已有知识与乘法分配律之间的本质联系,能用乘法分配律的定义解决新的数学问题。

第二节

设计访谈任务,检验乘法分配律学习进阶模型

一、访谈相关说明

为了更好地了解和判断学生在运用乘法分配律解决问题时的思维过程,本研究采用半结构化访谈。通过访谈的形式,对学生在运用乘法分配律解决问题时的思考方式、方法、策略进行提问,以了解学生真实的思维发展情况。访谈全程录音,整理、转录文字稿约 2 万字。

1. 研究对象

在合作学校三至五年级共 764 名学生中用图 3-2-1 所示的计算题进行前测,发现 89.9% 的三年级学生、97.6% 的四年级学生和 96.9% 的五年级学生能够将同数连加的加法算式改写成乘法算式后再进行计算,说明三至五年学生基本理解了乘法和加法的含义,知道乘法和加法之间的联系,具备了学习乘法分配律的基础。

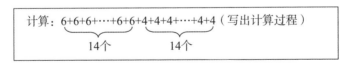

图 3-2-1 前测题

为排除因教学经验不足对学生知识点理解产生的影响,在三至五年级各选择了由教龄十年以上的一级教师执教的 2 个班级,采用系统抽样的方法,随机抽取每班学号末尾为 8 的学生,每个班抽取 4 名,共 24 名访谈对象。

2. 访谈问题的具体分析与说明

乘法分配律是一种基本代数性质。基于文献研究,学生乘法分配律概念的学习进阶可以从两方面进行描述:对乘法分配律结构的认识与概念应用的灵活程度。

本研究综合考虑这两个方面,以教材内容编排为依据,以学生基本学情为参考,进行访谈任务的设计。我们在问卷设计中提供多种问题情境,力求通过学生的具体表现还原其真实的思维路径,确定其进阶水平。为了使访谈任务更具科学性,我们邀请了数名专家对访谈问题进行优化,最终确定如下五个任务:

任务一:妈妈要为新房挑选窗帘。窗帘每米500元。卧室需要6米,客厅需要14米。妈妈一共要花多少元购买窗帘?

小丁丁:$6×500+14×500$　　　　　小巧:$(6+14)×500$

小丁丁和小巧的算式正确吗?说说你的理由。

任务二:下面的方法能够算出$361×8$的正确答案吗?说说你的理由。

$$
\begin{array}{r}
361 \\
\times\quad 8 \\
\hline
2400 \\
480 \\
8 \\
\hline
2888
\end{array}
$$

任务三:以下两个算式成立吗?说说你的理由。

$12×99+12=100×12$　　　　　　　　　　　　　(　　)

$4×6+6×5=(4+6)×5$　　　　　　　　　　　　　(　　)

任务四:在○里填上">""<"或"="。

$$13×69+17×69○19×69+12×69$$

任务五:简便计算:$25×(2+4)×15$。

"任务一"是情境题。"单价、数量、总价"是三年级的学习内容,三到五年级的学生已经掌握了三者之间的数量关系,并具备解决相关实际问题的能力。借助该具体情境,可以判断学生能否识别乘法分配律的基本结构,同时可以了解到学生是如何理解乘法分配律的结构的。

竖式是常用的计算形式,是乘法计算的一种通法。它是基于乘法算理的一种简化计算形式,也是学生较容易掌握的计算方法。只要记住竖式的书写格式、计算规则,即使不理解乘法的算理,也能够算出正确的结果。根据学校该学期计算单项质量调研的结果,三至五年级有95.67%的学生都能够熟练地运用竖式进行乘法计算。因此,"任务二"以一种非常规的形式呈现竖式。学生在进行判断的过程中会反映出他们对乘法算理及乘法分配律结构的理解和掌握程度。

"任务三""任务四"通过一组判断题和一组算式的比较,试图了解学生对乘法分配律的基本应用能力,为研究学生对乘法分配律理解和应用能力的一致性与差异性提供依据。"任务五"是一个变式问题,巧妙设置障碍,以凸显认知中的困难。学生在计算过程中暴露出的问题和表现出的困惑都有助于我们对其在乘法分配律学习进阶中所处的水平进行准确判定。

访谈提纲定稿后,我们基于 APOS 理论对每一项任务的不同思维过程进行了分级编码,如表 3-2-1 所示。需要说明的是,所有访谈对象均已通过前测题检验,达到准备阶段,即学习进阶水平 1。

表 3-2-1　访谈任务编码表

任务	准备阶段 水平 1	操作阶段 水平 2	过程阶段 水平 3	对象阶段 水平 4	对象阶段 水平 5	图式阶段 水平 6
任务一: 情境题	看不出两个算式之间的联系。	能结合情境或通过计算等具体操作活动判断两个算式都正确。	通过叙说算理进行判断。	通过乘法分配律直接作出正确判断。		
任务二: 竖式	无法作出正确判断。	需通过计算验证才能作出判断,并尝试解释理由。	不计算,能根据已掌握的多位数乘法的算理作出正确判断。	不计算,能根据算理作出判断;经引导,能识别出乘法分配律的结构。	将 361 分拆后,能主动识别出乘法分配律的结构。	能将位值的概念、乘法的算理和乘法分配律进行主动沟通,作出正确判断。
任务三: 判断	无法作出正确判断。	需结合情境或通过计算等具体操作活动进行判断。	通过叙说算理作出正确判断。	不计算,能直接利用乘法分配律作出正确判断。		
任务四: 比较	无法解决问题。	通过计算进行比较。	借助几个几的算理将等号左右两边算式改写后,比出结果。	运用乘法分配律将算式进行改写后,比出结果。	直接比较 13 加 17 的和与 19 加 12 的和。	

（续表）

任务	准备阶段	操作阶段	过程阶段	对象阶段		图式阶段
	水平1	水平2	水平3	水平4	水平5	水平6
任务五：简便计算	认为无法运用乘法分配律进行计算。	能根据运算顺序进行计算，但是无法巧算。	在教师引导下，将 25×15 看作一个具体图形后进行巧算。	经引导，将 25×15 看作一个整体后，方能运用乘法分配律进行简便计算。	能运用乘法分配律计算 $25 \times 15 \times (2 + 4)$；能通过两次分配进行简便计算。	能主动沟通乘法交换律与分配律的概念，进行简便计算。

程华在研究中提到，APOS理论的四个阶段反映了思维形成的具体过程，缺一不可。学生掌握知识的过程也是思维形成的过程，这四个阶段反映了思维形成的顺序。我们在具体应用中也要遵循这个规则，从而实现知识和思维的建构[①]。也就是说，学生不可能跳过其中某一个或两个阶段，而直接到达更高的阶段（图 3-2-2）。因此，我们在判断学生是否达到某个进阶层级时，不仅要通过该层级的行为表现进行判断，还需要以低阶层级的行为表现作为依据来支撑判断。如果学生的具体表现达不到低阶的要求，那么即使他具有一些高阶思维表现，也无法判定该学生达到高阶层级。

图 3-2-2 APOS 学习过程的进阶

二、访谈内容分析

对24名访谈对象按照生1到生24的序号编码，其中生1到生8为三年级学生，生9到生16为四年级学生，生17到生24为五年级学生。访谈结束后，对每一位学生的访谈稿进行转录，并根据在每一项任务中的表现，对其定级、编码。现逐题进行分析，并呈现部分访谈实录作为典型案例，实录中用编号生1~生24来表示

---

① 程华.在操作中体验，从过程中感悟，在感悟中建构——对APOS理论操作、过程阶段的思考[J].数学教学研究，2007(5)：2-5.

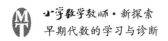
访谈对象。

1. 任务一:情境题

水平 1:看不出两个算式之间的联系。

生 5:我觉得小丁丁的算式正确。要算一共花多少钱,就要算卧室和客厅各花多少钱,再加在一起。

师:那小巧的算式呢?

生 5:我觉得她的算式不对。

该类学生得到了错误的结论。他们从形式上无法看出乘法分配律的结构,也不能借助具体操作来进行判断,达不到水平 2 的标准。同时,由于所有学生经前测都具备水平 1 的思维表现,因此该类学生在此问题中的表现处于水平 1。

水平 2:能结合情境或通过计算等具体操作活动判断两个算式都正确。

生 1:我觉得两个人的算式都对。这两个算式是一样的。一个是先算卧室和客厅的钱数,再加在一起;一个是先把总米数算出来,再算钱数。

生 4:我觉得都对。

师:你能验证自己的想法吗?

生 4:我算了算,结果是一样的。

在访谈的过程中,学生的具体表现主要分为两类:

(1) 通过计算验证或结合具体情境才能进行解释判断。

(2) 从形式上进行判断。学生会强调算式中有共同因数,即通过算式的特征和形式直接进行判断。

该类学生看似已能将乘法分配律视作一个对象。但面对教师的追问,他们仅能凭借计算或结合情境来解释算式的含义,说明这两个算式相等,无法进一步抽象到算理层面。基于 APOS 理论的连续性和可逆性特点,算理层面的缺失说明该类学生并没有真正理解乘法分配律的本质,尚未形成完整的定义,他们在这一问题中的表现仅处于水平 2。

水平 3:通过叙说算理进行判断。

生 8:我觉得都对。

师:能验证给老师看吗?

生 8:他们算的都是 20 个 500,这里窗帘的总价就是 20 个 500。

该类学生能基于算理的理解作出正确判断。当教师进一步追问后,也能借助计算等方法验证自己的观点。因此,他们在这一问题中的表现处于水平 3。

水平4:通过乘法分配律直接作出正确判断,并能够作出合理解释。

生3:我觉得都对,小巧的方法就是对小丁丁的算式的巧算。

师:有办法验证你的想法吗?

生3:我算了算,它们的结果是一样的。小丁丁是把2个房间分开算,小巧是先合在一起,再乘单价。

生9:都对。这两个算式都是算一共要多少钱,只是一个分开算,另一个合在一起算。

师:其中有没有用到运算定律呢?

生9:乘法分配律。

生11:两个算式都对。这就是乘法分配律。

师:哪里体现了分配律?

生11:一个算式是分别乘500,另一个是合在一起乘500。

师:那这两个算式都能解决问题吗?

生11:能啊。小丁丁是分别算卧室和书房的窗帘价格,再加起来;小胖是先把各自需要的米数合起来,再乘单价。

该类学生不仅能将乘法分配律看作一个对象,还能够结合具体操作或算理进一步作出解释,说明他们理解了乘法分配律的概念。因此,该类学生在这一问题中的表现达到水平4。特别要说明的是,三年级的学生尚未学习"运算定律"一课,可能说不出"乘法分配律"的名称,但只要能够展现出水平4的思维过程,水平1、2、3又能同时达成,即判定该学生在这一问题中的表现达到水平4。

在这个基于情境的问题中,学生呈现了多种不同的思考过程,他们的思维表现分布于各个进阶水平,如表3-2-2所示。

表3-2-2　访谈对象在任务一中的表现水平统计

	水平1	水平2	水平3	水平4
三年级人数/人	1	3	2	2
四年级人数/人	0	2	0	6
五年级人数/人	0	1	0	7

通过对24名访谈对象的编码分析,我们有以下发现:

(1) 在24名学生中,有15人(占总人数的62.5%)能够呈现出水平4的思维过程,表明大多数学生在此情境中能够识别出乘法分配律的结构。

（2）三年级和四、五年级呈现出较明显的差异：三年级学生较多处于低阶水平（水平1、2、3，占比达75%），他们未能将乘法分配律看作一个数学对象，只能结合具体情境或通过计算说明两个算式相等；四、五年级大多数学生的表现与水平4的描述一致。

2. 任务二：竖式

水平2：需通过计算验证才能作出判断，并尝试解释理由。

生5：我觉得这个也能算。

师：能说说理由吗？

生5：说不清。

师：再想一想，有什么办法能证明你的想法呢？

生5：我用竖式算了算，答案是一样的。

该类学生没有因特殊的竖式形式而直接得出否定的结论，但无法说出这一形式中的算理和运算定律，仅能通过熟悉的方式验算后进行判断，并认可这一特殊形式。该类学生在判断过程中依赖于具体操作，其在这一问题中的表现处于水平2。

水平3：不计算，能根据已掌握的多位数乘法的算理作出正确判断。

生1：这个方法可以。先用300乘8，然后用60乘8，再用1乘8，最后把它们都加起来。其实就是把361拆成300、60和1。

师：那你觉得$(300+60+1)\times8$和$300\times8+60\times8+1\times8$这两个算式有关联吗？

生1：没有。

生14：这个方法是对的。就是把361分拆成300、60和1，然后用300乘8加60乘8加1乘8，所以答案是对的。

师：这个过程中有没有用到什么运算定律？

生14：没有。

该类学生已经能够理解此特殊竖式中的乘法算理，即将361分拆成300、60和1，用它们分别乘8后再相加得到结果，但受到算式形式的限制，辨识不出乘法分配律的结构。处于此阶段的学生尚未形成完整的乘法分配律概念，却也不必再通过具体操作来理解这种竖式形式。因此，该类学生在这一问题中的表现处于水平3。

水平4：不计算，能根据算理作出判断；经引导，能识别出乘法分配律的结构。

生6：这个方法可以的。我觉得$361\times8=300\times8+60\times8+1\times8$。

师：你是把361分拆了，对吗？

生 6:是的,拆成了 300、60 和 1,然后分别乘 8。

师:(300+60+1)×8 是这个意思吗?

生 6:是的。

师:那你觉得这两个算式有关联吗?

生 6:有的。我觉得 $361×8=(300+60+1)×8=300×8+60×8+1×8$。

该类学生在前一阶段的基础上,将分拆过程在头脑中压缩成一个对象。经教师引导,发现并理解了分拆所得的两个算式之间的关联,只是无法主动识别出乘法分配律的结构,因此判定其思维表现仅达到水平 4。

水平 5:将 361 分拆后,能主动识别出乘法分配律的结构。

生 22:这样的方法能够算出正确答案,只是有些麻烦。用百位、十位、个位分别去乘,再相加。这里用到了乘法分配律。

该类学生比处于水平 4 的学生更进一步,尽管没有在初识时立刻将乘法分配律和乘法算理建立联系,但是在分拆的过程中能够主动联系到乘法分配律,其思维水平已由对象阶段向图式阶段过渡,达到水平 5。

水平 6:能将位值的概念、乘法的算理和乘法分配律进行主动沟通,作出正确判断。

生 11:这样的方法能够算出正确答案。将 361 的每一位分别乘因数 8,且数位对齐,可以分拆成(300+60+1)×8。

师:那它与这个竖式之间有什么联系吗?

生 11:这其实就是乘法分配律。

在访谈的过程中,有 1 名学生通过观察,直接识别出竖式中乘法分配律的结构。该学生将乘法分配律的概念与多位数乘法的算理、位值的概念主动建立联系,形成了概念图式。

通过对访谈稿进行转录与编码,将 24 名访谈对象在任务二中所表现出的进阶水平进行了统计汇总,如表 3-2-3 所示。

表 3-2-3　访谈对象在任务二中的表现水平统计

	水平 1	水平 2	水平 3	水平 4	水平 5	水平 6
三年级人数/人	0	2	4	1	1	0
四年级人数/人	0	1	4	1	1	1
五年级人数/人	0	0	0	7	1	0

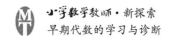

基于上述分析及表 3-2-3 中的数据,我们发现:

(1) 绝大多数访谈对象在此问题中的表现达到了水平 3 及以上。由此可知,准确地说出乘法的算理对于三、四、五年级的学生来说并不困难。

(2) 在任务二中,表现出水平 4 和水平 5 的学生人数未及总人数的一半。尽管学生已经掌握了用一位数乘的算理,但仍无法识别乘法分配律的结构。

(3) 五年级学生的表现与三、四年级呈现出了较大的差异。五年级所有学生均能从乘法竖式的形式中识别出乘法分配律的结构,其中有 1 人还能够主动构建两者之间的联系。

3. 任务三:判断

水平 2:需结合情境或通过计算等具体操作活动进行判断。

生 5:(想了很久)我不会算。

师:你要计算什么?

生 5:12×99。

师:老师用计算器帮你算,结果是 1188。然后你要做什么?

生 5:1188 加 12,正好是 1200,所以这个是对的。我觉得第二题正确的应该是 (4+5)×6,可是它不能凑整,好像又不能这么巧算。

该类学生在简单的变式问题中能通过计算作出判断,但是无法看出算式的结构,也无法借助算理在头脑中完成推算的过程;在标准形式的算式中能够作出正确判断,但其判断的理由仅仅是记忆中的结构,无法给出进一步的解释。因此,该类学生在这一问题中的表现仅达到水平 2。

水平 3:通过叙说算理作出正确判断。

生 2:这是对的,99 个 12 加 1 个 12 就是 100 个 12。第二题是不对的,应该是 9 个 6。

该类学生运用乘法的意义,无需具体操作,便可借助算理直接在头脑中将算式简化并进行判断,但是仍没有将乘法分配律结构化,尚未达到对象阶段。该类学生在这一问题中的表现处于水平 3。

水平 4:不计算,能直接利用乘法分配律作出正确判断。

生 7:这个是对的。因为 12 乘 99 加 12 就等于 12 乘 99 加 1 乘 12,就是 99 加 1 的和乘 12,等于 100 乘 12。

生 21:第一题是对的,这就是乘法分配律。第二题应该是 4 加 5 的和乘 6。

该类学生利用乘法分配律直接判断等式是否成立。在此过程中,他们无需借助计算操作、算理叙述,便可直接运用乘法分配律的概念来改写算式。这里需注意的是,要依据学生的具体表现仔细推敲其究竟是套用形式还是真正形成了乘法分配律的完整定义。当学生在这个问题中表现出水平 4 的思维过程时,应结合他们在前两个任务中的具体表现来判断学生水平 2 和水平 3 的达成度,从而更为准确地判断学生思维的真实水平。

在任务三中,所有参与访谈的学生都能作出正确判断。此外,三年级和四、五年级又表现出了明显的差异性,如表 3-2-4 所示。

表 3-2-4　访谈对象在任务三中的表现水平统计

	水平 1	水平 2	水平 3	水平 4
三年级人数/人	0	3	3	2
四年级人数/人	0	0	1	7
五年级人数/人	0	0	0	8

基于表 3-2-4 中的数据,我们发现:

(1)在所有访谈对象中,仅有 3 名三年级学生的表现处于水平 2,即需要通过计算才能作出正确判断,其他学生都能通过算理或运算定律进行判断。

(2)除 1 名四年级学生外,四、五年级学生均表现出了水平 4 的思维过程,即能够利用运算定律直接作出判断。

4. 任务四:比较

水平 2:通过计算进行比较。

生 5:我要算一算才能比,可是数太大了。

师:你要算什么? 老师帮你算。

生 5:就是把圆圈两边的算式的结果都计算出来。

师:你再看一看,还有别的方法可以比较吗?

生 5:想不出了。

这一组算式中数据较大,计算比较绝对不是首选的方法,而该类学生只能通过计算才能比较出结果,说明他们还不能依据算式的特点,运用乘法分配律来解决问题,但也未在操作实施前就随意作出判断或是束手无策。因此,该类学生的表现处于水平 2。

水平 3:借助几个几的算理将等号左右两边的算式改写后,比出结果。

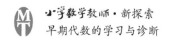

生4:左边可以想成30个69,右边可以想成31个69,所以这里填小于号。

该类学生虽未能运用乘法分配律直接解决问题,但是基于乘法的意义,能够通过叙说算理将两个算式分别简化成30×69与31×69,从而比较出结果。有如此思维过程的学生虽不能把乘法分配律看作一个整体,但也不用借助具体的操作活动以解决问题。因此,该类学生在任务三中的表现达到了水平3。

水平4:运用乘法分配律将算式进行改写后,比出结果。

生12:左边有共同因数,我可以用乘法分配律,写成30乘69。右边也有共同因数,我也可以用乘法分配律,写成31乘69。30乘69比31乘69小,所以填小于号。

该类学生能够迅速辨识出支持乘法分配律的结构,并直接运用乘法分配律来解决问题,其思维表现具备对象阶段的特征,因此达到水平4。

水平5:直接比较13加17的和与19加12的和。

生23:我只要比13加17和19加12,所以填小于号。

师:你为什么觉得可以这样比呢?

生23:用乘法分配律就是30乘69和31乘69。

该类学生在前一层级的基础上更进一步,不仅能运用乘法分配律的概念解决问题,还能将概念内化。他们发现了两个算式中相同的因数69,没有按部就班地先用运算定律改写算式再比较,而是发现了另两个因数的和的大小决定了两个算式的大小关系。即对于$(a_1 + b_1) \times c_1$与$(a_2 + b_2) \times c_2$,当$c_1 = c_2$时,$(a_1 + b_1)$与$(a_2 + b_2)$的大小关系直接决定了算式比较的结果。该类学生呈现从对象阶段向图式阶段过渡的趋势,因此其进阶层级达到水平5。

任务四是对上一组判断题的补充,进一步反映出三年级学生和四、五年级学生在理解运用乘法分配律的思维水平上存在差异,如表3-2-5所示。

表3-2-5 访谈对象在任务四中的表现水平统计

	水平1	水平2	水平3	水平4	水平5
三年级人数/人	0	3	3	2	0
四年级人数/人	0	1	0	4	3
五年级人数/人	0	0	1	5	2

大多数三年级学生的思维过程处于低阶水平,而四、五年级学生则表现出更高阶的思维。有5名学生识别出了两个算式的本质结构,通过直接比较13加17的

和与 19 加 12 的和的大小,就能快速作出正确判断。

5. 任务五:简便计算

任务五为乘法分配律的变式应用问题,对学生来说难度较高。正式访谈前对 30 名学生进行了前测,解答正确率不到 30%。做错的学生大致可分为三类:束手无策,空着不填;错用乘法分配律;不遵循基本运算顺序,随意计算。计算正确的学生也呈现了不同的思维过程,大致可以分为三类:能运用乘法分配律的概念进行简便计算;借助其他运算定律,用较复杂的方法计算出结果;没有用简便方法,按部就班地计算。

鉴于这个任务的复杂程度,仅凭借"学生能否正确计算出结果"无法判断其学习进阶水平发展到了哪一层级。因此,在这个任务的访谈中,我们策略性地设计了一系列问题。当学生无法解决问题或作出错误解答时,我们会将问题的难度降级。如此难度层层递减,看学生的思维究竟可及哪一水平。故而,我们对这一问题依进阶水平降序进行分析。

水平 5:能运用乘法分配律计算 $25\times15\times(2+4)$;能通过两次分配,进行简便计算。

生 9:$25\times(2+4)\times15=(25\times2+25\times4)\times15=(50+100)\times15=50\times15+100\times15$。

师:这个算式 $25\times15\times(2+4)$ 和原来的式子相等吗? 说说理由。

生 9:相等。用了乘法交换律。

师:请你再来计算一下。

生 9:$25\times15\times(2+4)=25\times(15\times2+15\times4)=25\times(30+60)=25\times30+25\times60$。

生 18:$25\times(2+4)\times15=25\times6\times15=25\times4\times(1.5\times15)$。

师:你用了哪些运算定律?

生 18:乘法结合律。

师:能用乘法分配律来计算吗?

生 18:不能。

师:这个算式 $25\times15\times(2+4)$ 和原来的式子相等吗?

生 18:相等。用了乘法交换律。

师:你能用乘法分配律继续算下去吗?

生 18:$25\times15\times(2+4)=25\times15\times2+25\times15\times4$。

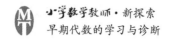
处于该进阶水平的学生一般有两种不同的表现：

（1）在解决原题时，无法正确运用乘法分配律的概念进行巧算。但是，在教师利用乘法交换律交换因数的位置后，该类学生便很快发现算式的特点，并能运用乘法分配律将(25×15)分别与2和4相乘。由此可以判断，在原题中阻碍学生正确解答的是因数的位置，学生无法将乘法交换律与乘法分配律有效沟通，尚未到达图式阶段。但学生能理解乘法分配律的内涵，并运用于非标准的形式中，已符合对象阶段的思维特点，并呈现向图式阶段发展的趋势，其表现处于水平5。

（2）理解了乘法分配律的内涵，并两次运用乘法分配律的基本形式。该类学生能在复杂的任务情境中正确使用运算定律，说明其已掌握乘法分配律的概念，达到水平5。

水平4：经引导，将25×15看作一个整体后，方能运用乘法分配律进行简便计算。

生3：25×(2+4)×15=25×(6×15)。

师：你还有其他计算方法吗？

生3：先算25×6。

师：这个算式25×15×(2+4)和原来的式子相等吗？

生3：相等。只是位置换了。

师：你会怎么算？

生3：25×15×6。

师：你还有其他计算方法吗？

生3：没有。

师：如果把25×15看作一个整体（圈起来），能用它们分别乘2和4吗？

生3：可以。25×15×(2+4)=25×15×2+25×15×4。

〔利用乘法交换律将25×(2+4)×15改写成25×15×(2+4)后〕

师：你会怎么算？

生13：25×15×(2+4)=25×15×2+15×4。

师：你是怎么想的？

生13：15是共同因数，所以15要乘2，再乘4；25乘在最前面。

师：25乘15可以先算吗？

生13：可以。

师：如果把25×15看作一个整体（圈起来），用乘法分配律进行计算，你觉得刚才你做得对吗?

生 13：不对，应该等于 $25\times15\times2+25\times15\times4$。

该类学生在面对变形后的任务 $25\times15\times(2+4)$ 时，仍然无法用乘法分配律进行巧算。为了尽可能了解学生真实的思维水平，我们在此对访谈对象进行了引导。当把 25×15 圈成一个整体时，学生很快发现了乘法分配律的结构，从而进行简便计算。这说明该类学生能完成乘法分配律的基本应用，却又局限于基本形式，其概念发展刚刚到达对象阶段，处于水平 4。

水平 3：在教师引导下，将 25×15 看作一个具体图形后，进行巧算。

〔无法正确运用乘法分配律计算 $25\times(2+4)\times15$ 和 $25\times15\times(2+4)$〕

师：25 乘 15 可以先算吗?

生 10：可以。

师：如果把 25×15 看作一个整体（圈起来），你能用乘法分配律进行计算吗?

（学生很犹豫，迟迟未能下笔）

师：如果把算式 25×15 的结果看成一个○，你能用乘法分配律进行计算吗?

生 10：能。○$\times(2+4)=$○$\times2+$○$\times4$。

师：你是怎么想的?

生 10：2 加 4 等于 6。那么，6 个○等于 2 个○加 4 个○。

师：○就是 25×15。现在知道你 $25\times15\times(2+4)$ 怎么算了吗?

生 10：$25\times15\times(2+4)=25\times15\times2+25\times15\times4$。

由于无法完成前一个变形任务，我们再一次将任务简化——把 25 乘 15 的积看作一个图形。任务变形至此，学生能够在教师的引导下进行巧算，但此时并不是基于乘法分配律的概念，而需要借助半抽象的算理，程序化地解题。因此，该类学生乘法分配律的概念发展仅到达过程阶段，处于水平 3。

水平 2：能根据运算顺序进行计算，但是无法巧算。能验证 $25\times2\times4+15\times2\times4=25\times(2+4)\times15$。

（生 2 无法完成以上所有任务）

师：老师是这样想的，$25\times(2+4)\times15=25\times2\times15+25\times4\times15$。你觉得我做得对吗?

生 2：不知道，我要算一算。（计算之后）你这样做也是对的。

尽管降低了任务难度并步步引导，但该类学生仍然无法运用乘法分配律的概念进行简便计算。为了判断学生究竟处于水平 2 还是水平 1，我们直接呈现正确的算法,让访谈对象进行判断。访谈中,该类学生确实未表现出更高阶的思维,仅能通过计算来验证我们给出的方法,因此其概念发展只到达操作阶段,处于水平2。

任务五是一个变式应用问题,在运用乘法分配律进行简便计算的过程中需要与其他运算定律的概念进行沟通。各年级访谈对象在本任务中的表现水平如表3-2-6所示。

表3-2-6　访谈对象在任务五中的表现水平统计

	水平1	水平2	水平3	水平4	水平5	水平6
三年级人数/人	0	6	0	2	0	0
四年级人数/人	0	2	2	2	2	0
五年级人数/人	0	0	1	4	3	0

通过分析表格中的数据可以发现,在这个比较复杂的变式问题中,学生的整体表现与其所在年级呈正相关。三年级学生表现出的思维水平较低,而四、五年级学生的表现多处于高阶水平。

三、学生乘法分配律学习进阶水平分析

1. 学生乘法分配律学习进阶水平基本情况分析

对三个年级访谈对象处于不同进阶水平的人数进行统计,如图3-2-3所示。

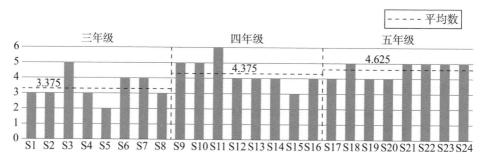

图3-2-3　学生乘法分配律学习进阶水平汇总统计

通过对图3-2-3的分析,可以发现:

(1)随着年级的升高,学生乘法分配律学习进阶水平总体呈上升趋势,并愈发稳定于高阶水平。

(2)唯一达到水平6(图式阶段)的学生并没有出现在最高年级,这表明概念图式的形成可能受个体因素影响。

（3）在四、五年级的 16 名学生中，仅有 1 人未达水平 4。原因可能是，四年级的学习内容有助于学生乘法分配律学习进阶水平的发展。

2. 学生乘法分配律学习进阶水平特征分析

为研究学生在学习中实际发生的进阶与进阶假设的一致性及差异性，基于以上对学生在各项任务中的表现水平分析及总体情况概述，我们进一步研究每一进阶水平的特征，试图从中找到学生在乘法分配律学习过程中的关键表现及思维特点，尽可能真实地描绘出学生对乘法分配律概念的理解及相关能力的发展路径，以确定小学阶段乘法分配律的学习进阶模型。

（1）水平 2

在 24 名访谈对象中，仅有 1 名三年级学生表现为水平 2，处于低水平阶段。通过分析访谈记录，发现该生在解决问题时方法很单一，只有通过计算才能完成部分任务。值得注意的是，该生在任务一中的表现水平低于其他 23 名访谈对象，是唯一一个没有达到水平 2 的学生。此外，在任务三中，该生能说出 $4×6+6×5=(4+5)×6$，但他还是通过计算来判断等式是否成立，并且认为 4 和 5 不能凑整，所以不应使用这个方法进行巧算。在该生的理解中，乘法分配律不是一个独立的数学概念，只是一种当需要"凑整"时才能使用的巧算方法。因此，在面对任务五时，这名学生被复杂的结构和较大的数据所困而束手无策。基于上述分析，我们得到以下初步结论：

• 处于水平 2 的学生一旦脱离实际操作，便无法识别和应用乘法分配律。

• 处于操作阶段的学生可以套用乘法分配律的基本形式，但无法对算式作出解释。

• 学生在现实情境中表现出对算式的低理解水平，说明其在学习乘法分配律的过程中缺乏"事理"的支撑，这会影响其学习进阶水平的进一步发展。

（2）水平 3

处于水平 3 的 5 名学生中，有 4 人来自三年级，占水平 3 总人数的 80%，是三年级访谈对象总数的一半。另外 1 人来自四年级。分析这 5 名访谈对象在各单项任务中的表现时发现，他们在任务五中均表现为水平 2。特别是生 2，他在任务一至四中均达到水平 3，但在面对任务五时，仍然感到非常困难，无法正确解答。这表明，处于过程阶段的学生，由于尚未形成乘法分配律的完整概念，在较复杂的情境中其学习进阶水平会出现降级的现象。

与生 2 在各单项任务中的表现不同，同处于水平 3 的访谈对象生 8 仅在任务一中达到了水平3。比较两人的访谈记录,发现这两名学生在完成任务二时表现出了巨大的差异。生2能够清晰地说明问卷中这一特殊竖式的算理,而生8仅能借助计算结果作出判断,无法说清算理。此外,生15在任务二中与生8有着同样的表现,分析其在各单项任务中的进阶水平,发现其同样只在一个任务中表现为水平3,其余均为水平2。与此同时,这两人在任务二和任务四中的表现也明显区别于其他3人。由此,我们得到以下结论:

• 处于水平3的学生能在标准情境中识别出乘法分配律的结构,并借助乘法的含义理解乘法分配律的基本形式。

• 多位数乘法算理的掌握有助于水平3的学生理解乘法分配律的结构,促进其由操作阶段向对象阶段过渡。

(3)水平4

该进阶水平可以理解为对应初级对象阶段。对处于该水平的9名访谈对象在各单项任务中的表现进行分析后发现:

• 该进阶水平在参与访谈的三个年级中均有体现。随着年级的升高,访谈对象在单项任务中的表现愈发稳定在水平4。

• 9名学生在任务三和任务四中的表现相对一致,两项任务中均有89%的学生达到水平4。也就是说,这些学生不再局限于记忆乘法分配律的基本形式,而是能够运用其概念解决一些简单的问题。

• 9名学生中,有2人(生7和生12)在任务五中仅表现为水平2。无独有偶,这2人在任务一中也表现为水平2,而其余7人在任务一中的表现都高于水平2。也就是说,这2名学生在任务一中仅能结合具体情境或通过计算操作来理解问卷中两个不同形式算式的关联,而无法抽象到算理层面。由此,他们在面对变式任务时便无从下手。这表明,水平2和水平3是乘法分配律学习进阶水平发展的基石。基石不稳,高楼可倾。

(4)水平5

尽管同处于对象阶段,但达到水平5的学生表现出比水平4更复杂也更精致的思维过程。通过分析访谈内容,可以发现:

• 处于该进阶水平的8名学生在任务一中都表现出了最高的思维水平,表明其在具体情境中能从结构和意义两方面对算式进行理解。此时,乘法分配律的概念已完全形成,学生具备了向更高进阶水平发展的基础。

• 达到该进阶水平的学生中,仅有2人在个别任务中表现出较低的进阶水平,并且集中于任务二和任务五。由此可知,处于水平 5 的学生能在简单的变式问题中辨识出乘法分配律的结构并完成简单的应用。但是,在较复杂的情境中,对乘法分配律结构的认识以及概念的应用都会再次回到低水平层级。

(5) 水平 6

在 24 名访谈对象中,仅有 1 名四年级学生(生 11)表现出了最高进阶水平。分析生 11 在每一项任务中的具体表现,可以发现该生在任务一至四中都达到了最高的进阶水平,仅在任务五中表现为次高水平。由此,我们初步得到以下结论:

• 相较于其他进阶水平与年级的关联度,水平 6 受个人因素影响较大。当学生通过学习到达水平 5 后,进阶水平是否能进一步向更高的层级发展,与个人的思维能力、数学素养等因素息息相关。

• 区别于其他进阶层级学生的表现,该层级学生在任务二中表现出了特异性,其在变式情境中对支持乘法分配律结构的高认知度对其概念应用能力有正面影响。

• 与 APOS 理论的假设一致,只有经历了活动、过程、对象这三个阶段,构建完整的思维网络后,才能形成概念图式,到达水平 6。

第三节
小学生乘法分配律学习进阶的基本特征

一、学生实际的学习进阶与基于教材的进阶假设基本一致

在此次研究中，我们首先以 APOS 理论为参照，通过内容分析法构建了乘法分配律假设性学习进阶模型。接着通过访谈与分析，研究了学生学习乘法分配律过程中真实发生的学习进阶，发现其同样遵循了 APOS 理论的概念建构过程：活动阶段—过程阶段—对象阶段—图式阶段。

本研究中乘法分配律的学习进阶是以学生掌握了加法和乘法的含义为基础，我们也将此作为进阶起点。学生首先通过学具操作、情境代入、计算验证等具体活动，理解乘法分配律结构中等号左右两个不同形式算式的含义。在经历多项操作活动后，学生能够从中感知两个算式的特征及联系。当乘法分配律的基本形式在头脑中形成后，学生便可以脱离具体操作，程序化地进行运算。经历了过程阶段一次次的抽象，学生积累了足够的经验，概念的外延也逐渐扩大。根据其具有的共同属性，学生进一步认识到乘法分配律的本质，将此概念视作对象并归纳出字母公式。随着对乘法分配律的认识趋于精致，学生便能与已有知识产生关联，形成心理图式。当乘法分配律的图式与其他已知概念的图式建立起联系时，又能产生新的图式。这也是本研究中乘法分配律学习进阶的终点。

此外，访谈过程中有一个现象值得讨论。有的学生在判断算式是否为支持乘法分配律的结构或应用该运算定律进行计算时，是通过寻找"共同的因数"来辅助其解决问题的。但是通过一系列追问，我们发现这类学生的表现不一定与他们的实际进阶水平相一致。有的确实已经掌握乘法分配律的概念；有的仅仅是因为反复操练记住了形式，当形式稍有变化或没有明显的"共同的因数"时，学生便无法判断相关算式是否为支持乘法分配律的结构，同时也不能对概念进行灵活应用。在此，寻找"共同

的因数"实质上是一种直观的操作。我们将其归入活动阶段,与水平2的另一理解水平同级,并对进阶假设中活动阶段的指标作出相应调整,如表3-3-1所示。

表3-3-1 乘法分配律学习进阶——水平2

进阶层级		概念理解水平	学生具体表现
活动阶段	水平2.1	通过创设具体情境以及运算求解等数学活动,初步感悟乘法分配律的基本形式。	在支持乘法分配律结构的具体情境中,能理解两种不同形式算式的含义。 通过计算验证,知道符合乘法分配律结构的两种不同形式的算式的计算结果是相等的。
	水平2.2	记忆乘法分配律的基本形式。	能通过寻找"共同的因数",解决乘法分配律的相关问题。

基于以上讨论,我们认为学生在学习乘法分配律过程中的实际进阶水平与基于教材的进阶假设基本一致。教材中与乘法分配律相关的内容编排符合学生学习进阶的发展过程。遵循教材的编排顺序展开教学,学生能够依次到达乘法分配律学习进阶中的每一层级。

二、乘法分配律学习进阶模型包括5个学习阶段和6个进阶层级

本研究以上海小学数学课程设置与教材内容编排为参照,对不同时间跨度内学习的乘法分配律概念进行整合,旨在促进小学阶段乘法分配律相关课程内容的有效衔接。具体涉及的内容不仅包括乘法分配律的概念,还包括多位数乘法计算、数量关系、简便计算及方程等相关知识点。

在基于教材分析作出进阶假设之后,我们设计问卷开展了调研和访谈,综合访谈中学生的具体表现对进阶假设进行了微调,最终构建出乘法分配律学习进阶模型,包含5个学习阶段和6个进阶层级,并描述了与之对应的具体表现,能够较好地将处于不同水平的学生区分开来。具体模型如表3-3-2所示。

表3-3-2 乘法分配律学习进阶模型

进阶层级		概念理解水平	学生具体表现
准备阶段	水平1	能以某个数量作为单位进行计数,理解加法和乘法的含义及两者间的关联。	能将一个同数连加的算式和与其相应的乘法算式进行互相改写。

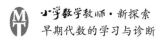
（续表）

进阶层级		概念理解水平	学生具体表现
活动阶段	水平 2.1	通过创设具体情境以及运算求解等数学活动,初步感悟乘法分配律的基本形式。	1. 在支持乘法分配律结构的具体情境中,能理解两种不同形式算式的含义。 2. 通过计算验证,知道符合乘法分配律结构的两种不同形式算式的计算结果是相等的。
	水平 2.2	记忆乘法分配律的基本形式。	能通过寻找"共同的因数",解决乘法分配律的相关问题。
过程阶段	水平 3	在支持乘法分配律结构的情境中,通过说理或其他程序性操作将 $a \times c + b \times c$ 的形式和 $(a+b) \times c$ 的形式建立联系,但尚未形成完整的定义。	1. 能用分拆的方法进行多位数乘法的计算(包括横式和竖式),并理解算理。 2. 基于对乘法及加法含义的理解,通过算理的支撑解决乘法分配律的相关问题。
对象阶段	水平 4	能从实例中抽象出乘法分配律的本质特征,并理解其内涵。	1. 能用字母表达式表示乘法分配律。 2. 能应用乘法分配律进行简便计算。 3. 能在标准形式下识别出支持乘法分配律的结构。
	水平 5	能在非标准形式中识别乘法分配律的结构,进一步理解乘法分配律的本质。	1. 会用乘法分配律对符号化的式子进行化简与分拆。 2. 能在非标准形式的四则运算中,运用乘法分配律进行巧算。
图式阶段	水平 6	具有完整的乘法分配律概念;建立起与其他数学概念之间的联系,形成知识的综合图式。	1. 能用乘法分配律的定义识别各种表征形式下的乘法分配律模型。 2. 能联系乘法与加法的关系进一步认识乘法分配律,明确乘法分配律与乘法、加法的交换律、结合律的区别,能同时运用多个运算定律进行简算。 3. 能沟通已有知识与乘法分配律之间的本质联系,能用乘法分配律的定义解决新的数学问题。

三、结构辨识与概念应用在学习进阶水平的发展中是相互作用的

通过文献分析发现,对乘法分配律结构的辨识能力与概念应用的灵活程度是学者们在研究乘法分配律的教学中主要关注的两个方面。本研究也是从这两个方面对学习进阶水平进行描述并设计访谈任务。

5 项访谈任务中,任务二和任务五是两个较复杂的变式任务。任务二指向学

生对乘法分配律结构的辨识能力,任务五旨在检测学生对乘法分配律概念应用的灵活程度。如图3-3-1,比较学生在这两项任务中的表现,可以发现:

(1)随着年级的升高,学习内容趋于丰富,学生对乘法分配律结构的辨识能力以及概念应用的灵活程度都呈上升趋势。五年级的学生基本稳定在较高的进阶水平。

(2)绝大多数学生在任务二和任务五中所表现出的进阶水平非常接近,并且与其总体表现呈较高的相关性。

(3)总体进阶水平最高的学生在这两项任务中也表现出了高于其他访谈对象的进阶水平,而总体进阶水平最低的学生在这两项任务中的表现水平在所有访谈对象中也是最低的。

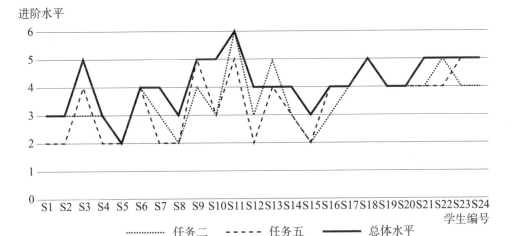

图3-3-1 访谈对象的总体进阶水平及在任务二和五两个单项中的进阶水平

通过以上分析可以得出,结构辨识能力与概念应用能力在乘法分配律学习进阶水平的发展中是相互作用的。学生在各种不同的问题情境中对支持乘法分配律的结构进行辨识,这个过程是把环境因素纳入个体已有的认知图式或结构之中,以加强和丰富主体的动作,促进了学生灵活应用概念的能力。与此同时,学生在进行与乘法分配律相关练习的过程中会面对不同的算式形式,为了适应客观变化,他们会尝试改变主体动作。也就是说,通过有效的分层练习可以加深学生对乘法分配律结构的认识。两者相辅相成,助力学生乘法分配律学习进阶水平的发展。

第四节
乘法分配律的教学建议

一、对课堂教学的建议

从课堂教学的角度来看,教师可以依据乘法分配律学习进阶模型来理解学生在乘法分配律学习中的认知发展过程,厘清课程的发展脉络,从而细化学习任务,明确教学目标,有的放矢地设计和实施教学任务,开展教学活动。

1. 任务分析基于学习进阶开展

这里的任务分析指的是基于教材分析和学情分析的学习任务梳理。这是教学目标制定的"前奏",也是教学设计的基础。学习进阶模型中的水平层级及相应的学业表现清晰地描述了学生学习乘法分配律的一般性路径。教师可以借助学习进阶模型预测学生认知发展的前进方向,判断学生当前所处的具体位置,以便为课堂教学建立切实可行的行动指南。

上海版教材中,二年级第一学期"5个3加3个3等于8个3"和"5个3减3个3等于2个3"是乘法分配律学习的启蒙内容。依据前面的研究结论,此时学生处于进阶水平1,即能以某个数量作为单位进行计数,并理解加法和乘法的含义及两者间的关联。达到水平1的学生已能将一个同数连加的算式和与其相应的乘法算式互相改写。与此同时,学生在生活中有按组计数的经验。例如,3颗巧克力装一袋,2袋巧克力加4袋巧克力就是6袋巧克力。通过本节课的学习,学生需达到进阶水平2这一层级,即通过创设具体情境以及运算求解等数学活动,初步感悟并记忆乘法分配律的基本形式。

有了学习进阶模型的指引,教师对于教学的起点和终点了然于胸,学习任务就有了明确的指向性。具体而言,学生经历怎样的学习任务,其对乘法分配律的理解水平能从水平1逐步发展到水平2呢?基于上述思考,我们对"5个3加3个3等于8个3"和"5个3减3个3等于2个3"这节课的学习任务进行了设计与分析,如图3-4-1所示。

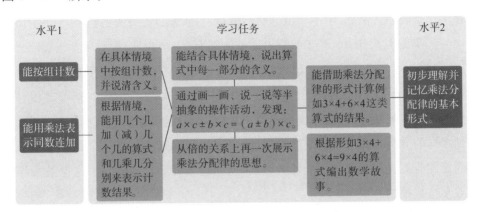

图3-4-1 "5个3加3个3等于8个3"和"5个3减3个3等于2个3"学习任务分析

2. 教学目标依据理解水平叙写

由前文研究结论可知,学生在学习乘法分配律过程中实际发生的学习进阶与基于教材的进阶假设基本一致。因此,教师可以依据教材内容,找到与之对应的进阶层级,通过分析相应的概念理解水平及学生的具体表现来制定教学目标。学习进阶模型中的概念理解水平往往代表学生在学习中容易出现误解和迷惑的地方,教师可以此来确定课堂教学的重点和学生学习的难点,从而使教学目标更聚焦,定位更精准。下面以上海版《数学》二年级第二学期"分拆成几个几加几个几"一课为例进行说明。

"分拆成几个几加几个几"是第四册第一单元"复习与提高"中的内容。基于前三册教材的学习,对照乘法分配律学习进阶模型中的"学生具体表现"可知:学生能将一个同数连加的算式和与其相应的乘法算式互相改写;能在支持乘法分配律结构的具体情境中,理解两种不同形式算式的含义;能通过计算验证,知道两种不同形式算式的计算结果是相等的;还能通过寻找"相同的因数",解决乘法分配律的相关问题;但还不会用分拆的方法进行多位数乘法的计算。由此可以判断,学生已达乘法分配律学习进阶水平2,未及水平3。本节课的学习内容恰与水平3的学生具体表现之一相匹配:能用分拆的方法进行多位数乘法的计算,并理解算理。这也是学生学习该内容的目标。

本节课是学生从水平2过渡到水平3的纽带,是学生达成水平3的基础。教师的目标就是指引学生经由课堂学习走向水平3。教材从具体生活情境引入:14

箱西瓜,每箱装 6 个,一共有多少个西瓜? 对学生来说,列式不是难点,而如何计算 14×6 是探究和讨论的重点。已经达到水平 2 的学生会调用已有知识与技能来尝试解决这个问题。例如,学生会根据所给情境,直观地进行计算:先算 10 箱有 $10 \times 6 = 60$ 个西瓜;然后用 $4 \times 6 = 24$,算出另外 4 箱有 24 个西瓜;最后用 $60 + 24 = 84$,算出一共有 84 个西瓜。有了具体的事例作为基础,学生可以将这个思考过程抽象成算式 $14 \times 6 = 10 \times 6 + 4 \times 6$,算式中的每一部分都可以在事例中找到与之相对应的具体含义。当然,分拆的方法不止一种,学生可以根据图示或利用数的分拆,得到多样的分拆方式。在这个过程中,学生感悟到原来可以将一个两位数乘一位数的算式分拆成几个几加几个几的形式,从而将未知转化为已知。这也是三年级学习多位数乘法的基础。

随之而来的问题是:怎么转化? 在脱离具体情境时,学生如何正确进行分拆并计算呢? 此时,语言无疑是帮助学生从直观过渡到抽象的一个好工具。在分析例题时,应引导学生说出分拆的过程:14 个 6 等于 10 个 6 加 4 个 6。有了二年级第一学期的学习基础,学生理解这句算理并不困难。在描述其他分拆的方法时,也应鼓励学生模仿这样的方式来表述算理。此时的语言训练不仅可以帮助学生理解分拆的方法,还能渗透乘法的算理。这与学生逐步向进阶水平 3 发展的方向是一致的。在事例素材的基础上,有了语言的辅助,学生不难理解同一个算式的不同分拆方法,也能从解决一个问题的方法逐渐推广到其他一般情况。

通过以上分析,确定“分拆成几个几加几个几”一课教学的要点(图 3 - 4 - 2),并得到如下教学目标及教学重、难点:

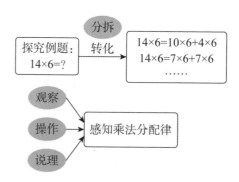

图 3 - 4 - 2 “分拆成几个几加几个几”教学要点

(1) 教学目标:能通过分拆,将形如 14×6 这类表外乘法转化为两个表内乘法题,再进行计算;通过观察、操作、说理等学习活动,理解分拆的计算方法,进一步感知乘法分配律。

（2）教学重点：能将形如 14×6 这类表外乘法分拆成两个表内乘法题进行计算。

（3）教学难点：能说一说算理，理解分拆的过程。

3. 教学过程围绕核心概念设计

学习进阶研究背景下的课堂教学不再就课论课，教师可以围绕核心概念展开教学，建构核心概念的学习进阶模型能为学生提供掌握核心概念的学习路径。学生通过掌握进阶过程中涉及的更广阔的核心概念逐步理解数学学科的基本知识框架。在设计与乘法分配律相关的教学内容时，教师应围绕乘法分配律这一核心概念展开，聚焦对乘法分配律结构模型的认识与理解。例如，在三年级多位数乘法的教学中，教师可以引导学生沟通横式与竖式之间的联系，加深对多位数乘法算理的理解，进一步发现二年级学习的"分拆"在乘法计算中的适用性，也是对乘法分配律结构的巩固与再认识，同时为四年级归纳并系统认识运算定律奠定基础。

此外，由前文研究结论可知，结构辨识与概念应用在乘法分配律进阶水平的发展中是相互作用的。所以，相关教学环节应尽可能地兼顾这两个方面。曹培英老师在针对四年级第一学期"乘法分配律"的课例评析中曾归纳过这节课的教学流程，如图3-4-3所示①。曹老师指出，在教学中获得"现实"与"直观"两方面的支撑，有助于学生进一步理解乘法分配律的概念。启发学生根据乘法运算的意义说明规律，其实质是从"事理""算理"两种视角解释规律，促进理解。换言之，学生不仅有发现规律—归纳定律—应用练习的过程，还能在多种不同的情境中辨识出乘法分配律的结构。两者相互作用于学生乘法分配律的学习，使其思维水平向更高的进阶层级发展。

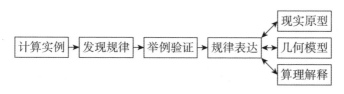

图 3-4-3 "乘法分配律"教学流程

二、对学业评价的建议

在传统观念中，测验法多用于数学学业成就的评价。通过"对"与"错"来判断学生的学习目标是否达成。这样的评价方式能得到一个标准化的结果，却忽略了

---

① 曹培英."以学定教，为学而教，以学论教"的实践——以"乘法分配律"的教学为例[J].小学数学教育，2013(04)：21-22.

学生思维发展的过程。基于学习进阶模型的过程性评价,除了能够诊断学生的学业成果,还能呈现学生思维发展的路径,以及学习过程中遇到的问题。通过比较学生的具体表现与进阶模型中的进阶水平,可以清楚地了解学生处于进阶起点与进阶终点之间的哪个位置,追踪学生某一核心概念发展的具体情况,还可以评价学生的学习过程,实现过程性评价。学习进阶模型给予课程设置和课堂教学更多的信息支撑,使课程和教学更好地服务于学生。

1. 评价以描述学生的思维过程为目标

学习进阶模型的构建旨在刻画学生在核心概念学习中的思维进程,因而,基于学习进阶的评价应关注学生学习过程中不同的思维状态。教师设计的评价方案应充分考虑如何捕捉学生在学习过程中的思维信息,反映其典型的思维表现。尽可能接近学生真实的思维水平,分析学生思维发展中的助力和障碍因素,以便改进课堂教学的方式,设计更有助于学生认知发展的教学环节。

在本研究前期调研的过程中,我们发现常规测验中的一些计算题,例如 $25 \times (4+8) \times 125$,往往只有"能否正确计算"这一个评价标准:如果学生做对了,就认定学生掌握了乘法分配律;如果学生做错了,便判定学生没有理解乘法分配律。但是,随着研究的深入,我们发现无法正确解答这一题的学生,其思维水平分布于乘法分配律学习进阶的不同层级。例如,有些学生的解题障碍在于不能综合运用乘法的交换律和分配律,因此无法将所给算式结构与乘法分配律的基本形式联系起来。一旦扫清障碍,将算式变为 $25 \times 125 \times (4+8)$,便能运用乘法分配律进行计算。这样的学生其实已经内化了乘法分配律的概念,只是还未能与其他运算定律融通以形成概念图式。

而对另一些学生来说,改变算式也不能帮助其解决问题,此时教师就要进一步设计问题,探寻学生的思维究竟停在了哪里,发展过程中的阻碍和干扰因素又是什么。在日常教学过程中,教师可以借助学习进阶模型设计以描述学生思维过程为目标的评价,促使"教—学—评"形成良性互动,促进课堂教学的改革与发展。

2. 评价以预设的进阶层级为标准

学习进阶研究背景下的学业评价应注重学生学习进程的阶段性和发展性特点。为了凸显这两个特点,评价标准应与每一进阶层级中学生的具体表现相匹配。合理的评价方案和成体系的评价标准不仅可以判断学生处于哪一进阶水平,还可以反映出学生的学习困境和思维发展的走向。我们借助下面的实例作简要说明。

问题:甲车和乙车的速度之和是 170 千米/时,其中甲车的速度为 80 千米/时,那么 3 小时两车一共行驶多少千米?

学生 A 的做法是先求出乙车的速度为 90 千米/时,然后列出算式 $80\times3+90\times3$。学生 B、C、D 都是直接用 170×3。看似选择后一种做法的 3 名学生都比较高明,处于同一进阶水平。事实真的如此吗? 在后续的追问中,"剧情"发生了反转。学生 A 认可其他三人的做法,利用乘法分配律确认了两种不同形式算式的计算结果是一致的。学生 B 认可学生 A 的做法,并结合具体情境进行了解释。当被问及是否与运算定律相关时,他给出了肯定的答案。学生 C 直接辨识出这是与乘法分配律相关的模型,并且认为在该情境中两个算式都是正确的,只是 170×3 更直接。学生 D 则认为学生 A 的算式是错误的,且无法解释自己列式的理由。

对这一问题的解答,如果评价标准仅是"合格:正确列式并计算"与"不合格:无法列出正确的算式",那么这 4 名学生在此次评价中的结果是一样的。而依据乘法分配律学习进阶模型中划分的层级,虽然学生 B、C、D 列出了相同的算式,但他们的思维水平是明显不同的。学生 C 处于高阶层级,达到水平 6。他能将"乘法分配律"的概念和"速度—时间—路程"的概念进行沟通联系,形成图式,综合应用。学生 B 能在理解题意的基础上辨识出乘法分配律的结构,并合理应用,达到水平 5。学生 A 识别出了乘法分配律的基本形式,只是在应用时还不能合理优化,符合水平 4 的具体表现。而学生 D 的思维水平显然未及水平 4。由此可见,以学习进阶水平作为评价标准,可以更客观、科学地反映学生的学习情况,以便教师及时调整教学策略和进行个性化指导。

第四章
线段模型解文字题

◎ 线段模型是联结算术和代数的桥梁

◎ 访谈任务的设计：文本、建构、程序符号的分析结构

◎ 文本阅读是学生解文字题的基础

◎ 线段图表示问题与条件之间的关系

◎ 从线段模型到算式表示

◎ 研究结论与教学建议

第一节
线段模型是联结算术和代数的桥梁

一、研究背景

解决文字问题是小学数学课程中的核心组成部分。模型方法作为一种启发式教学法,主要指通过绘制图表来表示问题中的关键信息。近几十年来,新加坡基础教育领域数学教学的成功一直受到世界瞩目,在国际教育成就评价协会(The International Association for the Evaluation of Educational Achievement,IEA)发起的"国际数学和科学评测趋势(The Trends in International Mathematics and Science Study,TIMSS)"评比中多次名列前茅。模型图法(model method)是新加坡小学数学课程的一个重要特色,新加坡的模型图指的是矩形图(bar model)。模型图可以帮助学生理解问题,使问题情境和题目中的相互关系可视化、具体化。拉金(Larkin)等人发现,一方面,图形的表征形式能够将文字问题中的数量关系进行整理并简化,用直观的图形进行表征,从而达到减少记忆内容、减轻记忆负荷的目的;另一方面,图形的表征形式能够减少学生对文字问题题意的记忆,使注意力更多地集中在对数量关系的加工处理上。[①]

除此之外,模型图还可以帮助学生解决代数文字问题,为学生算术思维向代数思维的过渡建立桥梁。代数思维的早期发展需要特定的思维发展方式,主要发生在如下思维过程:分析量与量之间的关系、关注结构、研究变化、归纳、解决问题、建构模型、证明、预测等。[②] 首先,线段图作为小学生的一种问题解决策略,即使不

---

① LARKIN J,MCDERMOTT J,SIMON D P,et al. Expert and Novice Performance in Solving Physics Problems[J]. Science,1980(208):1335 - 1342.

② CAI J F,MOYER J. Developing Algebraic Thinking in Earlier Grades:Some Insights from International Comparative Studies[C]. National Council of Teachers of Mathematics,2008:169 - 180.

懂形式代数,学生通过画图的方法也可能解决具有一定挑战性的问题,包括具有简单的部分—整体关系或者需要比例推理的问题。其次,通过画线段图的方法帮助学生发展代数思维。如果教师有目的地针对发展代数思维进行教学设计,将会帮助学生发展有效的问题解决图式。模型图法采用结构化的加工过程,这种结构化过程能够使抽象的数学关系形象化,并且基本上使用图解来表征量以及量之间的关系,所以,这种方法本质上能够提升学生代数思维的发展。①

1. 线段图对解决文字问题的作用的研究

国内对于线段图在解决文字问题方面的作用的研究有很多,所持观点主要有以下四种。

(1) 理解问题情境

小学生还处于具体形象思维阶段,借助直观的线段图把抽象问题具体表示出来,将问题语言进行转化,这无疑可以帮助学生理解问题。例如,对于不理解应用题题意的学生,通过画线段图的方式能够加深其对问题情境的理解;当学生遇到相似的情境时,便能迅速理解题意,并在这个过程中增强学生对文字信息转化成图形信息的处理能力;通过画线段图的方式表征题意,能够将原题中由文字叙述的数量关系直观化、形象化,符合小学生的思维水平。

(2) 厘清题目中的数量关系

厘清题目中的数量关系是解决文字问题的前提。在小学数学应用题教学中,教师经常借助线段图帮助学生厘清数量关系,以此作为培养学生认知能力的一种方法。数与代数应用题主要训练学生对题干中数量关系的分析与理解,弄清数量之间的关系是解决此类问题的突破口。运用线段图有助于将题干中的已知条件和各种量之间的关系清晰地表示出来,从而构建线段图模型。

(3) 减少工作记忆和认知负荷

此观点主要是在借鉴国外研究的基础上形成的,如前文所述的拉金等人的研究。通过把问题情境用线段图来表示,能够克服小学低学段学生在阅读文字问题方面的困难,降低解决文字问题的难度。

(4) 开拓学生解题思维

数学文字问题对于小学生来说是有挑战性的,且这类问题的解决是极具成就

① 方燕萍,王兄.新加坡数学课程中模型图法的应用:算术与代数间的衔接[J].上海中学数学,2012(12):31-35.

感的事情。应用线段图能够引导学生开拓解题思路,提高学习兴趣;通过分析线段图,学生发现不同解答方式所得出的答案是一样的,感受到数学文字问题的奇妙之处。线段图能够把抽象的数量关系转化为直观的图形,有利于提升学生的思维品质。通过训练学生运用线段图解文字问题,发现线段图在文字问题中的应用能够提高学生的自主探究能力,启发学生心智,促进思维能力的提升。

2. 使用线段图解决文字问题在教学中所存问题的研究

通过查阅文献可以发现,国内对于使用线段图解决文字问题在教学中所存问题的研究较少,大部分都是一些期刊类短篇文章。这可能是因为我国并没有将线段图作为规范性的解题过程的一部分,而只是将其作为一种解题工具。张霞在《第一学段线段图解应用题教学的研究与实践——以数与代数问题为例》一文中,在教师教学和学生运用方面发现了存在的一些问题,并对其进行了论述,这对本研究在问卷和访谈阶段的设计及需要注意的地方有一定的启发意义。

(1) 教师在教学线段图解应用题中存在的问题

第一学段的数学教师在教学线段图解算术与代数应用题方面存在许多不足之处,主要表现为:不讲或略讲线段图的相关知识,对线段图的应用范围了解不全面,线段图的课堂教学设计不合理和对线段图解题的规范性重视不够。

(2) 学生运用线段图解应用题时存在的问题

张霞通过观察课上学生运用线段图解应用题的过程、课下批改学生作业、检查数学单元检测卷,发现学生在运用线段图解应用题时存在以下不足:第一,学生从未接触过线段图,在平时的练习中也没有使用过线段图来解决文字问题;第二,解题缺乏灵活性,部分学生只是机械套用线段图模型;第三,不理解线段所表示的含义,难以区分标准量和比较量,不会根据线段图来分析数量关系;第四,作图过程不规范,不注重线段图要素的完整性,所画线段图与实际数量关系不符。[①]

二、模型的分类

国外许多与模型图法相关的研究中,都将模型图分为三类,即部分—整体模型、比较模型和乘除法模型。水(Swee)和克里(Kerry)在研究学生使用模型方法解决和表征文字问题中,将教师和学生的访谈问卷题目都分为了三种类型,并向学

① 张霞.第一学段线段图解应用题教学的研究与实践——以数与代数问题为例[D].烟台:鲁东大学,2018.

生介绍了上述三类模型。^① 澳大利亚学者鲍雷(Bao Lei)在其使用模型图解决文字问题的作用的研究中,对模型图进行了同样的分类。^②

1. 部分—整体模型

部分—整体模型可用于解决算术文字问题,如邮轮问题;也可以解决代数文字问题,如兰花问题。具体如下。

邮轮问题:据统计,周六共有 1050 人乘邮轮浏览;周日共有 1608 人乘邮轮游览。这两天一共有多少人乘邮轮游览?

兰花问题:兰花园共有 2659 名游客,其中 447 名是成年人,其余是儿童。有多少名儿童在参观兰花园?

部分—整体模型可用来表示类似 $a+b=x$ 的算术文字问题和 $x+a=b$ 的代数文字问题。在算术文字问题中,$a+b=x$ 模型包含两个不同长度的矩形 a、b,未知总数 x 用连接两个矩形的括号来表示。因此,对于邮轮问题,a 和 b 分别代表周六和周日的人数,x 表示两天的总人数。

代数文字问题的模型图与算术文字问题的模型图具有相同的结构。代数模型图可以用来求解 $x+a=b$ 中的 x,其中 a 和 b 是给定的,可以通过从 b 中减去 a 来找到 x。在代数模型图中,用带有问号的矩形来表示未知数,而不是用字母表示。一个矩形称为一个单位,这个单位矩形充当的就是字母的角色,即作为变量。矩形也可以用来表示两个变量之间的数值关系,且这些关系要用适当大小的矩形来表示。在兰花问题中,带有字母 a 的矩形可以表示成人的数量,带有字母 b 的矩形可以表示游客的总数,用 x 表示的儿童人数可以用 $b-a$ 来求解。

2. 比较模型

比较模型可用于解决类似以下的问题。第一个问题是入学问题,这是一个算术文字问题;第二个问题是动物问题,这是一个代数文字问题。

入学问题:A 小学共有 280 名新生,B 小学的新生人数比 A 小学多 89 名,C 小学的新生人数比 A 小学多 62 名。三所学校一共有多少名新生?

---

① NG S F, LEE K. The Model Method: Singapore Children's Tool for Representing and Solving Algebraic Word Problems[J]. Journal for Research in Mathematics Education, 2009, 40 (3):282 - 313.

② BAO L. The Effectiveness of Using the Model Method to Solve Word Problems[J]. APMC, 2016(3):26 - 31.

动物问题：牛比熊猫重 150 千克，山羊比牛轻 130 千克，三种动物共 410 千克。这头牛重多少千克？

比较模型显示的是两个或两个以上的量之间的关系，数量之间的差异可以用不同的矩形长度来表示。算术模型图（图 4-1-1 左）表明 $a=b+d$ 以及 x 是 a 与 b 的总和，根据图上信息，总量可以通过计算 a 与 b 的和求出。一个与算术模型图相似的代数模型图（图 4-1-1 右）可以用来解决代数问题，如 $x+b=c$，带有问号的矩形充当字母 x 的作用。

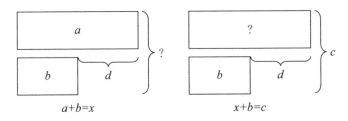

图 4-1-1　算术、代数模型图

图 4-1-2 中左图描述了一个更复杂的模型，用于解决入学问题，类似问题在小学中较为常见。模型中画有三组矩形，每一组矩形都作了标记，如字母"A"表示的就是 A 小学；每个矩形所代表的数值也被记录下来，需要计算的数值用问号标记。如图，三所学校的总入学人数可以通过把所有数值相加得到。这一模型和代数模型具有相似的结构（图 4-1-2 右）。

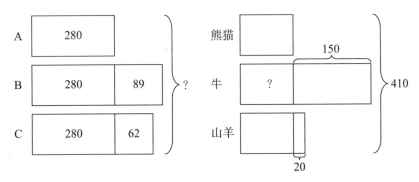

图 4-1-2　算术、代数模型图（复杂）

在动物问题中，比较模型用于展示三种动物质量之间的关系。这里，熊猫的质量被用作模型图的参照量，图中表示熊猫质量的矩形是未知单位，其余两种动物的质量表示是在此基础上呈现的；动物之间的质量差异用表示已知值的矩形来记录，且右边显示了这三种动物的总质量。模型图变成了表示"3 个单位+170＝410"的图形方程,从中可求得一个单位的值,则牛的质量可通过计算一个单位的值与牛和熊猫质量差的和来得到。由此得到 $x+x+150+x+20=410$ 的代数方程,其中 x 表示熊猫的质量。

虽然一个具有相似结构的模型可以用来求解算术和代数的文字问题,但代数文字问题的解决方法对学生来说更有难度。使用模型来解决算术文字问题是一个直接求解的过程,因为它只涉及用矩形表示数值的输入,如图 4-1-2 中左图所示的入学问题的解决方案。在代数文字问题中,给出了输出结果,目的是求输入值,且求解过程需要使用不同的思维方式。模型如图 4-1-2 右所示的动物问题中,为了求解未知输入值,必须将所有三个未知状态或矩形放在一起考虑,且三个未知状态中的任意一个都可以用作问题的切入点。如果选择牛的质量作为参照量,那么牛的质量就可以直接找到,且牛所代表的矩形就是单位矩形;另外,如果是熊猫的质量或山羊的质量被选为参照量,也可以间接找到它。

3. 乘除法模型

模型图也可以用来表示涉及乘除法和分数的问题。图 4-1-3 左边的模型表示"$3a=b,a+b=x$"的算术情境。下面是一道可以用这个算术模型解决的文字问题。

巴拉拍了 24 张图片,大卫拍的照片数量是巴拉的 3 倍。这两个男孩总共拍了多少张照片?

图 4-1-3 右显示了表示"$x+b=a$ 和 $b=nx$"的代数模型,其中 n 表示 a 和 b 之间的倍数关系(这里,$n=3$)。该模型图可以解决如下的代数文字问题。

玛丽和约翰总共有 48 美元,且约翰的金额是玛丽的 3 倍。玛丽有多少美元?

在这个例子中,总量是已知的,但其中的一个部分是未知的;矩形中的问号表示用于比较的基数,本例中指玛丽持有的金额总数。

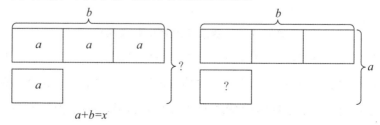

图 4-1-3　乘除法模型

乘除法模型也说明了该模型方法在求解分数问题中的有效性。使用模型方法,儿童不需要对分数进行操作,就可以解决如下的分数问题。

容器 A 中水的体积是容器 B 中水的体积的 $\frac{1}{4}$,且两个容器中水的总量是 250 升。容器 A 中水的体积是多少?

通过思考,儿童识别出 B 中水的体积是 A 中的 4 倍,因此,若用一个矩形来表示 A 中水的体积,则 B 中水的体积可以用 4 个与之相同大小的矩形来表示。图 4-1-4 中的代数模型说明了 A 和 B 中水的体积以及问题中提供的所有信息之间的关系,即有 5 个相等的部分。所以,由"5 个单位=250",得到"1 个单位=50",即容器 A 中水的体积为 50 升。与其他模型一样,乘除法模型可以用来解决"$x+b=a$ 和 $x=\frac{1}{n} \cdot b$"的代数文字问题。

图 4-1-4 代数模型图

线段图作为模型图的一种,同样也可分为部分—整体类、比较类和乘除法类。本研究将以模型图的三种类型为基础设计访谈题目,其对本文的研究思路和研究设计都有很大的启发价值。

关于小学生使用模型方法解决文字问题所存在的困难,丘巧昌(Yan Kow Cheong)研究得到了三种常见问题:画图不精确;在解决分数问题时,对矩形的切分不正确;使用模型方法不合理。[1]

水和克里也对学生为何不能正确使用模型方法进行了总结,得到如下四方面的原因:

第一,遗漏或误解重要信息导致画出的模型图只有部分正确。学生在画模型图时,没有将题目中全部的信息标识在上面,或者是将信息标在了错误的地方,这都会阻碍学生下一步的运算,因为在前期理解和表征有误的情况下,所列算式肯定

① CHEONG Y K. The Model Method in Singapore[J]. The Mathematics Educator,2002,6(2):47-64.

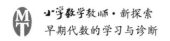
是错误的。

第二,中途改变了参照量。这一现象在算术文字问题和代数文字问题中都是很常见的,一般出现在比较类文字问题中。由于学生没有厘清各个量之间的关系,故容易出错。

第三,能得到正确的模型图和运算方程,但未计算出问题最终要的结果。学生画出了符合题意的模型图,并能正确列式计算,但由于参照量与问题所要求的目标量不是同一个量,从而导致错误。例如,题目中的未知量是 A,但最后所要求的是 A 和 B 的总和,学生在顺利得到 A 后,并没有继续求和,导致结果与目标不符。

第四,缺乏必要的概念性知识,即学生对问题中相关量之间的概念及本质关系不清楚。例如,行程问题中,时间与速度的积等于路程,如果学生对它们之间的关系无法理解,那么做题必然是有困难的。[①]

三、课程教材中的线段图

在上海版教材中,线段图从二年级第一学期开始便一直贯穿在各类文字问题的学习内容中,主要可以分为三类问题:低年级的部分——整体类文字问题、中低年级的比较类文字问题和高年级的乘除法类文字问题,分布情况如表 4-1-1 所示。

表 4-1-1 上海版小学数学教材中文字问题的分类

题目类型	年级	运算类别
部分——整体类	一年级及二年级第一学期	加减法
比较类	二年级第二学期	加减法
乘除法类	三年级第一学期至五年级第二学期	加减乘除

1. 部分——整体类文字问题

上海版小学数学教材中,部分——整体类文字问题从一年级就出现了,但此时并没有线段图的呈现,而是以更具体形象的实物图所代替。《上海市中小学数学课程标准(试行稿)》中,对二年级数与运算应用部分的学习要求及活动建议为:看图口述题意,选择算法,注意培养口头表达能力;口述实际问题的题意,根据四则运算的

① NG S F, LEE K. The Model Method: Singapore Children's Tool for Representing and Solving Algebraic Word Problems[J]. Journal for Research in Mathematics Education, 2009,40 (3):282-313.

含义列式解答用文字叙述的一步计算实际问题,结合生活实际口头提出一些简单的应用问题。[①] 这里的"看图"除了看一些实际情景图外,在教材上还表现为看"线段图"。二年级第一学期"加与减"中就引入了线段图,与教材配套的教学参考资料在本课教学目标中指出:学生要进一步学习线段图,会看线段图分析简单的数量关系,解决简单的实际问题。[②] 学习"加与减"一课时,学生对于加减法应用题已经有了一定基础,教材通过小猫捞鱼的例子(图4-1-5左),画线段图表示数量之间的关系,帮助学生用线段图分析并建立加减法的简单数学模型。此处的题目主要是部分—整体类问题,且主要是运用简单的加减法来计算,常包括已知部分求总体,已知总体和其中一部分而求另一部分和部分之间进行比较。

这册教材在"方框里填几"一课再次引入线段图(图4-1-5右),要求学生通过线段图列式计算,并利用加减法之间的关系来解决问题。从最初要求利用线段图分析数量关系到看图列式,学生在这个过程中加深了对线段图的运用和理解,体验到了线段图在解决文字问题中的作用。

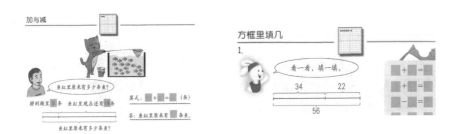

图4-1-5 部分—整体类文字问题

2. 比较类文字问题

比较类文字问题是对两个或两个以上的量之间关系的比较。不同长度的线段图可以表示不同的量,并能反映出数量之间的差异。二年级第二学期,学生开始理解有关"相差多少""比多""比少"的问题,并能用加减法正确求解。"相差多少"一课,教材以比多、比少等典型问题为例,让学生在掌握如何求差值的基础上进一步学习。对于图4-1-6中的这两类问题,教材都是先通过线段图表示出蓝色彩纸

① 上海市教育委员会.上海市中小学数学课程标准(试行稿)[S].上海:上海教育出版社,2004.

② 上海市中小学(幼儿园)课程改革委员会.九年义务教育数学教学参考资料(二年级第一学期)[M].上海:少年儿童出版社,2010.

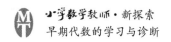

与红色彩纸、黄色彩纸与红色彩纸之间的数量关系,使学生在理解题目含义的基础上列出算式,再利用加减法进行解题。

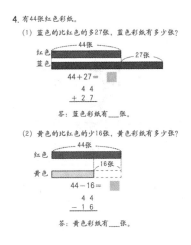

4. 有44张红色彩纸。

(1) 蓝色的比红色的多27张,蓝色彩纸有多少张?

$$44+27=\boxed{}$$

$$\begin{array}{r} 4\ 4 \\ +\ 2\ 7 \\ \hline \end{array}$$

答:蓝色彩纸有___张。

(2) 黄色的比红色的少16张,黄色彩纸有多少张?

$$44-16=\boxed{}$$

$$\begin{array}{r} 4\ 4 \\ -\ 1\ 6 \\ \hline \end{array}$$

答:黄色彩纸有___张。

图 4 - 1 - 6　比较类文字问题

3. 乘除法类文字问题

随着年级的升高,文字问题的难度也随之增大,不再局限于加减法文字问题,常需要进行加减乘除混合计算,本研究中将此类问题称为乘除法类文字问题,其中包括行程问题和分数问题(分数从运算结果来看可以表示为除法运算)。

三年级第一学期"整理与提高"中的"解决问题"一课,要求学生能根据问题收集有用的信息,将情节描述成简图(线段图),并列出相应的算式。[①] 研究发现,教师都要求学生在课后作业中呈现线段图。本节课中的文字问题主要是相关量之间的比较,与比较类问题相比,不再是简单的加减法运算。学生通过这节课的学习,应学会使用"几倍多多少"模型和"几倍少多少"模型(图 4 - 1 - 7)。

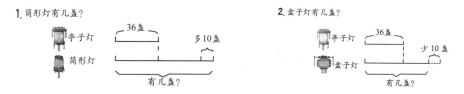

图 4 - 1 - 7　"几倍多多少"模型和"几倍少多少"模型

---

① 上海市中小学(幼儿园)课程改革委员会.九年义务教育数学教学参考资料(三年级第一学期)[M].上海:上海教育出版社,2017.

　　低年级文字问题主要是简单的一步计算,到三年级第二学期,与教材配套的教材参考资料提出:结合学生生活实际提出问题,初步掌握分析方法,用自己的语言口述数量关系,会解答两、三步计算的实际问题。[①] 学生在三年级第一学期已经遇到过带小括号的两步计算,知道小括号中的运算要优先。三年级第二学期"带小括号的四则运算"一课再一次让学生强化"小括号中的运算要优先"的意识,为解决实际问题打好基础。教材在此部分再一次引入线段图(图4-1-8),帮助学生理解题目中逐渐复杂的数量关系,多数学生能通过绘制简单的线段图厘清题目中的数量关系,并通过分步计算得出问题答案。

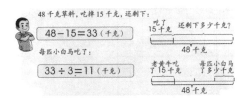

图4-1-8　两步计算文字问题中的线段图

　　同样,在"速度、时间、路程"一课中,教材通过引入线段图来帮助学生理解三者之间的关系(图4-1-9);在"分数的初步认识(一)"中,由于学生最初对于分数概念的认识建立在具体或心理上的操作,因此对于平均分的文字问题可以利用线段图求解(图4-1-10)。

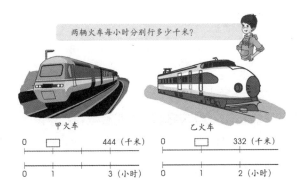

图4-1-9　"速度、时间、路程"一课中的线段图

────────────

　　① 上海市中小学(幼儿园)课程改革委员会.九年义务教育数学教学参考资料(三年级第二学期)[M].上海:上海教育出版社,2018.

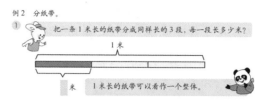

图 4-1-10 分数文字问题中的线段图

对于四年级第二学期"加法与减法的关系"中的部分—整体类文字问题,教材依旧借助线段图帮助学生加深理解,归纳出加减法的意义和关系。在这册教材中,有一个非常重要的数量关系,即工作效率、工作时间、工作量三者之间的关系,教材同样引入线段图这一学生已经熟悉的学习工具来帮助他们解决此类文字问题(图 4-1-11)。

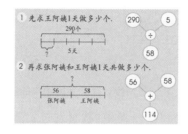

图 4-1-11 "工作效率、工作时间、工作量"问题中的线段图

四年级第二学期"解决问题(1)"中的乘除法类文字问题再次用到了线段图,即"几倍多多少"模型,且该章的知识与技能目标中提出,要求学生能够借助树状算图和线段图来分析复合应用题中的数量关系,培养有条理地思考问题的能力;"解决问题(2)"中对于"增加几倍"和"增加到几倍"的教学,也是借助线段图来帮助学生区别二者之间的不同。

五年级第一学期关于方程的学习仍离不开线段图,主要出现在"列方程解决问题(一)"部分。此阶段是学生第一次接触到方程,是代数初步知识的起点,也是他们第一次经历算术思维向代数思维的过渡。利用方程解决问题与学生先前的解题思路是不同的,学生在一至四年级的解决问题学习中已经养成了用算术方法解题的习惯,容易产生思维上的定势;同时,由于代数方法相对抽象的特点,使得他们在刚开始学习用列方程的方法解决问题时会有不习惯的感觉。教材中给出了与题目相关的线段图,这一简图在学生学习"方程"一课时已有涉及,能有效唤起学生对旧知的回忆,提醒他们可以通过列出相应的方程解决问题。五年级第二学期关于行程问题的学习中,线段图更是发挥着巨大的作用,在相遇问题和追及问题中,借助线段图分析问题中的等量关系,帮助学生提高用方程解决实际问题的能力。

　　通过对教材的分析可以得出：（1）使用线段图解决文字问题始终贯穿在小学阶段的学习中，其对小学生解决文字问题的作用值得我们重视；（2）对线段图的教学并没有形成一个规范的要求，只是作为教学的辅助工具加以运用；（3）到了五年级，学生对线段图的使用已经较为熟悉。

第二节
访谈任务的设计：文本、建构、程序符号的分析结构

本研究以学生利用模型表征并解决文字问题的三阶段理论框架为指导，具体包括文本阶段(text)、建构阶段(structure)、程序符号阶段(procedural-symbolic)。基于已有研究经验，本文将小学文字问题分为三类，即部分—整体类、比较类和乘除法类(表4-2-1)。在此基础上，以上海市 A 小学为例，主要探讨"学生在使用线段图解决文字问题过程中存在哪些困难"这一问题。

表4-2-1　题目类型与解题过程

题目类型	解题过程
部分—整体类	
比较类	文本阶段(探索和理解)→建构阶段(表征和阐述)→程序符号阶段
乘除法类	

一、研究目的

本研究从我国小学生使用线段图解决文字问题的现状出发，通过测验法对学生的解题现状进行分析，基于测试结果对部分五年级学生进行深入访谈，探讨小学阶段学生在解决文字问题中对线段图的应用情况、学生在使用线段图解决文字问题过程中存在的困难以及困难产生的原因，从而帮助学生在算术思维与代数思维之间建立纽带，为解决文字问题的教与学提供新的思路，也为提高学生问题解决能力寻求策略。

二、研究依据

金茨希(Kintsch)和格里诺(Greeno)提出了理解和解决算术文字问题的处理模型,水和克里将其拓展到了模型方法的使用中,总结出学生表征和解决文字问题的三阶段理论,如表4-2-2所示。

表4-2-2　三阶段理论具体内容

第一阶段: 文本阶段(T)	(1) 儿童阅读以文本形式呈现的信息,探索问题情境,观察问题,查找信息,发现限制条件或障碍; (2) 理解问题中所给的信息及与问题相关的概念。
第二阶段: 建构阶段(S)	在这个阶段,儿童将文本信息在模型结构中表征出来。儿童可以在文本和模型之间进行切换,以检查模型是否准确描述了文本信息,具体表现为: (1) 通过图表、符号或语言表征等来表征问题,并在相关图示中来回处理信息; (2) 基于问题中的相关因素和它们之间的相互关系组织信息。
第三阶段: 程序符号阶段(P)	儿童一旦构建了一个模型,他们就会使用这个模型来计划和开发一系列符合逻辑的等式,从而帮助问题的解决。同样,儿童会在文本和模型之间进行切换,通过检查模型来验证算式/方程的准确性。

在文本阶段,学生会进行多次阅读。在第一次阅读中了解问题背景;在随后的文本阅读中,信息将会被进一步处理,以确定什么是已知,什么是需要求出的结果。在表示了一组信息之后,学生将返回到文本,寻找要表示的下一组信息。

在建构阶段,重点是如何表示每个部分之间的关系。因此,在文本阶段和建构阶段之间的来回转化会持续多次,直到所有信息都被表征出来,其中的每一个矩形或一组矩形都变成了表示文本的图形块。模型绘制完成后,将进行建构阶段与程序符号阶段之间的转换。

程序符号阶段,学生会根据所画的模型图建立符合逻辑的算式/方程。为了确保算式/方程的正确性,学生会在模型图和算式/方程之间来回观察并修改。

无论模型方法是用来解决算术问题还是代数问题,学生都会经历问题解决的这三个阶段,其中顺序不固定。在一些情况下,学生可以先将文本信息转换为一组算术表达式,再构建模型;最为普遍的情况是学生先通过文本阅读建构模型,再将

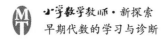
模型转换为算术表达式。

　　程序符号阶段的对象可以是算式,也可以是方程,后者主要取决于学生对方程的认知。如图 4-2-1,无论采取何种路线,第二阶段都能够提供学生是否理解问题的证据;同样,在第三阶段得出算术表达式可作为学生对模型理解了的证据。

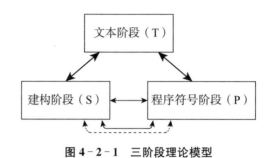

图 4-2-1　三阶段理论模型

三、研究对象

1. 选取的依据

　　通过对上海小学数学教材的分析和整理,选择五年级学生作为研究对象,主要是基于以下两方面的考量。

(1) 研究内容在教材中的呈现

　　上海版教材从一年级开始就编排了学习解决文字问题。小学数学教材中,部分—整体类文字问题从一年级就出现了,但由于一年级小学生的思维还处于具体形象思维阶段,此时并没有线段图的呈现,而是代之以更加具体形象的实物图,如图 4-2-2 所示。直到二年级第一学期"加与减"一课,教材才正式引入了线段图。

图 4-2-2　部分—整体类文字问题(一年级第一学期)

（2）代数对学生思维的挑战

进入五年级，学生第一次初步认识了方程，开始了真正意义上的代数学习。《上海市中小学数学课程标准（试行稿）》对于此单元"方程与代数"应用部分的学习内容提出以下要求：体会利用等量关系分析实际应用问题的优越性；初步掌握用方程描述等量关系的方法；学会利用等量关系解决两、三步简单的实际问题。[①]

小学生在使用代数符号来表示文字问题时会遇到各种各样的困难，因为代数思维对学生认知提出了更高的要求。从算术向代数的转化对学生来说是一大跨越，它把算术中以数为对象的运算扩大到了符号，从而扩大了数学的领域，产生了在更大范围内的应用。在绝大多数国家的中小学数学课程中，代数均处于核心地位，不仅是因为代数是数学的基础，还因为它是解决问题的一种工具，它提供了一种一般化的语言和结构去分析量之间的关系、建立关系以及证明。[②]研究表明，借助线段图这类直观图形能够为学生在算术思维和代数思维之间建立纽带。因此，在正式的代数学习之前，线段图的应用变得尤为重要。

本研究将研究对象选定为小学五年级学生，此阶段学生对文字问题的各类题型都较为熟练，不同位数的加减乘除运算也已掌握，即将进入列方程解决文字问题的学习阶段。因此，将五年级学生作为研究对象更符合本研究的目的。

2. 调查对象的基本信息

根据研究目的和对教材内容的分析，本研究选取上海市徐汇区 A 小学作为研究基地。A 小学五年级一共有四个班级，且班级之间整体水平差距不大，利用随机抽样的方法，四个班级各选 15 名学生，样本数量 60 人，分别记为 S1—S60。四个班级分别由两位均有二十年以上教学经验的数学教师任教，虽然两位教师的教学风格不尽相同，但沟通发现，他们都非常重视线段图在文字问题中的应用，且线段图在低年级阶段已经被学生所熟悉和运用。

---

① 上海市教育委员会.上海市中小学数学课程标准（试行稿）[S].上海：上海教育出版社，2004.

② 鲍建生，周超.数学学习的心理基础与过程[M].上海：上海教育出版社，2009.

四、研究方法

1. 测验法

测验的目的是通过客观测试,了解学生在解决文字问题中对线段图的实际使用情况。

(1) 测试题目的设计

根据前期文献整理和教材内容的安排,结合五年级学生学习文字问题的实际情况及 A 小学五年级教师的建议,设计了一套测试卷,主要包括三类文字问题:部分—整体类、比较类和乘除法类。试题共 8 道题目,其中 4 道来自新加坡关于文字问题的一项调查研究,其余 4 道来源于上海版教材和教辅试题。

(2) 测试题目的结构设计

比较类及部分—整体类问题对于五年级大部分学生来说均已非常熟悉,而乘除法类问题的挑战性相对较大,故乘除法类问题在测试题中占比更大,共有 4 道,包括倍数问题和分数问题。学生已经在二年级认识了"倍",在三年级第二学期学习了"分数的意义"及"平均分",又在四年级第一学期对"分数的大小比较"和"分数墙"进行了深入学习,因此考查内容都在五年级学生的认知范围内。

8 道题目的结构具体如表 4 - 2 - 3 所示。

表 4 - 2 - 3　测试题目的结构

题号	题目类型	考查知识点
a1	比较类	B 比 A 多,C 比 A 多,求总和(三个量之间)
a2	比较类	B 比 A 多,C 比 B 多,求总和(三个量之间)
b1	部分—整体类	已知整体,且 A 比 B 多,C 比 A 少,求 A
b2	部分—整体类	已知整体,且 A 比 B 多,C 比 B 少,求 A
c1	乘除法类	倍数问题——几倍还多多少
c2	乘除法类	倍数问题——年龄问题
c3	乘除法类	分数问题——对"分数墙"的理解
c4	乘除法类	分数问题——对分数意义的理解

（3）测试题目的分析结构

表 4-2-4　题目的具体分析与说明

阶段	问题类型	表现类型
文本阶段 T	比较类	表现类型 A1：学生在文本阶段会混淆题目中相关量之间的关系，导致解题错误。 表现类型 A2：学生在文本阶段会将题目中重要的信息遗漏，导致解题错误。
	部分—整体类	表现类型 B1：学生在文本阶段会改变题目中所提供的数据信息，导致解题错误。 表现类型 B2：学生在文本阶段处理"……比……少"的数量关系上存在障碍。
	乘除法类	表现类型 C1：学生在文本阶段找不到问题中所给关系句之间的联系，把每个关系句当作独立的一部分来观察和分析。 表现类型 C2：学生在文本阶段对"倍"的理解不深刻，会把其中的"1倍"也包含在两条线段之间的相差部分。 表现类型 C3：学生在文本阶段对分数意义的理解存在困难。
建构阶段 S	比较类	表现类型 A3：学生在文本阶段不存在困难，但在建构阶段会中途改变参照量。 表现类型 A4：学生在建构阶段所画线段图各部分与实际数量不成比例。
	部分—整体类	表现类型 B3：学生在建构阶段不合理地使用单条式线段图。 表现类型 B4：学生在建构阶段所画的线段图不完整，没有将题目中重要的信息完全体现在线段图中，在此主要是没有标注未知量或者所求量。
	乘除法类	表现类型 C4：学生在文本阶段不存在困难，但对"分数墙"在线段图中的运用难以理解。
程序符号阶段 P	比较类、部分—整体类、乘除法类	表现类型 C5：学生提供了正确的线段图和算式，但未记住问题所要求的目标。 表现类型 C6：学生所列出的算式由于运算顺序有误，或者是中途计算错误而导致解题失败。 表现类型 C7：学生从建构阶段到程序符号阶段存在转化困难。

2. 访谈法

（1）访谈内容

学生访谈内容主要包括两个部分：一是学生的基本信息，例如，姓名，解决文字题的水平，平时对线段图的应用情况等；二是测试中，学生在表征和解决文字问题

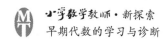

的各个阶段是如何思考的,以及在这个过程中存在的困难。整个访谈过程采用全程录音的方式,后期将其转化为文字记录。

（2）访谈问题的设计

访谈问题主要按照学生解题的思考步骤、已有作答及表现来设计,以第二人称进行提问,具体包括以下四个步骤。

第一步（What）:你从问题中得到了哪些信息（已知、未知及关系）?

第二步（How）:你是如何解决的? 你是如何思考的? 如果学生是用线段图的方法,追问:图中各线段代表什么? 各线段之间有什么关系?

第三步（What）:你需要先算出什么? 你是怎么想的?

第四步（How）:你是如何检查你的结果的?

3. 内容分析法

内容分析法是指对文献内容做客观而有系统的量化并加以描述的一种研究方法。本研究主要是对上海版一至五年级数学教材进行文本分析和整理,了解研究内容在教材中的呈现方式、地位和意义等,保证研究实施的可能性。

五、研究思路

首先,从上海市 A 小学五年级四个班中选取 60 名学生作为调查对象,综合各方面信息设计测试题。其次,对这 60 名学生使用线段图解决文字问题的能力进行测试,要求在 40 分钟内完成,测试完成后对学生作答情况进行分析、总结,并对部分学生进行访谈,了解其思考过程及使用线段图解决文字问题的困难所在,发现困难背后的原因。最后,分析和整理数据,从而得出结论。研究思路简要框架如图 4-2-3 所示。

图 4-2-3 研究思路

第三节
文本阅读是学生解文字题的基础

在文本阶段,学生会对文本内容进行多次阅读。对于学生是否正确理解文本,可以通过其在第二阶段——建构阶段的表现来分析,所画线段图和算式可以作为其是否理解问题的证据。对学生在文本阶段的表现及成因分析,由于题目类型的不同,表现也不尽相同。

下面从比较类文字问题、部分—整体类文字问题和乘除法类文字问题三种题型出发,进行分析。

一、比较类文字问题

【a1】新的一学期开始了,小朋友们都去小学报名入学了。经统计,同仁小学一共有新生 280 人,阳光小学比同仁小学多 89 人,卓越小学比同仁小学多 62 人。这三所小学一共有新生多少人?

【a2】新的一学期开始了,小朋友们都去小学报名入学了。经统计,同仁小学一共有新生 280 人,阳光小学比同仁小学多 62 人,卓越小学比阳光小学多 27 人。这三所小学一共有新生多少人?

a1 和 a2 主要考查学生是否能够通过之前所学的相关数学知识,解决三个量之间的比较问题。a1 解决结构形如"B 比 A 多,C 比 A 多,求总和"的文字问题,a2 解决结构形如"B 比 A 多,C 比 B 多,求总和"的文字问题。两题都是求三个量的总和,不同的是,a1 中 B 和 C 都是和 A 进行对比,而 a2 中是 B 和 A 比,C 和 B 比,各个比较量之间的关系不同。

比较类文字问题是学生正确率较高的题型,也是小学阶段的常见题型。a1、a2 在文本阶段的正确率分别为 93.3% 和 91.7%,且有 9 人在文本阶段出现困难。通过分析测试卷及对学生进行访谈,发现比较类文字问题中,学生在文本阶段存在的困难主要有两种表现,分别为表现类型 A1、表现类型 A2,9 名学生的表现情况如表 4-3-1 所示。

表 4-3-1　比较类文字问题存在困难学生及表现类型

学生	题目	
	a1	a2
S1	A2	
S2	A1	
S3		A2
S4	A2	
S5		A1
S6		A2
S7	A1	
S8		A1
S9		A1

1. 表现类型 A1

表现类型 A1 的学生在文本阶段会混淆题目中相关量之间的关系,从而导致解题错误。a1 中表现类型 A1 的学生有 2 人,分别是 S2 和 S7;a2 中表现类型 A1 的学生有 3 人,分别是 S5、S8 和 S9;两题表现类型 A1 的共 5 人。

这 5 名学生在文本阶段存在困难的具体陈述如表 4-3-2 所示。

表 4-3-2　表现类型 A1 学生的陈述

题目	学生	学生陈述
a1	S2	我把"阳光小学比同仁小学多 89 人"看成"同仁小学比阳光小学多 89 人"了,反了,因为好多题目第二句话的开头还是第一个已知数(指同仁小学),本来可以对的。
	S7	我经常分不清谁比谁多或少,有点混乱。
a2	S5	可能有点着急和紧张,看错了,如果检查一下就好了。
	S8	我把阳光小学看成是同仁小学了。
	S9	读题的时候没仔细看,做太快了,和第一道题有点混在一起了。

梳理得到 5 名学生在文本阶段存在困难的具体表现,如表 4-3-3 所示。

表 4-3-3　表现类型 A1 学生存在困难的具体表现

题目	学生	学生表现
a1	S2	题目 a1 中的数量关系是:阳光小学比同仁小学多 89 人。 S2 理解为:同仁小学比阳光小学多 89 人。
	S7	题目 a1 中的数量关系是:卓越小学比同仁小学多 62 人。 S7 理解为:卓越小学比阳光小学多 62 人。
a2	S5	题目 a2 中的数量关系是:阳光小学比同仁小学多 62 人。 S5 理解为:同仁小学比阳光小学多 62 人。
	S8	题目 a2 中的数量关系是:卓越小学比阳光小学多 27 人。 S8 理解为:卓越小学比同仁小学多 27 人。
	S9	同 S8。

从中可以发现,这几名学生都是混淆了各个量之间的关系,从而导致解题失败,图 4-3-1 为其中一名学生的线段图。随着年级的升高,文字问题不会仅限于两个量之间的简单比较,关系量会逐渐增多,且变得复杂。学生一旦混淆了量与量之间的关系,建构阶段和程序符号阶段的操作也将导致错误。

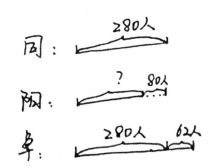

图 4-3-1　表现类型 A1 的学生所绘线段图

2. 表现类型 A2

表现类型 A2 的学生在文本阶段会将题目中重要的信息遗漏,从而导致解题错误。a1 中表现类型 A2 的学生有 2 人,分别是 S1 和 S4;a2 中表现类型 A2 的学生有 2 人,分别是 S3 和 S6;两题表现类型 A2 的共 4 人。这 4 名学生的陈述如表 4-3-4 所示。

表 4-3-4　表现类型 A2 学生的陈述

题目	学生	学生陈述
a1	S1	我读题的时候没有看到问句,以为题目要算同仁小学、阳光小学和卓越小学每个小学的新生人数,所以错了,再加起来就好了。
	S4	做的时候,没有看到问句中的"一共"就开始算了。
a2	S3	我太着急了,没有把题目读完就去画图了。
	S6	刚才做的时候,好像没有读到最后一句就开始算了,所以算错了。题目要我们求出一共有多少人,我算的是题中最后一个出现的卓越小学的新生人数。

这 4 名学生在文本阶段存在困难的具体表现如表 4-3-5 所示。

表 4-3-5　表现类型 A2 学生存在困难的具体表现

题目	学生	学生表现
a1	S1	题目问句是:这三所小学一共有新生多少人? S1 算出的是:同仁小学、阳光小学和卓越小学每个小学的新生人数。
	S4	题目问句是:这三所小学一共有新生多少人? S4 算出的是:题目中最后一个出现的卓越小学的新生人数。
a2	S3	题目问句是:这三所小学一共有新生多少人? S3 算出的是:卓越小学的新生人数。
	S6	题目问句是:这三所小学一共有新生多少人? S6 算出的是:三所小学分别有的新生人数。

　　分析以上 4 名学生的表现,发现他们遗漏信息后所画的线段图是类似的,都缺少了文本内容中所要求的量,如图 4-3-2 所示。A 小学 2 名五年级教师都表示,在文字问题的教学中,一直在强调问句的标注,一般是划出或圈出所要求解的量。

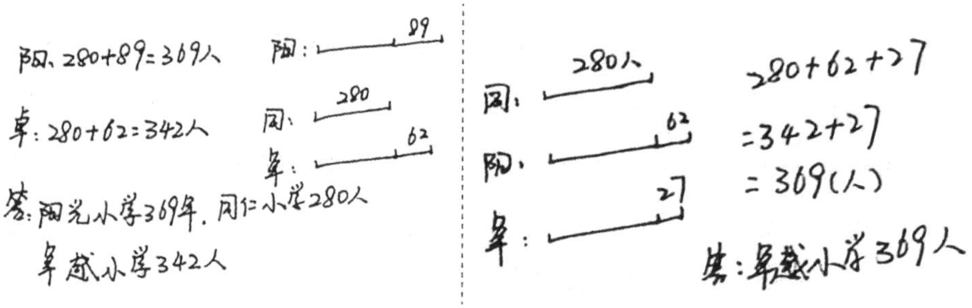

图 4-3-2　表现类型 A2 学生的解答过程

表现类型 A2 属于典型的答非所问,算出来的结果和题目所要求的量不同,且访谈中,几名学生都表示做完之后并没有对解题过程进行检查。

文字问题以文本的形式呈现,学生要观察并分析问题,检索重要信息,明确已知与未知。文本阅读是解决问题的第一步,一旦遗漏题目中的信息,后续解题就会出现错误。

二、部分—整体类文字问题

【b1】第二年的新生入学又开始了,已知同仁小学比阳光小学新生人数多 150 人,卓越小学比同仁小学少 130 人,这三所学校一共有新生 410 人。同仁小学有新生多少人?

【b2】第二年的新生入学又开始了,已知同仁小学比阳光小学新生人数多 150 人,卓越小学比阳光小学少 130 人,这三所学校一共有新生 410 人。同仁小学有新生多少人?

b1 和 b2 主要考查学生能否解决"已知整体,且 A 比 B 多,C 比 A 少,求 A"和"已知整体,且 A 比 B 多,C 比 B 少,求 A"这两类问题,主要通过加减法来计算。其中,"……比……少"的结构在二年级就开始系统学习了,与本研究测试题目不同的是,二年级的文字问题中只包含两个量之间的比较,b1 和 b2 中都是对三个量的比较。

与 b1 相比,b2 的难度更大,且对学生理解题目的能力要求也更高。在文本阶段,b1、b2 的正确率分别为 93.3% 和 86.7%,且有 10 名学生存在困难。通过对这 10 名学生进行访谈,发现主要有两种表现,分别为表现类型 B1、表现类型 B2,具体见表 4-3-6。

表 4-3-6　部分—整体类文字问题存在困难学生及表现类型

学生	题目	
	b1	b2
S3		B2
S4	B1	B2
S6		B2

（续表）

学生	题目	
	b1	b2
S10		B1
S11	B1	
S12	B2	B2
S13		B2
S14		B2
S15		B2
S16	B1	

1. 表现类型 B1

表现类型 B1 的学生在文本阶段会改变题目中所提供的数据信息，从而导致解题错误。通过分析在 b1 和 b2 中解答有误的学生的测试卷，并对其进行访谈，发现他们在文本阶段检索信息时会出现看错数据的现象。b1 中表现类型 B1 的学生有 3 人，分别为 S4、S11 和 S16；b2 中表现类型 B1 的学生有 1 人，是 S10。两道题表现类型 B1 的学生一共有 4 人，这 4 名学生的具体陈述如表 4-3-7 所示。

表 4-3-7　表现类型 B1 学生的陈述

题目	学生	学生陈述
b1	S4	读题的时候把"130"看成了"30"，也没有检查。在线段图上和算式里都写成了 30，后面就都错了。
	S11	看错了，同仁小学比阳光小学多 150 人，我看成是 50 人，做完也没有返回去检查。
	S16	主要是因为没检查，不然不会错的，我以为题目之间是相互联系的。
b2	S10	想不起来了，当时就把整体看成了 430。（题目中是 410）

这 4 名学生在文本阶段存在困难的具体表现如表 4-3-8 所示。

表 4-3-8　表现类型 B1 学生存在困难的具体表现

题目	学生	学生表现
	S4	题目表述是:卓越小学比同仁小学少 130 人。 S4 在解题过程中把"130 人"改变为"30 人"。
b1	S11	题目表述是:同仁小学比阳光小学新生人数多 150 人。 S11 在解题过程中把"150 人"改变为"50 人"。
	S16	题目表述是:这三所学校一共有新生 410 人。 S16 在解题过程中把"410 人"改变为 a1 中算出的结果"991 人"。
b2	S10	题目表述是:这三所学校一共有新生 410 人。 S10 在解题过程中把"410 人"改变为"430 人"。

通过观察及分析可以发现,这 4 名学生都是把题目中所给的数据改变了,图 4-3-3 为其中一名学生的解题过程。2 名教师都说道,这种现象在平时很常见,学生能够正确理解题目中的数量关系,并且列出符合题意的算式,但由于改变了题目中所给的数据,从而导致错误;且多数学生做完以后没有检查的习惯,也没有养成良好的审题习惯。

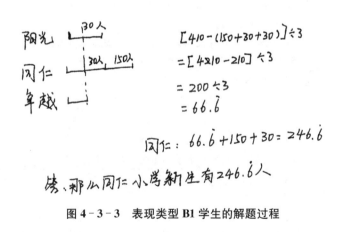

图 4-3-3　表现类型 B1 学生的解题过程

2. 表现类型 B2

表现类型 B2 的学生在文本阶段处理"……比……少"的数量关系上存在困难。b1 中表现类型 B2 的学生有 1 人,为 S12;b2 中表现类型 B2 的学生一共有 7 人,分别为 S3、S4、S6、S12、S13、S14 和 S15,其中 S12 在 b1 和 b2 中都出现了这一表现类型。这 7 名学生的具体陈述如表 4-3-9 所示。

表 4‐3‐9　表现类型 B2 学生的陈述

题目	学生	学生陈述
b1	S12	题目中说的是卓越小学比同仁小学少 130 人,我算的时候反过来了。"……比……多"的这种问题我会做,"……比……少"的我经常弄反。
b2	S3	我一开始在线段图上想画的是"阳光小学比同仁小学少 150 人"的长度,但画反了。平时一遇到"……比……少"的题就做错,其他题目不会错。
	S4	应该是卓越小学比阳光小学少 130 人,刚做的时候脑子没转过弯,想成了阳光小学比卓越小学少 130 人。
	S6	之前没学好,一直没弄清楚这种关系。
	S12	说不上原因,老师问的时候都能讲清楚,就是做题的时候会写错。
	S13	觉得"……比……少"有点绕,但不难。
	S14	慢点做就不会错,快了就错了。
	S15	做的时候不知道怎么就错了,现在看是会的。

这 7 名学生在文本阶段存在困难的具体表现如表 4‐3‐10 所示。

表 4‐3‐10　表现类型 B2 存在困难的具体表现

题目	学生	学生表现
b1	S12	题目表述是:卓越小学比同仁小学少 130 人。 S12 将其理解为:同仁小学比卓越小学少 130 人。
b2	S3	题目表述是:同仁小学比阳光小学新生人数多 150 人。 S3 将题意理解为:阳光小学比同仁小学多 150 人。
	S4	题目表述是:卓越小学比阳光小学少 130 人。 S4 将题意理解为:卓越小学比阳光小学多 130 人。
	S6	同 S4。
	S12	题目表述是:同仁小学比阳光小学新生人数多 150 人。 S12 将题意理解为:同仁小学比阳光小学少 150 人。
	S13	题目表述是:同仁小学比阳光小学新生人数多 150 人,卓越小学比阳光小学少 130 人。 S13 将同仁小学和阳光小学先进行了对比,之后在对卓越小学和阳光小学的对比过程中,改变了阳光小学在第一次比较中所得到的数量。
	S14	同 S4。
	S15	同 S4。

S12 在部分—整体类文字问题的两道题目都出现了表现类型 B2,对"……比……少"数量关系的处理上存在困难。b2 中表现类型 B2 的 7 名学生,其中 4 人在测试中出现的错误都是相同的;有 3 人表示是粗心而做错的,在教师进行重新提问

后,能解决与 b2 同类的问题;其余 4 人均可以正确解决"……比……多"的问题,他们表示对"……比……少"也能理解,但在解题过程中经常把两个量之间的关系颠倒或出现其他错误。

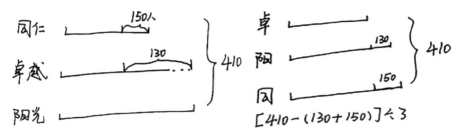

图 4 - 3 - 4　表现类型 B2 学生的解题过程

图 4 - 3 - 4 左是 S12 解决 b2 时在试卷上呈现的线段图,图中同仁小学和阳光小学之间的关系完全与题目不符,题目中同仁小学的人数是最多的,而图中阳光小学的人数却变成最多的。图 4 - 3 - 4 右呈现的是 S13 所画的线段图。

三、乘除法类文字问题

【c1】新生入学报到结束了,已知同仁小学的新生人数比阳光小学多 26 人,且同仁小学新生人数比阳光小学的 3 倍还多 2 人。同仁小学和阳光小学的新生各有多少人?(倍数问题——几倍还多多少)

【c2】罗先生现在的年龄比他的儿子小马大 45 岁。6 年后,小马的年龄是罗先生的 $\frac{1}{4}$。小马现在的年龄是多少岁?(倍数问题——年龄问题)

【c3】一桶 171 mL 的水被分别装入 A,B、C3 个容器中。B 容器中水的量是 A 容器的 3 倍,C 容器中水的量是 B 容器的 $\frac{1}{4}$。B 容器中水的量是多少?(分数问题——对"分数墙"的理解)

【c4】林阿姨去超市买了一袋猫粮饼干。第一周,猫吃掉了半袋饼干后,又吃了剩下饼干中的 3 块。第二周,猫又吃掉了第一周所剩饼干的一半,外加 3 块饼干。第三周,猫又吃掉了第二周所剩饼干的一半,外加 3 块饼干。最后,还剩下 1 块饼干。这袋饼干原来一共有多少块?(分数问题——对分数意义的理解)

c1 和 c2 主要考查学生对两个量之间倍数关系的理解和掌握。对于"倍"的学习,在二年级第一学期就出现了,但在低年级文字问题中,问题情境相对比较简单,常为一步计算。随着学生认知结构的不断完善,问题情境也会随之变得复杂,常出现两个关系句都在说明同一个量的情况。c1 主要是倍数问题中常见的"几倍还多多少"的结构,其中"多 26 人"和"3 倍还多 2 人"是同一个比较部分。c1 在这 4 道题目中难度相对较低,文本阶段的正确率为 91.7%,有 5 人存在困难。c2 的题干中虽然没有出现"倍"的字眼,但在做题过程中可以将"小马的年龄是罗先生的 $\frac{1}{4}$"理解为"罗先生的年龄是小马的 4 倍",在算术文字问题中,这更有利于学生对数量关系的操作和理解。c2 在文本阶段的正确率为 90%,有 6 人存在困难。

c3 包含三个量,有 A、B、C 共 3 个容器,问题中有两个关系句,比 c1 中的关系更为复杂。除了"3 倍"还有"$\frac{1}{4}$",画图时需要学生对线段进行平均分,利用对"分数墙"的理解和认识进行计算。此题在文本阶段的正确率为 88.3%,有 7 人存在困难。

c4 属于思维训练类文字问题,需要学生运用逆向思维来推导。题中只有"一半""3 块"和"1 块"三个表示数量的词语,饼干经过三周后只剩下 1 块,要求饼干原来的数量。此题在文本阶段的正确率为 91.7%,有 5 人存在困难。

通过分析学生试卷及访谈,发现乘除法类文字问题中,学生在文本阶段存在的困难主要有三种表现,分别为表现类型 C1、表现类型 C2、表现类型 C3,具体见表 4 - 3 - 11。

表 4 - 3 - 11 乘除法类文字问题存在困难学生及表现类型

学生	题目			
	c1	c2	c3	c4
S3	C2	C1	C1	
S4	C1/C2	C1	C1	
S5	C2			
S6	C2	C1	C1	C3
S11			C1	C3
S17		C1		
S18	C2			C3
S19		C1		
S20			C1	
S21		C1		
S22			C1	C3
S23			C1	C3

1. 表现类型 C1

表现类型 C1 的学生在文本阶段找不到问题中所给关系句之间的联系,把每个关系句当作独立的一部分来观察并分析。c1 中表现类型 C1 的学生有 1 人,为 S4；c2 中表现类型 C1 的学生有 6 人,分别为 S3、S4、S6、S17、S19 和 S21；c3 中表现类型 C1 的学生有 7 人,分别为 S3、S4、S6、S11、S20、S22 和 S23；c4 中没有表现类型 C1 的学生;4 道题表现类型 C1 的学生一共有 10 人。这 10 名学生的具体陈述如表 4-3-12 所示。

表 4-3-12　表现类型 C1 学生的陈述

题目	学生	学生陈述
c1	S4	题中"同仁小学的新生人数比阳光小学多 26 人,且同仁小学新生人数比阳光小学的 3 倍还多 2 人"这两句话,我找不到它们之间存在什么关系。
c2	S3	题目能读懂,但是就是不知道它们之间有什么关系。
	S4	没想到"6 年后"和"小马的年龄是罗先生的 $\frac{1}{4}$"之间有什么联系。
	S6	做的时候没想到"45 岁""6 年后"和"$\frac{1}{4}$"之间有什么联系,不知道如何列式。
	S17	6 年以后,罗先生应该还是比他儿子大 45 岁,做题的时候没想到这个条件。
	S19	想不出每句话之间的关系,但每个句子我都是懂的。
	S21	感觉很难,找不到联系,不会列式。
c3	S3	这道题目有点难,平时做得不多,我找不到数量关系。
	S4	题目里虽然说了 3 个容器中两两之间的关系,但没法计算。
	S6	题目能读懂,但是实在想不出来 3 个容器之间该如何联系。
	S11	"3 倍"和"$\frac{1}{4}$"之间的关系我不知道是什么。
	S20	这个"3 倍"和"$\frac{1}{4}$"之间我觉得没关系。
	S22	题目能读懂,但就是找不到 3 个容器之间共同的联系。
	S23	题目太难了,不知道题目里给的数字该怎么算。

这 10 名学生在文本阶段存在困难的具体表现如表 4-3-13 所示。

表 4-3-13　表现类型 C1 学生存在困难的具体表现

题目	学生	学生表现
c1	S4	S4 画出的线段图是错误的,没有找到"26 人"和"3 倍还多 2 人"之间的联系。
c2	S3	S3 未画出正确的线段图,也未列出算式。
	S4	S4 未画出线段图,列出的算式也不正确。
	S6	S6 未画出线段图,列出的算式也不正确。
	S17	S17 所画线段图中的数量关系是正确的,但由于没有意识到 6 年以后,罗先生还是比他儿子大 45 岁,所以未能列出算式。
	S19	S19 未画出线段图,也未列出算式。
	S21	S21 未画出正确的线段图,列出的算式也是错误的。
c3	S3	S3 画出的线段图不正确,所列的算式也是错误的。
	S4	S6 未画出线段图,尝试列出的算式也是错误的。
	S6	S6 未画出线段图,所列算式也是错误的。
	S11	S3 画出的线段图不正确,没有列出算式。
	S20	S20 画的线段图是正确的,但由于没有发现 3 个容器之间的关系,未列出算式。
	S22	S22 未画出线段图,也未列出算式。
	S23	S23 画出的线段图不符合题目中的数量关系,未列出算式。

通过总结以上学生表现可以发现,学生的困难主要是由于没有理解题目中的关键联系,只能对题干中每个句子进行单独分析,主要反映在 c2 中。题中各个关系句之间的理解对于解决问题至关重要,如果没有厘清彼此之间的数量关系,就会对学生造成困难。图 4-3-5 为其中一名学生的解题过程。

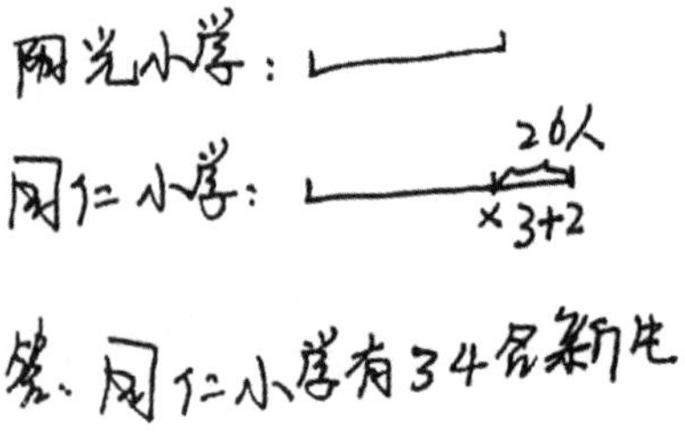

图 4-3-5　表现类型 C1 学生的解题过程

2. 表现类型 C2

表现类型 C2 的学生在文本阶段对"倍"的理解不深刻,会把其中的"1 倍"也包含在两条线段之间的相差部分。c1 中表现类型 C2 的学生有 5 人,分别为 S3、S4、S5、S6 和 S18;c2、c3 和 c4 中没有表现类型 C2 的学生。因此,表现类型 C2 的学生一共有 5 人,这 5 名学生的具体陈述如表 4-3-14 所示。

表 4-3-14　表现类型 C2 学生的陈述

题目	学生	学生陈述
c1	S3	没搞清楚题目中"3 倍还多 2 人"和"26"之间的关系。
	S4	这种文字问题我经常想错,今天又多考虑了 1 倍(指"3 倍"和"26 人"之间的倍数关系),我好像一直没有太明白这种题目该怎么做。
	S5	题目中的"3 倍还多 2 人"和"26 人"指的不是同一条线段,"2 倍还多 2 人"才等于"26 人",我没有减 1。
	S6	没理解,简单的有倍数的题我会做,这个有点难。
	S18	算的时候应该用 3-1=2,算式应该是(26-2)÷2=12,现在我会做了。其实我一开始想的是对的,后来改错了。我会想到要减去其中一部分,但有时不是很确定。

这 5 名学生在文本阶段存在困难的具体表现如表 4-3-15 所示。

表 4-3-15　表现类型 C2 学生存在困难的具体表现

题目	学生	学生表现
c1	S3	S3 将"3 倍还多 2 人"和"26"之间的不等关系理解为等量关系。算式列为(26-2)÷3=8。
	S4	同 S3。
	S5	同 S3。
	S6	同 S3。
	S18	同 S3。

表现类型 C2 的 5 名学生在 c1 中的错误原因都是一样的。题目中的"3 倍还多 2 人"与"26 人"并不是直接的等量关系,学生必须发现"26 人"相当于"2 倍还多 2 人"。图 4-3-6 是其中 2 名学生的解题过程。

由图可知,2 名学生对题目中"3 倍"所代表的数量都进行了错误的解读,都是用 24 来除以 3,把 24 当成 3 个相等部分的总和。在学习"倍"时,学生应该明确"A 是 B 的 3 倍"中,将 A 的数量分为 3 等份,其中的 1 份与 B 是相等的。如果学生没

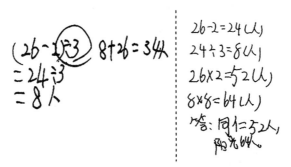

图4-3-6 表现类型C2学生的解题过程

有深刻意识到这一点,解决此类文字问题时就容易出错。

3. 表现类型C3

表现类型C3的学生在文本阶段对分数意义的理解存在困难。例如,学生会把"B 是 A 的一半"中的 B 表示为 $\frac{1}{2}$,并将其当作 B 的实际数量或大小。又如,学生会忽略题目中的其他限定条件,用几分之几表示所有数量。表现类型C3主要体现在 c4 中,分别为 S6、S11、S18、S22 和 S23 这 5 名学生,具体陈述如表 4-3-16 所示。

表4-3-16 表现类型C3学生的陈述

题目	学生	学生陈述
c4	S6	我把一半理解为 $\frac{1}{2}$ 了,用它直接和剩下的饼干进行计算。我好像理解错了,$\frac{1}{2}$ 其实不是饼干的数量。
	S11	当时没想到该怎么做,所以就用这个方式试了一下。
	S18	我想起来了,是我弄错了。$\frac{1}{2}$、$\frac{1}{4}$ 表示的是所有饼干的几分之几,并不是饼干的实际数量。
	S22	我以为能直接用 $\frac{1}{2}$ 进行加法计算,因为它指的是所有饼干数量的一半。
	S23	测试结束后我就知道我做错了,因为我写的这些分数不是实际数量,它代表的是这袋饼干的几分之几,不能和其他数字进行加法计算。

这 5 名学生在文本阶段存在困难的具体表现如表 4-3-17 所示。

表4-3-17　表现类型C3学生存在困难的具体表现

题目	学生	学生表现
	S6	S6将$\frac{1}{2}$与3直接进行了相加。
c4	S11	S11将猫第一周吃掉的部分理解为$\frac{1}{2}$，第二周吃掉的部分理解为$\frac{1}{4}$，第三周吃掉的部分理解为$\frac{1}{8}$，忽略了每周吃掉的另外3块饼干。
	S18	同S11。
	S22	S22认为分数在文字问题中也可以直接与实际数量进行加减。
	S23	S23将$\frac{1}{2}$、$\frac{1}{4}$和$\frac{1}{8}$直接相加。

　　学生在三年级第一学期初步认识了分数概念，所选题目均在其认知范围内。以上5名学生出现错误的原因都是由于对分数意义理解有误。第一，某个量的一半可以用$\frac{1}{2}$表示，但并不代表一半的数量就是$\frac{1}{2}$。c4中，表示数量的信息只有"一半""1"和"3"，学生在文本阶段将分数单位与实际数量理解成可以直接相加的关系，如图4-3-7所示。第二，学生错误地用$\frac{1}{4}$和$\frac{1}{8}$表示剩下饼干的一半，忽略了剩余饼干数量的一半和初始饼干数量的一半并不是同一个单位1。

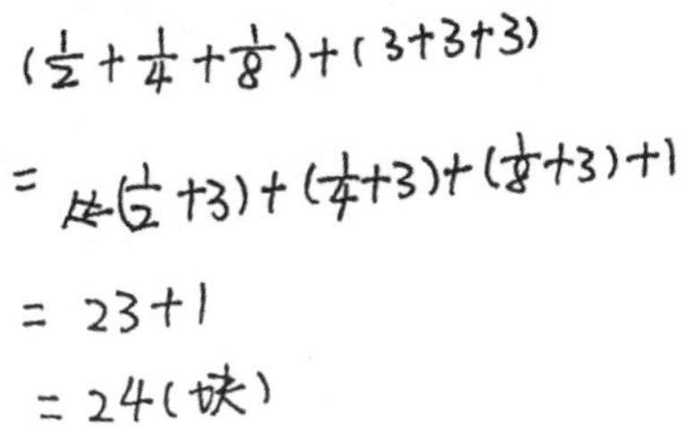

$$\left(\frac{1}{2}+\frac{1}{4}+\frac{1}{8}\right)+(3+3+3)$$
$$=\left(\frac{1}{2}+3\right)+\left(\frac{1}{4}+3\right)+\left(\frac{1}{8}+3\right)+1$$
$$=23+1$$
$$=24(块)$$

图4-3-7　表现类型C3学生的解题过程

第四节
线段图表示问题与条件之间的关系

在建构阶段，重点是如何表示线段图每个部分之间的关系。文本阶段和建构阶段之间的来回转化会持续多次，直到学生将所有信息都表征出来，且每一个线段图或一组线段图都变成了表示文本内容的图形块。下面分别对比较类文字问题、部分—整体类文字问题和乘除法类文字问题进行分析。

一、比较类文字问题

a1 和 a2 在建构阶段的正确率分别为 90％和 85％，其中在 a1 中存在困难的学生有 6 人，在 a2 中存在困难的学生有 9 人，共 15 人。通过分析试卷以及对学生进行访谈，发现学生对 a1、a2 在建构阶段存在的困难主要有两种表现，分别为表现类型 A3、表现类型 A4，如表 4－4－1 所示。

表 4－4－1　比较类文字问题存在困难学生及表现类型

学生	题目	
	a1	a2
S3	A3	
S4		A3
S6	A3	
S12		A4
S13	A3	
S14	A3	
S15		A3
S22	A3	
S24		A4

（续表）

学生	题目	
	a1	a2
S25		A4
S26		A4
S27		A4
S28	A3	
S29		A4
S30		A4

1. 表现类型 A3

表现类型 A3 的学生会在建构阶段的中途改变参照量,所画线段图没有将在文本阶段获取的数量关系正确表示出来。例如,题目中表述为"B 比 A 多,C 比 A 多",但表现类型 A3 的学生在画图过程中可能画成"C 比 B 多"。a1、a2 这种"……比……多(或少)"的比较类问题,对于五年级学生来说并不难,但仍有 8 名学生由于在建构阶段中途改变了参照量而导致解题失败,分别是 S3、S4、S6、S13、S14、S15、S22、S28。

学生在访谈中的具体陈述如表 4-4-2 所示。

表 4-4-2　表现类型 A3 学生的陈述

题目	学生	学生陈述
a1	S3	做题的时候,脑海中想的是"卓越小学比同仁小学多 62 人",我也不知道为什么画图时就画错了,把参照量变成了阳光小学,所以错了。
	S6	我应该是把阳光小学当成同仁小学了,比较关系弄反了。
	S13	"卓越小学比同仁小学多 62 人",而我在画卓越小学的线段时表示成了比阳光小学多 62 人,没好好读题,画出来以后也没有返回去检查。
	S14	太不细心了,没检查,这种题目不应该画错的。
	S22	我也不知道为什么做题时会读错,把"比同仁小学"读成了"比阳光小学"。
	S28	画线段图时,我先画同仁小学,接着画阳光小学,最后画卓越小学,而卓越小学是以阳光小学为参照物画的,画多了,就错了。
a2	S4	我把"卓越小学比阳光小学"看成了"卓越小学比同仁小学",因为第一道题目中的关系是这样的,我以为第二道也一样。
	S15	我也不知道自己是怎么想的,比较关系弄错了。

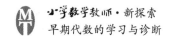

这 8 名学生在建构阶段存在困难的具体表现如表 4-4-3 所示。

表 4-4-3　表现类型 A3 学生存在困难的具体表现

题目	学生	学生表现
a1	S3	题目表述是:卓越小学比同仁小学多 62 人。 S3 在建构过程中将其表示为:卓越小学比阳光小学多 62 人。
	S6	同 S3。
	S13	同 S3。
	S14	同 S3。
	S22	同 S3。
	S28	同 S3。
a2	S4	题目表述是:卓越小学比阳光小学多 27 人。 S4 在建构过程中将其表示为:卓越小学比同仁小学多 27 人。
	S15	同 S4。

从上表可以看出,a1 中,6 名学生在建构阶段出现的错误是相同的;a2 中的 2 名学生也均是将阳光小学换成了同仁小学。

a1 中的参照量是同仁小学,表示阳光小学的线段要在同仁小学的基础上多出一段表示"89 人"的线段,表示卓越小学的线段要在同仁小学的基础上多出一段表示"62 人"的线段,6 名学生都在画图的过程中改变了参照量。a2 与 a1 相比,除了数据发生了变化,数量关系也与 a1 不同,2 名学生同样是改变了参照量,导致建构错误。图 4-4-1 为其中一名学生对 a1 的解答。

$$
\begin{aligned}
& 280+280+89 && 649+(280+89+62) \\
& =560+89 && =649+369+62 \\
& =649(人) && =1018+62 \\
& && =1080(人)
\end{aligned}
$$

图 4-4-1　表现类型 A3 学生的解题过程

2. 表现类型 A4

表现类型 A4 的学生在文本阶段不存在困难,但在建构阶段,所画线段图各部分与实际数量不成比例,所画线段图没有将在文本阶段获取的数量关系准确表示出来。表现类型 A4 的学生有 7 人,分别为 S12、S24、S25、S26、S27、S29、S30,且均反映在 a2 中。学生具体陈述如表 4-4-4 所示。

表 4-4-4　表现类型 A4 学生的陈述

题目	学生	学生陈述
a2	S12	所画线段具体长度我们是不知道的,只能画个大概。280 和 62 是两个不相等的量,应该用两个长度不同的线段表示,但我平时自己都是这么画的,线段图对我来说帮助不大。
	S24	平时就自己在草稿纸上画线段图,没怎么注意长短问题。
	S25	我觉得画出来自己能理解就好了,长度不标准也没事的。
	S26	没怎么注意长短问题,就大致画的,但好像确实画得有点奇怪了。
	S27	主要把题目中的数量关系表示出来就行,就算不标准,一般算式也不会错的。
	S29	没注意长短问题,老师好像也有提到过。
	S30	我画的确实不成比例,表示"62 人"的线段和表示"89 人"的线段都一样长了。这样画图,在简单的题目里我很容易理解,有时候在难一点题目里画图就感觉很乱,看不懂自己画的图。

这 7 名学生在建构阶段存在困难的具体表现如表 4-4-5 所示。

表 4-4-5　表现类型 A4 学生存在困难的具体表现

题目	学生	学生表现
a2	S12	题目表述:同仁小学一共有新生 280 人,阳光小学比同仁小学多 62 人。S12 在建构过程中,将表示"280 人"的线段和"多 62 人"的线段画成几乎一样的长度。
	S24	题目表述:阳光小学比同仁小学多 62 人,卓越小学比阳光小学多 27 人。S24 在建构过程中,将表示"多 62 人"的线段和"多 27 人"的线段画得基本一样长。
	S25	同 S24。
	S26	同 S12。
	S27	题目表述:同仁小学一共有新生 280 人,卓越小学比阳光小学多 27 人。S27 在建构过程中,将表示"280 人"的线段和"多 27 人"的线段画成几乎一样的长度。
	S29	同 S24。
	S30	同 S24。

在线段图中,不同长度的线段可以表示出一个量比另一个量大或小,数量之间的差异可以用不同长度的线段来区分。借助线段图解决文字问题,目的是让题目中相关量之间的关系可视化;规范的图示可以帮助学生理解数量关系,使各部分之

间的关系更加明了、直观。如果所画线段图不成比例,对于部分学生来说,不仅没有起到帮助作用,反而成为多余的一步,尤其是低年级学生。图4-4-2是其中2名学生的解题过程。

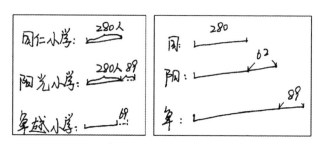

图4-4-2 表现类型A4学生的解题过程

这7名学生虽然知道运用线段图来解决问题,但并没有养成规范画图的意识。其中,4名学生在本次测试中的表现也较为一般,教师也表示他们平时在解决文字问题中错误较多。部分学生在访谈中表示,这种随意画线段长度的做法不利于解决复杂的问题,会使数量关系变得不清晰,也就失去了线段图本身的价值。

二、部分—整体类文字问题

b1和b2在建构阶段的正确率均为75%。调查发现,学生存在的困难主要有四种表现,包括表现类型A3和表现类型A4,另外两种表现分别为表现类型B3、表现类型B4。b1中存在困难的学生有15人,其中表现类型A3的有2人,表现类型A4的有3人,表现类型B3的有6人,表现类型B4的有4人;b2中存在困难的学生有15人,其中表现类型A3的有6人,表现类型A4的有2人,表现类型B3的有2人,表现类型B4的有5人。对于前文介绍过的表现类型A3和表现类型A4,此处不再作说明,只说明表现类型B3和表现类型B4,如表4-4-6所示。

表4-4-6 部分—整体类文字问题存在困难学生及表现类型

学生	题目	
	b1	b2
S1	B3	
S4	B4	B3
S5		B4
S8	B4	

（续表）

学生	题目	
	b1	b2
S9	B3	
S14	B4	B4
S22	B4	
S28	B3	B3
S31		B4
S32	B3	
S33		B4
S34	B3	
S35		B4
S36	B3	

1. 表现类型 B3

表现类型 B3 的学生在建构阶段会不合理地使用单条式线段图,即学生选择的线段图呈现方式不合理。b1 中表现类型 B3 的学生有 6 名,分别是 S1、S9、S28、S32、S34、S36;b2 中表现类型 B3 的学生有 2 名,分别是 S4 和 S28。

b1 和 b2 中的关系量都是三个,复式线段图更有利于学生理解问题,在此类题目中使用单条式线段图反而会阻碍学生对数量关系的观察。调查表明,部分学生在选择线段图呈现方式来解决文字问题方面存在困难。学生陈述如表 4-4-7 所示。

表 4-4-7 表现类型 B3 学生的陈述

题目	学生	学生陈述
b1	S1	我一直觉得这两种画法都可以,而且这种画起来比较简单,画一条线段就可以了。不过我画出图后,发现图看着有点乱,所以后来没有看图计算,是直接列式计算的。
	S9	偶尔会画这种单条的线段图,都可以吧,不过看图来列算式的话有点看不懂。
	S28	一条的好像没有三条的清晰,没有想到这个。
	S32	习惯了这样画,这样省事。
	S34	平时不怎么会用到线段图,就随便画了一下,我不需要看图就能列出算式。
	S36	我觉得这样画更简单。

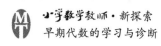

（续表）

题目	学生	学生陈述
b2	S4	这个题有点难,不太会做,所以不知道该怎么画。
	S28	没有想到,好久没画线段图了,有点忘了。

这 7 名学生在建构阶段存在困难的具体表现如表 4-4-8 所示。

表 4-4-8　表现类型 B3 学生存在困难的具体表现

题目	学生	学生表现
b1	S1	
	S9	
	S28	
	S32	
	S34	
	S36	
b2	S4	
	S28	

线段图的多种呈现方式中蕴含着丰富的数学信息,其中的数量关系有的是包含和被包含的关系,有的是并列关系,有的是两种关系并存,因此需要根据具体题意和相应的数量关系来选择合适的线段图呈现方式。对于 b1 和 b2,复式线段图明显更有利于学生对题目中数量关系的观察和理解。其中,使用单条式线段图来解决文字问题的 2 名学生在访谈中均表示,所画的这幅图没有帮助到自己,反而使问题变得更复杂。

单条式线段图在上海版小学数学教材中出现在低年级,随着学生年级的升高及知识的深化,文字问题的难度也在不断提高,经常包括两个以上的数量关系,教材中呈现的单条式线段图也逐渐变为复式线段图。

通过表现类型 B3,可以了解到少数学生对何时使用单条式线段图,何时使用复式线段图无法作出选择,且学生思维中对两者的区别及各自的作用和优势也不是非常清晰,以至于会单纯地认为画单条式线段图更简单。

2. 表现类型 B4

表现类型 B4 的学生在建构阶段所画的线段图不完整,没有将题目中重要的信息完全体现在线段图中,主要是没有标注已知量或所求量。b1 中表现类型 B4 的学生有 4 名,分别是 S4、S8、S14、S22;b2 中表现类型 B4 的学生有 5 名,分别是 S5、S14、S31、S33、S35。

学生在访谈中的陈述如表 4-4-9 所示。

表 4-4-9　表现类型 B4 学生的陈述

题目	学生	学生陈述
b1	S4	没有注意到,本身知道要标问号的,忘了写了。
	S8	平时自己画线段图做题时,一般都不画全,因为不用画在卷子上也行。
	S14	列式的时候我心里知道要算的是哪一个,所以没有标注。
	S22	我忘了。
b2	S5	平时画得不多,所以没有注意到要标注问号。
	S14	确实是没有标记题目所要求解的量是哪个,但是我在列式计算时结果是正确的,也就是说我所求解的结果是题目要求的。
	S31	没有想到要标记问号。
	S33	做题的时候忘了,我记得之前老师有说过这个,但是线段图用得也少,我们都忘了。
	S35	不知道必须要作标记。

这 8 名学生在建构阶段存在困难的具体表现如表 4-4-10 所示。

表 4-4-10　表现类型 B4 学生存在困难的具体表现

题目	学生	学生表现
b1	S4	已知量都有标记,但没有标记未知量。
	S8	已知量标记不全,"这三所小学一共有新生 410 人"没有体现在线段图上,有用问号标记未知量。
	S14	同 S4。
	S22	同 S4。
b2	S5	已知量标记不完整,"这三所小学一共有新生 410 人"没有体现在线段图上,且没有标记未知量。
	S14	已知量标记不完整,"卓越小学比阳光小学少 130 人"未在线段图上作标记,有用问号标记未知量。
	S31	没有标记未知量。
	S33	同 S5。
	S35	只是画出了三条线段,没有进行数据标记。

以上几名学生由于在测试中缺少对已知量或未知量的标记,所画的线段图都是不完整的。研究表明,一幅完整的线段图更有利于学生理解问题,梳理数量关系。虽然本次测试并没有对此有硬性要求,但无论是教材中还是教师习惯的画线段图方式,都会将题目中所有重要信息标注在线段图上,包括已知量和未知量。已知的量用数字来表示,未知的量可以用符号"?"来表示。表现类型 B4 在比较类文字问题和乘除法类文字问题中都有存在,但本次测试中,其在部分—整体类文字问题中出现的频次较多。

分析发现,在实际教学中,教师都有强调画线段图的要素,所以大部分学生所画的线段图都较为完整;然而,平时的教学和练习中,在要求学生规范使用线段图解决文字问题方面仍有待加强。

三、乘除法类文字问题

c_1、c_2、c_3、c_4 为乘除法类文字问题,在建构阶段的正确率分别为 61.7%、58.3%、55%、46.7%,是测试卷中相对较难的几题。学生在解答乘除法类文字问题的过程中,在建构阶段存在的困难表现有多种,包括表现类型 A3、A4、B3、B4,在此不作说明;除此之外,还出现表现类型 C4,一共有 18 名学生,分别是 S3、S4、S6、S18、S19、S24、S26、S29、S36、S38、S39、S42、S46、S51、S53、S57、S59、S60,都集中在 c_3 中。

表现类型 C4 的学生在文本阶段不存在困难,但对于涉及分数的文字问题,学生想不到在线段图中运用"分数墙"的知识。

"分数墙"出现在上海版四年级第一学期数学教材中,是学生认识分数的常用直观模型,在国内外的许多教材中也都有类似的模型,是通过对分数进行分解而得到的模型,即"几个几分之一就是几分之几"。"分数墙"可以直观地表示出真分数,可以直观地对两个分数的大小进行比较,也可以直观地进行同分母分数的加减计算。对于"几个几分之一就是几分之几"的认识是"分数墙"的关键。

c_3 包含三个量,有两个关系句,比 c_1 中的关系更为复杂。除了"3 倍",还有"$\frac{1}{4}$",画图时需要学生对线段进行平均分,发现相同的分数,利用对"分数墙"的理解和认识进行计算。此题在建构阶段的正确率为 55%,表现类型 C4 的学生一共有 18 人。

图 4-4-3 左为建构阶段不存在困难的学生所画的线段图,该学生能够正确利用"分数墙"对线段进行平均分,找到"4 倍"与"$\frac{1}{3}$"各自相对应的位置,把整体"171"分

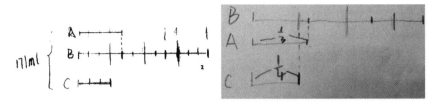

图 4-4-3　2 名学生对 c4 的解题过程

为 19 条长度相等的小线段,从而得出每条小线段代表的数值,变未知为已知。存在困难的学生在建构阶段多数表现为图 4-4-3 右中的情形,即能表示出题目所给的信息,但由于没有发现三个量以及三条线段之间的关系,因此无法找到解题思路。

表现类型 C4 的学生在访谈中的具体陈述如表 4-4-11 所示。

表 4-4-11　表现类型 C4 学生的陈述

题目	学生	学生陈述
	S3	"分数墙"对我来说确实有难度,我需要通过计算才能理解"分数墙"的意思。
	S4	四年级的时候学会了,但现在有点忘了,不知道在这道题目里怎么运用。
	S6	我觉得"分数墙"很难。
	S18	我觉得我已经理解了"分数墙"的意思,但为什么还是不会做啊?
	S19	不懂怎么分,比如,为什么要把 B 分成 12 条小线段而不是其他数量?
	S24	对我来说有点困难。
	S26	我本身是会的,测试时一下子没有想到。
	S29	这是去年学的,有点忘记了。
	S36	我不知道怎么用"分数墙"来做这道题。
c3	S38	线段图画到一半就不知道该怎么画了,没想到可以分成 19 条相等的线段,这种题不画线段图我真的想不到。
	S39	做的时候没有想到可以用"分数墙"的知识,测试结束后才知道可以用,所以我又做了一遍,这次做对了。
	S42	"分数墙"我也会的,但用它来做题的话我觉得有点难。
	S46	可能"分数墙"我没有学好吧,不会做。
	S51	如果想到"分数墙",那就变得很简单了。刚才又做了一次,是正确的。
	S53	本身是会的,就是没想到要用"分数墙"。
	S57	现在觉得这道题目挺简单的,但就是没想到可以用"分数墙"来做。
	S59	觉得"分数墙"的知识学起来有点绕。
	S60	分数我觉得挺简单的,重新做了一遍后,做对了,用的是之前学过的"分数墙"。

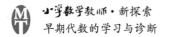

在访谈中发现,表现类型 C4 的 18 名学生中,6 人已熟练掌握了"分数墙"的知识,表示在测试中只是一时没有想到;其余 12 人均未真正理解"分数墙"的意义,经过提示也未理解画法。

第五节
从线段模型到算式表示

在程序符号阶段,学生会根据自己所画的线段图建立一系列符合逻辑的算式,为了确保算式的正确性,学生会在线段图和算式之间来回观察并修改。这一阶段是学生解决问题的最后一步。

通过分析试卷中学生所列算式以及对学生进行访谈,发现在程序符号阶段,学生在三类文字问题中的表现有许多相同之处,所以在对程序符号阶段的困难表现及分析这一部分,对文字问题类型不作分类讨论。

分析得到学生在这一阶段主要有三种表现类型,分别为表现类型 C5、表现类型 C6、表现类型 C7,分布情况如表 4-5-1 所示。

表 4-5-1 出现各表现类型的学生人数

表现类型	学生人数
C5	4
C6	3
C7	5

一、表现类型 C5

表现类型 C5 的学生在文本阶段和建构阶段不存在困难,在程序符号阶段列出的算式也是正确的,但回答的不是题目所要问的答案,即能得到正确的线段图和算式,但未记住问题所要求的目标。

在所有 60 名学生的测试卷中,有 4 名学生出现表现类型 C5。这类型学生对文本解读不存在困难,也能够根据题意画出正确的线段图并列出算式,但最后答非所问,属于审题方法不当。4 名学生对于此表现的回答如表 4-5-2 所示。

表4-5-2　表现类型 C5 学生的陈述

题目	学生	学生陈述
a2	S10	读题的时候看错了吧,算式我都会列的,可能做的时候太着急了,没仔细看。
b1	S13	算式算完以后没有返回题目看问题,我以为是算这个的。
a2	S14	一般这种题不会错的,今天有点粗心了。
a1	S25	这种情况就是因为我没有仔细审题,没看清题目问句,回答错了。

这 4 名学生在程序符号阶段存在的困难表现如表 4-5-3 所示。

表4-5-3　表现类型 C5 学生存在困难的具体表现

题目	学生	学生表现
a2	S10	题目要求计算:三所小学一共有新生多少人? 学生 S4 解答:三所小学分别有多少新生。
b1	S13	题目要求计算:同仁小学有新生多少人? 学生 S8 解答:卓越小学有多少新生。
a2	S14	同 S4。
a1	S25	题目要求计算:三所小学一共有新生多少人? 学生 S22 解答:三所小学分别有多少新生。

二、表现类型 C6

学生对运算顺序的理解和掌握会直接影响其计算的正确与否。数学中,运算顺序是在进行加减乘除等运算(计算)时,由人们共同制定并默认的计算顺序。小学阶段的运算顺序主要是指先乘除,后加减,有括号的要先算括号里面的。

表现类型 C6 的学生在文本阶段不存在困难,对题意理解无误,也能根据题意说出解题思路,但其所列出的算式,由于运算顺序有误而导致解题失败。表现类型 C6 的学生在本次测试中共有 3 人,他们对于此表现的回答如表 4-5-4 所示。

表4-5-4　表现类型 C6 学生的陈述

题目	学生	学生陈述
b2	S16	运算顺序都知道的,但自己列出来的算式容易忘记加大括号。
c1	S23	先乘除后加减,有括号先算括号里面的。我也很烦,经常会因为这个出错。
b1	S57	粗心了,我也都知道的。

这 3 名学生在程序符号阶段存在困难的具体表现如表 4-5-5 所示。

表 4-5-5　表现类型 C6 学生存在困难的具体表现

题目	学生	学生表现
b2	S16	算式应为:$(410-150+130) \div 3+150$ 学生 S16 写为:$410-150+130 \div 3+150$
c1	S23	算式应为:$(26-2) \div 2$ 学生 S23 写为:$26-2 \div 2$
b1	S57	算式应为:$(410-150-20) \div 3+150$ 学生 S57 写为:$410-150-20 \div 3+150$

三、表现类型 C7

表现类型 C7 的学生从建构阶段到程序符号阶段存在转化困难,即所画的线段图正确表示出了题目中的数量关系,但无法将其转化为算式。实质上,这是因为学生并未完全掌握使用线段图解文字问题的方法。表现类型 C7 的学生共有 5 人,占总人数的 8.3%,他们对于此表现的回答如表 4-5-6 所示。

表 4-5-6　表现类型 C7 学生的陈述

题目	学生	学生陈述
b2	S7	我可以读懂题目含义,线段图也是根据题目条件画的,但这道题目我无法通过线段图来计算。我做题的时候,线段图看了好久,但还是没有找到真正的联系。平时很少想到用线段图做题,但之后我又做了一遍,发现线段图其实对我们帮助挺大的。
	S26	题目还是比较难的,从图中找不到已知量之间的关系,看了好久也没看出来。
c3	S30	这道题目知道要用"分数墙",也画出了对应的部分,但考试时还是没有想到怎么列式计算。考完以后又想了一会,现在会做了。
	S32	当时没有想到用"一共分成多少条短线段"来算。记得低年级经常用线段图,现在很少用,不熟练了。
c4	S42	画图的时候是清晰的,但返回来列式时,看着自己画的图有点乱,看不清楚图中的关系了。

这 5 名学生在程序符号阶段存在的困难表现是相同的,都是画出了正确的线段图,但无法从线段图中找到数量关系并列出正确的算式进行计算。

图 4-5-1 是一名学生对 b2 的解答,可以看出,该名学生所画的线段图是正

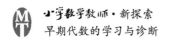
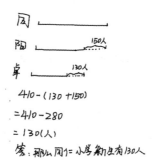

$$410-(130+150)$$

$$=410-280$$

$$=130(人)$$

答：那么同仁小学新生有130人

图4-5-1　表现类型C7学生的解题过程

确的,在文本阶段不存在困难,但在从建构阶段向程序符号阶段转化的过程中,改变了所画线段图中原有的数量关系,未能正确捕获图示信息。

第六节

研究结论与教学建议

一、研究结论

本研究基于部分—整体类、比较类和乘除法类这三类文字问题设计测试题,主要采用测试法和访谈法相结合的方式进行研究,得到如下结论。

(1) 调查对象一共 60 人,约一半的学生经常使用线段图来解决文字问题,但较少使用线段图来解决文字问题的学生占比也较大,甚至还有少数学生不会画线段图,说明在小学数学教育中,线段图并没有成为学生解决文字问题的一种规范性策略。

(2) 学生在使用线段图解决文字问题中存在的困难主要有:

① 文本阶段:遗漏信息、混淆关系、改变数据、认知困难;

② 建构阶段:中途改变参照量、线段图不成比例、不合理地使用各类线段图、线段图不完整、不会切分线段图;

③ 程序符号阶段:未记住求解目标、运算顺序错误、图示转化存在困难。

二、各表现类型背后的原因分析

1. 学生没有养成良好的审题习惯和检查意识

审题方面存在严重问题的学生,属于数学学习困难中的语义记忆型,表现为学生在遇到数学应用题时,不能准确、迅速地找出有用的已知条件;也有的学生不能整理出条件与问句之间的关系,导致无法列出算式。但对于大部分学生来说,并不存在困难。

表现类型 A1 的学生会在解题过程中混淆各个量之间的关系,表现类型 A2 的学生在文本阶段中会遗漏题目中的重要信息,表现类型 B1 的学生会改变题目中所提供的信息。然而,各个量之间的关系及数据信息均需要从题目文本中获取。在分析数据以及与学生进行访谈的过程中可以发现,存在这三种困难表现的大部分学生都是由于没有在平时的学习中养成良好的审题习惯,对阅读文本信息也没有给予足够的重视,从而导致信息获取有误,解题失败。

除此之外,学生的反省意识及检查意识较为薄弱。许多学生反映,平时做题很少会检查;只有极少数学生表示做完以后会认真检查,及时发现错误并加以改正。例如,表现类型 A1、表现类型 B1、表现类型 A3、表现类型 C5 中,一共有 15 名学生在访谈中表示:其实是会做的,这种题目已经很熟悉了,如果做完之后再返回去检查一下就不会错了。特别地,还有 3 名学生表示不知道如何检查,即使返回去观察题目和解答过程,也发现不了错误。

2. 学生对"倍"与"分数"知识的理解不深入

文字问题的解决依赖于个体良好的概念性知识,具备一个完整且组织良好的知识库对学生解决问题非常重要。

表现类型 C2、表现类型 C3 都是由于学生缺乏解决问题需要的概念性知识,即缺乏对"倍"与"分数"知识的理解,在解决问题中无法运用相应的知识对题目中的各部分关系进行操作。

例如,在含有"倍"的问题中,学生在解决"A 是 B 的 3 倍,且 A 比 B 多 12"这类关系时,常把"3 倍"和"12"看作两个相等的部分,错误地将 B 本身也包括在了 A 比 B 多的部分里。教师表示,这类错误属于学生在解决含有"倍"的文字问题中的常见错误,说明学生没有真正理解"倍"的意义。

在小学阶段,分数对学生来说是比整数更复杂的一类数。在解决 c3 和 c4 这两道测试题时,存在困难的大部分学生对分数的理解都存在问题。本研究中,学生对分数认识的不足之处可以总结为两个方面。第一,对"分数墙"中相等的分数没有深刻的认识,在解决问题时不会应用"分数墙"的知识来分析。例如,对于 c3,在建构阶段存在困难的学生中,有 12 人在经过教师提醒之后,仍然不会使用"分数墙"的知识来解决问题。第二,学生没有理解分数的意义。例如,在 c4 中,"一半"表示为"总量的 $\frac{1}{2}$",然而在此题存在困难的学生中,有 4 人将"$\frac{1}{2}$"与饼干剩余数"3"直接进行相加,将"$\frac{1}{2}$"当作了一半饼干的数量。

3.《标准》和教材对线段图的编写缺乏系统性

现有的小学数学教材中,几乎都没有专门或详细介绍线段图的相关内容,学生对于线段图的认识仅搭配相应知识点的呈现。线段图的作用是帮助学生理解问题，然而这一作用并没有在教学中充分体现出来。我国《课标》虽然在部分章节中有提到要求学生认识和使用线段图的目标，但并没有对学生系统学习和应用线段图提出详细要求。

调查发现，许多学生对线段图并不是很熟悉，甚至有几名学生表示从未画过线段图，认为线段图对解决文字问题没有帮助。表现类型 A4、表现类型 B3 的出现，从侧面说明了并不是所有数学教师都重视线段图的应用。同时，《标准》强调要培养学生的数感、符号意识、几何直观等数学核心素养，却没有强调数形结合这一解题思想，忽视了这一重要的数学思想。

4. 线段图解文字问题的规范性没有受到足够重视

通过观察学生在建构阶段所画的线段图，发现学生的画法没有统一的标准。例如，有的学生用大括号标注数据，有的则用两条线代替大括号来标注数据。除此之外，通过观察学生的解题过程，发现部分学生看不懂自己所画线段图中的数量关系，导致解题效率低下。

A 小学五年级的 2 名任课教师表示，每位教师对线段图的教学是不一样的。有的教师认为，如果把线段图作为正式的知识点传授给学生，可能会使部分学生越学越糊涂，影响教学进度。因此，教师对学生画线段图的要求并不高，没有意识到模型图的重要教育价值，不注重学生使用线段图解文字问题的规范性，只要求学生能看懂图意即可，不需要学会使用线段图来解决文字问题。

5. 受小学生心理发展水平的影响

这一阶段的学生有如下特点：活泼好动，好奇心旺盛；平时做作业经常粗心，马马虎虎；专注力相对较差，上课能集中注意力的时间大约维持在 15 分钟；记忆处于快速发展时期，以机械记忆为主，所以面对线段图中的众多要素，一部分学生无法全部记住；逻辑思维发展不完善，缺乏逻辑思维能力，因此对线段图的应用难以进行总结提升。

但这些因素不是绝对的，随着教学质量的提高、一系列思维训练课程的发展，小学生的诸多学习习惯及思维都在向更好的方向发展，新加坡小学数学模型图的应用就是最好的案例。

6. 受小学生阅读理解水平的影响

数学不仅是关系运算、空间关系和逻辑思维的问题，阅读理解能力常常是解决数学问题，特别是数学文字问题的必要前提。文字问题结构包括数量表述和情节

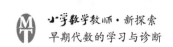

表述,小学生在文字问题解决上存在困难,不仅受其数学能力的影响,阅读能力也有很大的影响作用。小学教学中,学生阅读能力相对低于数学教学要求的现象是普遍存在的,其严重程度随着年级的升高而逐渐减缓。

然而,数学学习的连续性较强,一旦在低年级形成某种定式,到了高年级可能还会产生负迁移,这也是文字问题教学中常见的一个困难因素。

三、研究建议

本研究以上海市徐汇区 A 小学五年级学生为调查对象,通过测试及访谈,分析得出小学生使用线段图解决文字问题所存在的困难及其背后的原因。基于此,我们对教师和教材编写者提出如下建议。

1. 对教师的建议

(1) 重视学生数学思想和方法意识的培养

教师向学生传授知识的过程中,更为重要的是数学思想和数学方法的传授。问题解决并不是单纯地要求学生能够正确列式并计算出结果,而是应该要让学生学会解决问题的方法和思路。因此,教师需要在教学过程中渗透数学思想。倘若教师不注重培养学生科学的数学思想和数学方法,不仅会阻碍学生数学思维的发展,也不利于学生问题解决能力的提升。

教师应该深入研究《标准》中的理念,将培养学生几何直观、模型思想等素养渗透在日常教学过程中。在文字问题的教学中,教师应当合理运用线段图进行教学,重视其对能力一般的学生所起到的作用。同时,认识到线段图在教学中的应用可以帮助学生解决问题,提高其问题解决能力。

(2) 帮助学生理清适用线段图解决的文字问题类型

在对学生的访谈中,部分学生表示不知道哪种题目画线段图会让解题变得高效,有些题目画了线段图反而会觉得多此一举。2 名教师也表示,虽然在文字问题教学中经常会用到线段图,但不是所有类型的题目都适合用线段图来解。教学中,教师应该引导学生对所学知识进行概括总结,使学生弄清楚线段图的意义以及所适用的文字题类型。

教师具有明显的示范性,教师的专业知识和教学能力直接影响学生知识的获得和能力的提高。因此,教师应不断拓展知识,洞悉教材,对教学内容要有全面、深入的了解,对各个知识点的编排顺序和思路做到了如指掌,掌握每种题型所适用的教学方法。

（3）培养学生良好的审题习惯和检查意识

学生在测试中所表现出的遗漏信息、改变题中原数据、混淆比较关系等现象，都是由于在文本阅读时没有认真审题，只是快速看一眼，从而导致信息获取失败。因此，培养学生良好的审题习惯对学生问题解决能力的提高至关重要。

然而，在小学数学文字问题的解题教学中，大多数教师过于注重题目的分析与计算的技巧，忽略了文字题最基本的步骤——审题。事实上，学生如果没有理解题意，教师讲再多的技巧也是无用的。因此，教师应在平时注意培养学生良好的审题习惯，如划重点、找关键词等。

同时，教师还应在教学中不断强调和提高学生的检查意识，引导学生逐渐养成做完题目之后要检查的好习惯。这不仅可以提高学生解决问题的正确率，对其今后的成长也会有很大的帮助。

（4）寻找"倍"与"分数"知识讲解的新思路

含有"倍"与"分数"的文字问题对于许多学生来说，一直都是具有挑战性的问题。教师可以根据学生在解决此类文字问题中常犯的错误，发现其在知识理解上存在困难的地方，更新"倍"与"分数"知识讲解的思路，从源头处帮助学生消除困惑。

2. 对教材编写者的建议

我国教材在编写过程中可以借鉴新加坡以"问题解决"为核心的五边形课程框架。新加坡非常重视学生问题解决能力的培养，其数学教育非常重要的一个特点就是矩形图的运用。什么是"解决问题"，按照以往的理解，通常指对练习题、测试题的解答。新加坡 2005 年大纲明确指出：所谓解决数学问题，是指在面对实际任务、现实生活问题和纯数学问题时使用和应用数学。这大大丰富了"数学问题"的概念。

在新加坡，解决问题是教师教学的重点，使用矩形图解决文字问题已经成为新加坡学生的一种普遍解题策略，被认为是提高学生问题解决能力的重要途径。而在我国，占据学生最多学习时间的是计算，要求学生通过大量练习实现迅速、正确地求出答案。计算在学生基本知识和基本技能的形成时期是非常重要的，但如果一直保持这样的学习活动，并不利于学生创新意识和逻辑思维的发展。因此，我国的数学教材也应该引入一些挑战性的"问题"，重视线段图的使用，使学生在不断分析和解决问题的情境下提升思维水平和数学素养。

第五章
数困生解方程的教学干预

◎ 平衡模型对解方程的意义
◎ 教学任务的设计
◎ 画图解方程的个案
◎ 学了又忘的个案
◎ 学会解方程的个案
◎ 学习困难的原因与教学建议

第一节
平衡模型对解方程的意义

一、平衡模型的界定

平衡模型即"等式的平衡",最典型的是以天平为背景的问题。首先,让学生求出某个物体的质量,学生能直观地解决这一简单问题,因为他们可以直接从刻度盘上看到答案。然后,让学生挑战更困难的问题,即同时含有刻度盘、物体和砝码。除非学生不断画出相应的图示,否则要解决这个问题,必须发明或创造问题中的象征性代表。其中,"等号"(=)被用来表示平衡的支点,而解决问题的方法是通过"从两边取相同的东西来保持平衡"。

弗拉斯西斯(Vlassis)在文章中说道,他们基于对所设计的学习序列的观察,即观察学生如何用平衡模型来求解等式两边出现的未知数,探讨平衡模型在问题解决中的作用。[①]

弗拉斯西斯基于课堂观察和学生的草稿,了解学生如何用平衡模型来解决等式两边出现的未知数,研究对象为 5 名学生,并作详细记录。通过非形式化方法、算术方法、代数方法、形式化方法等,让学生学会解方程。

在求未知数的过程中,用天平来介绍基于平等性质的形式化方法,而并没有立即引入方程。实验对象安东尼和苏菲在建立等式的概念时遇到了困难,弗拉斯西斯提出建议,即创建表达式来表示正在做的事,可以用字母代替数字,也可以用空格或问号表示,学生由此写出如下两种式子:?2+17=?和?4+3=?。弗拉斯西斯接着建议将两个式子凝结成一个方程式:$x \cdot 2 + 17 = x \cdot 4 + 3$,这时学

---

① VLASSIS J. The Balance Model: Hindrance or Support for the Solving of Linear Equations with One Unknown[J]. Educational Studies in Mathematics,2002,49(3):341 - 359.

生便能很好地理解什么是等式,且等号应该放在两个表达式之间。建立等式的概念后,让学生进一步探求 x 所表示的质量,这时引入平衡模型,即等式两边执行相同的操作,等式两边仍然是相等的。例如,$3x+27=4x+5$ 这个等式,在天平两边同时去掉相同质量的 $3x$,等式两边依然是相等的,然后直接得出 $x=22$。学生已经掌握了平衡模型的原则,进而可以解决一些天平两边去掉相同质量的未知部分时,仍有一边 x 前面的系数大于 1 的等式。例如,天平两边去掉相同部分后,若得到 $2x=34$,则进一步可得 $x=17$。但是,有一种情况是弗拉斯西斯认为在平衡模型中容易出现错误的。例如,学生在利用平衡模型计算 $8x-5=2x+7$ 时,两边同时去掉两个 x 的质量,然后同时拿走 5,得到等式的左边为 $6x$,等式的右边为 2。弗拉斯西斯认为,有两种假说可以解释这种现象,一是平衡模型在个别类型方程的使用上存在局限性;二是一些学生无法想象负号的出现,如 5 前面的负号并没有被考虑进去。

弗拉斯西斯认为,平衡模型特别适合于解方程。他的研究表明,求解代数方程的过程,学生会经历:(1)等式中的变换原理(对等式两边执行相同的操作);(2)用负整数扩展其数值范围;(3)把信(实验工具)理解为未知数,让学生直接在这封信上进行运算,且对学生草稿的分析表明了该工具在体现变换原理方面的有效性。在使用天平的地方,平衡模型提供了要进行的操作的图示和相关概念(平等和其含义,平等的属性),但在其他情况下,平衡模型并没有帮助。因此,他认为,模型的低效是由于对其相关性缺少理解而引起的。

我们认为平衡模型有很大的实用性,虽然一些学者持反对意见,比如,一旦出现负整数,平衡模型就容易出错。但是弗拉斯西斯坚信,学生会慢慢转变过来,且平衡模型结合了具体思维和抽象的形式推理,等式两边同时执行复杂的程序,特别适用于解方程。弗拉斯西斯通过后期跟踪调查,发现学生能根据平衡模型将图片上的方程成功"激活",用事实证明了平衡模型的有效性,不仅赋予这些操作以具体的意义,还为学生提供了一个有效的意象。[①]

二、形成代数思维的困难

李志、孙庆括探讨了小学高年级学生形成代数思维的困难因素,并给出相应的

---

① VLASSIS J. The Balance Model: Hindrance or Support for the Solving of Linear Equations with One Unknown[J]. Educational Studies in Mathematics, 2002, 49(3): 341-359.

建议,以便为教师如何在早期发展小学生的代数思维提供现实可行的依据。[①] 他们认为,小学高年级代数思维形成的影响因素有:(1)与生俱来的算术思维。根据加拿大生物学家斯塔基(Starkey)在 1980 年进行的"习惯—去习惯化"范式实验[②],发现在学习代数知识之前,算术思维已经在儿童的思想中根深蒂固,学生已经习惯性地在解决问题时采用算术的思维。因此,小学生从算术思维过渡到代数思维的过程是一个长期性的过程。(2)已有的算术认知结构。小学高年级学生在学习代数之前只学过算术,很难将代数知识纳入已有的算术图式之中,难以对代数知识达到真正的数学理解。(3)代数符号语言的抽象性。符号语言与自然语言相比,省略了对象及运算的实际情境,使得符号语言能够适应一般的情况。(4)代数学自身发展的阶段性。随着学习的深入、数学知识的增长以及智力的成熟,学生要经历熟练使用字母的若干阶段,体会从特殊到一般的发展过程。他们还提出了几条培养学生代数思维的途径:(1)重视关系性思维的早期渗透;(2)引导符号表征能力的初步发展;(3)加强函数思想的萌芽渗透。总之,小学高年级学生代数思维发展存在困难的主要原因,在于学生自身算术思维的潜在性、认知程度的不可跨越性、代数学自身特征的抽象性、发展过程的阶段性四个方面。[③]

三、方程教学的相关研究

余志玲通过分析学习方程时,学生在作业、测试卷中的反馈情况,对认知错误进行简单分类,探究学生一元一次方程求解策略的影响因素,得出:学生常会把方程求解与代数式运算混淆;带分数的并列写法在运算中通常会被学生看作乘法;学生对等式的性质理解不足;等等。[④] 王小伟认为,在解简易方程时,对于 $a-x=b$ 和 $a\div x=b$ 之类的方程,可以借助四则运算各部分之间的关系和相关运算律进行解答,而对于其他相对简易的类型,则可以运用等式的性质去解答。[⑤] 曹小培分别从教材、教者、学情三方面入手进行分析,探寻方程教学的有效策略,具体从以下几

① 李志,孙庆括.小学高年级学生代数思维形成的影响因素和培养途径[J].科技信息,2014(12):20-21.

② STARKEY P, COOPER R G. Perception of Numbers by Human Infants[J]. Science, 1980, 210(4473):1033-1035.

③ 胡林成,熊哲宏.0—7 岁幼儿算术能力发展研究进展[J].心理研究,2009,2(4):12-16.

④ 余志玲.六年级学生一元一次方程学习认知困难分析[D].上海:上海师范大学,2015.

⑤ 王小伟.从课程标准的变化看小学数学解方程教学[J].河南教育(基教版),2013(9):53.

方面分析影响学生学习方程的因素：(1)新教材编排的特点对学生学习效果的影响，包括学习时间缩减、相关知识较为分散、教材的编排理念过于理想化。(2)教师的教学行为对学生学习效果的影响，包括教师对教材的认识有一定的偏差，教师对学生的错误进行简单归因。(3)学生方面，包括学生对等式性质的不理解，方程变形过程过于烦琐或过于简便。进一步地，曹小培针对以上三个方面提出了相应的教学对策。①

四、学困生的研究

起初对于学生学习困难的研究并没有细分到各个学科。数困生作为学困生中的一种具体表现，具有学困生的相关特征。因此，这一部分将先对学困生作简单介绍。

最早对学困生进行研究的是 1896 年的摩根(Morgan)，主要从神经学、医学这两个角度进行研究，这种神经学模式后来被心理学模式取代。到 20 世纪 60 年代，随着义务教育的不断普及和心理学的发展，越来越多的教育学家和心理学家开始注意到学困生这一问题，并对此进行研究。20 世纪七八十年代，学困生的心理特点和社会背景等方面开始成为主要研究方向，运用社会心理学的观点和方法，研究、探讨学困生的成就归因、自我概念特征以及行为模式同其社会特征之间的联系。其中，角色理论、归因理论以及派生的控制点理论都取得了一定的效果。归因理论认为，学困生往往把学习失败归因于外部的、不可控的、不稳定的因素，导致自信心降低，变得自我消极，因此主张对其进行正确、积极的归因训练，从而开发他们的内部动力系统。角色理论认为，学困生的形成是整个动力系统乃至人格角色偏差造成的，本身无法通过自我调整而改变，需要教育者的特定帮助来改变他们的社会角色，从而改变其整个行为的动力系统。

苏霍姆林斯基(Сухомли́нский)认为，学生学习困难的原因主要是智力发展水平低下，对所学教材的领悟、理解、掌握和记忆都较为费劲和迟缓。他认为，让学生克服学习困难最有效的方法，就是让学生进行大量阅读；阅读能教他思考，思考会激发智力的觉醒。"学生思考得越多，在周围世界中见到不懂的东西就会越多，他接受知识的能力就会越强。"②

---

① 曹小培.新课程下"解方程"教学分析与策略[J].新课程研究(基础教育)，2008(5):120—121,163.

② MOATS L C, LYON G R. Learning Disabilities in the United States: Advocacy, Science, and the Future of the Field[J]. Journal of Learning Disabilities, 1993, 26(5): 282-294.

20 世纪 80 年代,日本著名教育家佐野良五郎从身体和心理两个方面分析了学困生产生的原因,形成了著名的双因素论:心理因素和身体因素。其中,父母养育儿童的态度是影响儿童学业的心理因素;儿童的健康状况是影响其学业水平的身体因素。同期的另一位日本学者北尾伦彦提出了三层次说,他认为造成学生学习障碍的原因有三个层次:第一个层次是与其相关的直接原因,包括学习活动的失败,基础学力的欠缺,学习方法、教学方法及内容的欠缺等;第二个层次是兴趣、动机、性格、智力等心理原因,如学习兴趣和学习动机的丧失;第三个原因是外部因素,即学生所处的环境,包括学校、社会、家庭等,例如,对学校、班级的不适应,对教师的消极态度等。上述三个原因中,后两个是影响学生学业的间接因素,第一个是影响学生学业的直接因素。尽管影响学生学业的因素是多方面的,但还是强调教学的影响较大。

苏联的教育家们对学困生主要有以下两个观点:一是认为学困生的形成是教育的自身不足所造成的,因此较为集中地研究如何改进教育自身;二是强调在不按学习程度分班的集体教育中,提高学困生的水平。赞可夫(Занков Леонид Владимирович)主张:(1)在班集体教学过程中,采用"区别对待"的教学方法,针对不同学生的特点,以不同的深度来教学同一内容;(2)在保持教学要求与教学进度基本一致的基础上,根据不同学生的个性差异将教学建立在学生不同的"最近发展区"上,满足每个学生的认识需要,促进每个学生的最佳发展。

随着研究的进一步深入,对学生学习困难的研究逐渐聚焦到各个学科,其中就包括数学学科。国外关于数困生的研究也比较多,认知心理学领域在研究数学中的认知困难方面有很长的历史。弗莱彻(Fletcher)等人认为,没有一致的标准来判断在数学中存在学习困难的学生,且在定义、操作标准等问题上仍然存在分歧;他还提出了数学困难法分类模型,将数困生分为四种类型:算术数感缺陷、记忆缺陷、推理能力缺陷、视觉障碍。

弗赖登塔尔(Freudenthal)、恩菲尔德(Enfield)等人在数学教育领域研究、设计了许多框架,以分析教学过程、学习过程、学生存在的困难和其他数学教学任务。格拉布纳(Grabner)和安萨里(Ansari)在该领域显示出了对认知神经科学观点方面的兴趣。①

---

① ANSARI D, SMEDT B D, GRABNER R H. Neuroeducation-A Critical Overview of An Emerging Field[J]. Neuroethics,2012,5(2):105-117.

安德森(Andersson)和奥斯特格伦(Östergren)基于相关系统的缺陷和其他特定于数值处理机制的主要假设,将数困生分为以下几类:(1)近似数系统缺陷;(2)目标追踪系统有缺陷;(3)缺乏数感;(4)开始出现缺陷;(5)处理复杂问题的不足。[1]

加拿大的三位心理学家和一位精神科医生合作,成立了蒙特利尔儿童医院(Montreal Children's Hospital),对学习障碍儿童的研究和实践有着重要影响。1981年,学者对学习障碍(learning disabilities,简称LD)的定义为:中枢神经系统有障碍,表现为早期发育迟缓或在注意、记忆、交流、计算、社会能力、情绪等方面有困难。[2]

皮里和马丁也做了关于数困生学习解方程的个案研究,他们尝试通过使用皮里和基伦(Kieren)提出的理论模型,来分析和说明如何提升能力较低学生的理解能力。他们的目的是让学生真正理解方程,而不是靠记住一定的步骤去解方程,特别是对于方程中出现减号的情况,让学生理解"拿走、拿来"的概念及意义。结果表明,一部分数困生通过使用不同的方法,其理解能力是可以获得提升的。[3]

弗拉斯西斯也和皮里、马丁一样,做过关于数困生学习解方程的个案研究,并详细加以记录。但是数困生的成因是复杂的,他们三人都没有对数困生进行分类,以进一步研究哪些类型的数困生可以实现转化,以及用何种方法实现转化。

① MOATS L C, LYON G R. Learning Disabilities in the United States: Advocacy, Science, and the Future of the Field[J]. Journal of Learning Disabilities, 1993, 26(5): 282-294.

② ANDERSSON U, ÖSTERGREN R. Number Magnitude Processing and Basic Cognitive Functions in Children with Mathematical Learning Disabilities [J]. Learning and Individual Differences, 2012, 22(6): 701-714.

③ PIRIE S E B, MARTIN L. The Equation, the Whole Equation and Nothing but the Equation! One Approach to the Teaching of Linear Equations [J]. Educational Studies in Mathematics, 1997, 34(2): 159-181.

第二节
教学任务的设计

一、研究问题

本研究通过实证研究的方法,以上海市 Y 小学为例,从实践角度入手探讨以下问题:(1)3 名数困生在解方程过程中遇到哪些困难? (2)3 名数困生学习落后的原因是什么? (3)采用新的方法对这 3 名数困生进行干预,他们是否能获得转化?

二、研究对象

本研究的研究对象是上海市 Y 小学五年级四个班的数困生,根据五年级数学教师的意见,从五年级的四个班中选出 20 名成绩暂时落后的学生,让这 20 名学生解答关于方程和推理能力的测试卷。分析试卷解答情况,找出解方程存在错误比较多的 5 名学生,并对这些学生在解方程中出现的错误进行整理、归纳,对不同类型的错误进行分类。同时,从这 5 名学生中选取 3 名典型的学生,将其作为个案研究对象。

三、研究材料和工具

1. 智力量表

本研究参考了《瑞文标准推理测验》和《中国比内测验指导书》。瑞文标准推理测验(Raven's Standard Progressive Matrices,简称 SPM)由英国心理学家瑞文(Raven)于 1938 年创制,在世界各国沿用至今,用以测验一个人的观察力及思维的清晰程度。它是一种纯粹的非文字智力测验,被广泛应用于无国界的智力测试和推理能力测试中。《中国比内测验指导书》也多次被应用于实践,已证明其有较高

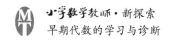

的信度和效度。

2. 非智力因素的测验量表

非智力因素的测验量表有数学学习兴趣测试、学习态度测试、学习方法测试、气质类型测试、意志品质测试,这些测验量表均来自杜玉祥等著的《数学差生问题研究》一书,已充分说明了这些非智力因素测验量表的信度和效度。

四、干预设计

根据以上理论基础,可知方程本身就是一种平衡模型,并根据布鲁纳(Bruner)的表征系统,以及掌握学习理论,设计了如下关于解方程的干预研究方法,以教授给不同类型的数困生,观察他们能否实现转化。

第一种方法:根据在该校的观察,教师在课堂上一般只会简单提一句"方程可以看成一个天平",并不会真的把一个实物天平带到课堂上;对于一部分数困生来说,并不能一下子由算术思维过渡到抽象的代数思维。根据布鲁纳的表征系统,在动作性表征阶段,儿童通过作用于具体事物而学习如何表征,因此将第一种方法定为让学生在具体的实物天平上解方程,天平的左右两边就相当于方程的两边,以后学生在解方程的时候就能够想起在天平上的操作。在本次干预过程中,用具体实物帮助数困生学习,观察他们在学习解方程中的表现、所呈现出的特点或困难所在。若这种方法能够成功使他们实现转化,则进行下一步的学习;反之,则对存在困难的数困生加以进一步的干预和帮助,直到能够实现转化为止。

第二种方法:根据布鲁纳的理论,在第二阶段——映象性表征阶段,儿童开始形成图像或表象,以表现他们的世界中所发生的事件,其中,他们能记住过去发生的事件并进行想象。有了第一种方法作基础,第二次让学生通过在纸上画天平的方法来解方程。在本次干预过程中,用图形帮助数困生学习,同样观察他们在解方程中的表现。若这种方法能够成功使他们实现转化,则进行下一步的学习;若不能转化,则返回到第一种方法,继续用第一种方法对存在困难的数困生加以干预。

第三种方法:布鲁纳认为,经历过前两个阶段后,儿童能够通过符号再现他们的世界,其中,最重要的是语言。这些符号既不需要是直接的事物,也不必是对现实世界的复制,而可以是抽象的、间接的和任意的。因此,此阶段可以让学生直接解抽象的方程,同样观察他们在直接解方程中的表现。若这种方法能够获得成功,则说明数困生本次转化成功;若不能成功转化,则返回到第二种方法,继续用第二种方法对存在困难的数困生加以干预。

由此,得到如图 5-2-1 所示的流程图。

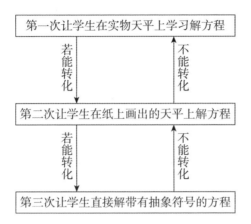

图 5-2-1　三种干预方法

通过对学生关于解方程的测验,发现他们大致在以下三类方程上出现错误:(1)形如 $A \times x + B = C$ 或 $A \div x + B = C$;(2)形如 $A - B \times x = C$ 或 $A - B \div x = C$;(3)形如 $A \times x + B = C \times x$ 或 $A \times x = B - C \times x$。本研究主要从这三大类方程上对数困生进行干预。

五、研究思路

以上海版教材为例,首先对这 20 名数困生进行有关推理能力以及解方程的测试,从中筛选出 5 名在解方程上存在困难的学生;再对这 5 名学生作访谈,并进行关于数学学习兴趣、情绪稳定性、气质类型、意志品质的测试以及比内智力测试,区分出智力型差生和非智力型差生,从中选出 3 名典型数困生作为个案研究对象;最后根据之前的解方程测验结果,把学生存在困难的方程题目进行分类,每一类以不同的方法对学生进行教学,观察不同类型的数困生能否获得转化。

本研究可以让数困生更好地学习解方程,获得更好的发展,同时给教师提出了相应的建议和参考,以更好地改进自己的教学。

由此,得到如图 5-2-2 所示的研究设计。

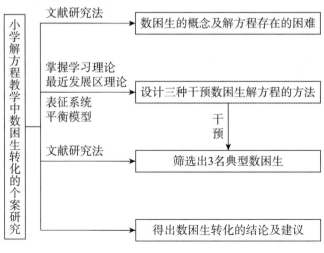

图 5 - 2 - 2　研究设计

第三节
画图解方程的个案

一、个案学生 A 的基本情况

学生 A 是一个个头矮小的男生,为独生子,从其数学任课教师处了解到,该生在班里的数学成绩基本上都是倒数,一般都是 30 多分(百分制)。学生 A 的相关基础测试情况如表 5 - 3 - 1 所示。

表 5 - 3 - 1　学生 A 测试情况分析

	智力		非智力			
	IQ	RV	数学学习兴趣	情绪稳定性	意志品质	气质类型
得分	78	30	0.56	26	58	胆汁质、多血质混合型
分析	偏低	较低	一般	不太稳定	一般	

从表中可以看出,学生 A 的智力水平 IQ=78,与同龄人相比偏低[1]。推理能力也较差,RV=30,低于常模。在非智力测试中,其数学学习兴趣值为 0.56,兴趣一般;在情绪稳定性测试中,分值为 26 分,属于情绪不太稳定的类型;意志品质得分为 58 分,意志也处于一般水平;气质类型为胆汁质、多血质混合型。

1. 家庭情况

学生 A 的父亲为工程师,硕士学位;母亲为医生,硕士学位。从该生班主任那里了解到,母亲生育他时年龄较大,且他的平时表现与同龄人相比,较弱于同龄人;该生没有生理缺陷,只是个头相对同龄人稍矮小一点。

---

[1]　本研究中对学生智力水平的界定是与其他被试相比所得到的结果。

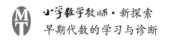

2. 学生 A 的自我评价

学生 A 的妈妈常常鼓励他,夸他很聪明;他觉得数学有意思,对数学还是有点兴趣的,自己也想把数学学好,但认为自己不爱动脑筋,对于稍难点的题目就觉得自己做不好。暑假里,妈妈会陪着他把下学期的数学课本进行预习,但是他很快就会把内容遗忘,觉得自己的记忆力并不好。

3. 成因分析

综合两周对学生 A 的观察和对其数学任课教师的访谈,发现他上课基本能够做到认真听讲,但是表情迷茫,跟不上教师的节奏,也从来不举手发言,对自己没有信心。上课偶尔会走神,注意力不集中,例如,盯着自己笔袋里的玩具发呆,玩弄自己的手指等。数学学习效率较低,作业要花很长时间才能做完,且对自己的数学成绩不抱希望,认为自己太笨,所以学不好数学。

学生 A 的数学学习兴趣并不是很高,从我们几次帮助他订正作业的情况来看,他不太愿意去动脑筋思考对自己来说有难度的题目,认为自己做不好、不会做。但是,课后能够按照教师的要求完成家庭作业,虽然慢,第二天总能将作业上交。综合考虑学生 A 的考试成绩、平时表现以及其他各科作业情况,可以判断该生为智力型差生,记忆存在一定障碍,思维有一定的欠缺。

二、学生 A 转化前的情况

如图 5-3-1 所示,是转化前让该生做的来自练习册上的一道解方程题,属于 $A \times x + B = C$ 或 $A \div x + B = C$ 这一类别。由于小学五年级初步接触小数的乘除法,故把小数的乘除法应用在解方程里,对于数困生来说是有一定难度的。从该生做的题目来看,他把方程左边和右边的运算顺序混在了一起。鉴于小数在天平上不好操作,我们把此方程简化为"$x+$一个数$=$另一个数"的形式,并从与 $x+1.6 \times 2=4.8$ 类似的整数方程 $x+6 \times 2=48$ 入手。

$$\square + 1.6 \times 2 = 4.8$$
$$\square = 4.8 \div 2 - 1.6$$
$$= 2.4 - 1.6$$
$$= 0.8$$

图 5-3-1 学生 A 转化前解题情况

三、对学生 A 的第一次干预

1. 用具体实物天平帮助学生 A 解方程

（1）激发学生的数学学习兴趣，稳定情绪

按照布鲁纳的表征系统，我们先从第一个阶段开始，让学生 A 借助具体实物进行表征，即在具体实物天平上学习解方程。

利用午休时间，我们把学生 A 带到办公室。鉴于学生 A 的数学学习兴趣并不高和情绪不稳定等情况，担心他突然被带到办公室会紧张，情绪上会有所波动，因此，首先要做的就是激发他的数学学习兴趣和稳定他的情绪。我们没有告诉学生 A 让他到办公室的目的，而是先与他聊天，放松他的心情。

师：你看老师带来的是什么？

生：天平。

师：最近几天我们是不是在学习解方程？

生：是的。

师：那你知道在天平上也能解方程吗？

学生 A 的眼睛里闪过一丝惊奇，看了一眼天平。

师：你愿不愿意和老师一起学习如何在天平上解方程？

生：愿意。

从他的神态可以看出，此时的学生 A 比刚进办公室时要放松许多，刚进办公室的时候，他的眉头紧锁，生怕老师又批评他哪里做错了。

接下来要做的，就是向学生 A 介绍与天平配套的砝码规格，即 1 克、5 克、10 克的砝码各一个，2 克、20 克的砝码各两个，砝码上面标有数值。所有数字都以"克"作单位，比如，数字 2，对应地就要摆上 2 克的砝码。

（2）通过对话，引导学生理解运算顺序

让学生学会在天平上解 $x+6\times2=48$ 这个方程，首先要让学生理解在有加减、有乘除的式子中，运算顺序是什么。为了判断该生是否已经掌握了运算顺序，也为了能让他更好地学习在天平上解方程，我们通过对话加以引导，具体对话如下。

师：在有加减、有乘除的式子中，运算顺序是什么呢？

生：要先算乘除，再算加减。

师：所以，在 $x+6\times2=48$ 这个方程中，我们要先算什么呢？

生:要先计算$6×2$。

师:再算什么呢?

生:加法。

师:所以,这个式子的运算顺序是——

生:先算乘法,再算加法。

师:那么,这个方程是不是就相当于一个未知数加上"$6×2$"这个整体等于48?

生:是的。

(3) 通过语言提示来启发学生运用实物表征方程(摆方程)

接着,需要在天平上把这个方程表征出来。为了能直观地看出来,事先规定用一张彩色小纸片来代替未知数并摆在天平上,由于纸片很轻,其质量可以忽略不计。具体该怎么摆呢? 我们先给学生 A 一个示范。

师:一般地,我们会先摆方程的左边。方程的左边是什么?

生:$x+6×2$。

师:我们用这张彩色小纸片来代表未知数 x,将它摆在左边(边说边摆)。加上 $6×2$,"$6×2$"该怎么摆呢?

生:没有 6 克的砝码……(陷入思考)

师(语言提示):$6×2$等于多少呢?

生(脱口而出):12。

师:所以可以怎么摆呢?

生:(看了看砝码)可以用 1 个 10 克、1 个 2 克代替。

师:那 12 克是摆在天平的左边还是右边呢?

生:左边。

师:那你就把它摆在左边吧!

经过示范,让学生 A 尝试把方程在天平上表征出来。学生 A 在砝码盒里找到 1 个 10 克的砝码和 1 个 2 克的砝码,并把它们放在天平的左边。

师:很好,看来你已经清楚知道了方程左边的数要摆在天平的左边。左边放完后,右边该怎么放呢?

生:右边是 48。

师:现在你能尝试把方程右边的部分摆在天平上吗?

学生 A 边看着现有的砝码边思考,过了大约 30 秒,他显得有点焦虑。这时,提示他可以借助草稿纸,想一想用哪些砝码能够表示出 48。他在草稿纸上演算了几次,突然豁然开朗,很快地在天平的右边摆上了 2 个 20 克砝码、1 个 5 克砝码、1 个 2 克砝码和 1 个 1 克砝码,如图 5-3-2 所示。

图 5-3-2 用具体实物天平帮助学生 A 解方程

师:你真棒,这么快就把这个方程在天平上摆好了!(及时的鼓励让学生 A 体会到成功的喜悦和来自教师的赞赏)

学生 A 不好意思地笑了笑,能感受到他的一丝羞怯和对成功的满足。这样摆完后,显然天平是不平衡的,此时才完成了第一步,接下来是最重要的:到底这个方程该怎么解呢?

师:这个彩色小纸片代表的未知数要等于多少,才能使天平平衡呢?

学生 A 沉默,由于天平上的砝码很多,他不能一下子回答出来。

师:我们还可以按照刚才老师教给你的方法,把左右两边的总克数写在纸上,对不对啊?

生:是的。

我们观察到,他很快在纸上写出了 $x+12=48$ 这个方程,解出 $x=36$。学生 A 很兴奋地告诉我们,彩色纸片所表示的未知数为 36。

(4)及时表扬和鼓励

第一次的操作,学生 A 在我们的指导下成功地在天平上解出了未知数的值。为了让他更好地掌握这个方法,我们对他刚刚的表现及时地加以表扬和鼓励,夸他还是很聪明的。之后,让学生 A 独立再操作一遍,边操作边口头表述,结果表明学生 A 能够成功操作,在天平上解出未知数的值为 36。

2. 用图形模型帮助学生 A 解方程

(1)教师示范作铺垫

经历了刚才成功的体验,加上我们对他的赞扬,学生 A 表现得越来越有自信了。根据布鲁纳的表征系统,儿童在第二个阶段开始形成图形或者表象,以表现他们的世界中所发生的事件。基于此,第二种方法采用图形模型来帮助学生 A 解方程。

师:刚刚在天平上解方程时,你表现得非常好,你觉得用天平解方程与直接解方程有什么不同吗?

生:在天平上解方程要简单一点。

师:可是我们考试的时候可不能带着一个天平去呀,所以接下来,我们要脱离实物天平,学习如何在纸上画出一个天平来解方程,好不好?

生:好。

学生 A 表现出很感兴趣的样子,于是我们出示问题 $x+1.6\times2=4.8$,这个方程是学生 A 在练习册上做错的那道题。我们在纸上画出一个天平,向学生 A 讲解:由于等式左右两边是相等的,因此画出的天平的左右两边是平衡的;在天平的左边写方程左边的部分,即 $x+1.6\times2$,天平的右边则写 4.8。

(2) 语言引导并适当启发学生独立思考

师:如果我们把 x 看成一个加数,把 1.6×2 这个整体看成另一个加数,那么方程右边的 4.8 相当于什么呢?

生:4.8 相当于和。

师:很好,那么求这个未知数是不是就相当于让我们求其中一个加数呀?已知另一个加数,和也已经知道了,接下来该怎么算呢?

生:用和减去另一个加数就行了。

师:说得真好,那你能试着说明一下具体该怎么做吗?

生:(思考片刻)用 4.8 减去 1.6×2。

师:是先算减法还是乘法呢?

生:乘法。

师:嗯,老师要表扬你四则运算的顺序记得真牢。你能试着把这个式子写在纸上,并把未知数求出来吗?

我们让学生 A 在刚刚画的天平旁边解出未知数 x 的值,他很快解出 $x=1.6$,具体过程如图 5 - 3 - 3 所示。虽然第一次求解时,在格式上存在偏差,但欣慰的是,对于"一个加数+另一个加数=和"这种类型的方程,他已能在教师的提示下,借助画出的天平求解出来了。

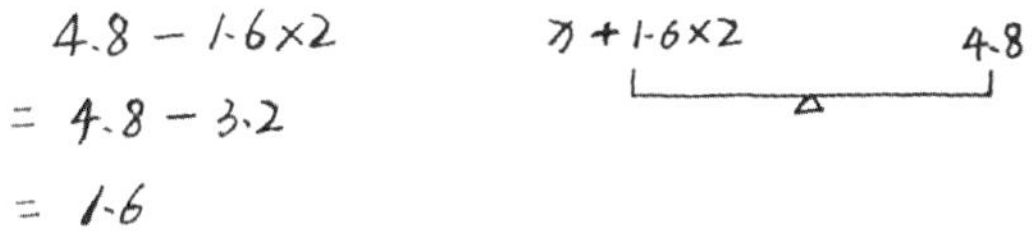

$$4.8 - 1.6 \times 2$$
$$= 4.8 - 3.2$$
$$= 1.6$$

$$x + 1.6 \times 2 \qquad 4.8$$

图 5-3-3　第一次干预后学生 A 的解答过程

（3）巩固强化

教授给学生 A 在纸上画天平这一方法后，我们给他出了几道类似 $A \times x + B = C$ 或 $A \div x + B = C$ 的解方程题，他都能够通过把天平画在纸上的方法正确解答出来，并告诉我们，这种在纸上画出天平来解方程的方法他很喜欢。刚接触解方程的时候，一遇到稍复杂点的题他就弄不明白了，不知道如何下手，然而通过把方程在纸上画出来的这种方式，他就知道这种题该怎么做了。经过几次训练，初步判定学生 A 在第二阶段转化成功。

3. 让学生 A 直接解方程

（1）适当提示并鼓励学生独立完成解方程

第三种方式就是脱离具体的实物天平和图形天平，让学生直接求解方程。这次我们打算改变方法，让学生大胆探索，独立完成。

师：接下来我们要加大难度了。刚刚老师已经教给了你两种方法，分别是借助实物天平和图形天平解方程，看来你已经基本掌握了。下面，老师就要考考你了，有没有信心？

生：有。

师：（出示方程 $x \div 0.4 + 1.2 = 3.6$）这次我们把之前的辅助工具都拿走，你能尝试着直接解这个方程吗？

学生 A 盯着这个方程仔细观察，没有作声。

师：虽然没有了天平这个工具，我们还是可以把这个方程在心里想象成一个天平，对不对啊？

学生 A 点头表示肯定。

师：给你两分钟的时间解这个方程，不要急，慢慢写。

学生 A 边写我们边观察他的表现，在他解方程的过程中，能感觉到他在想象。经过差不多两分钟的时间，学生 A 把这个方程解答出来了，其解答过程如下：

$$x \div 0.4 + 1.2 = 3.6$$
$$x \div 0.4 = 3.6 - 1.2$$
$$x \div 0.4 = 2.4$$
$$x = 2.4 \times 0.4$$
$$x = 0.96$$

为了了解学生 A 是如何分析的,我们询问其解题思路。

师:你在解这个方程的过程中是怎么想的?

生:我是按照你说的方法,把等式的左右两边想成一个天平。

从学生 A 的解题过程来看,在有加减、有乘除的算式中,他已经知道要先算乘除再算加减。经过实物天平的操作和图形的表征过程,他已对这种类型的题目加深了印象,说明他已经实现了思维的转化。

(2)巩固强化

为了验证学生 A 是否真的在这类方程上实现了转化,第一次干预后的第二天,我们又给他出了道类似的题目,他很快解答了出来。因此,初步判定学生 A 对于解形如"$x+$一个数$=$另一个数"的方程,能够在教师的帮助下获得转化。

4. 学生 A 第一次干预结果及特点分析

(1)学生 A 第一次干预结果

对学生 A 的第一次干预,我们用了三种方法,第一种方法是用具体的实物天平来帮助他理解如何解方程,在这个方法里用到了 4 种策略。

策略 1 是激发学生的数学学习兴趣,稳定学生情绪。通过对话让学生产生兴趣,同时该生也确认了我们把他单独叫出来并不是要批评他,从而稳定了他的情绪。兴趣是最好的老师,对话让学生了解到枯燥的数学也可以在天平这个鲜活的实物模型上学习,同时激发学生的好奇心:如何在天平上解方程呢? 从学生 A 的反应来看,他对此是有兴趣的。

策略 2 是先通过对话,引导学生理解运算顺序,运算顺序的掌握是学生解方程的基础。干预前,从学生 A 的作业中能看出,他将四则运算的顺序混在了一起,但是从他的回答中能够看出,他其实是知道四则运算顺序的。所以,这次对话的目的是让学生加深对四则运算顺序的记忆。

策略 3 是通过语言提示来启发学生运用实物表征方程,也就是教学生如何在天平上"摆方程"。通过教师的语言提示,让学生 A 知道方程左边的部分要摆在天平的左边,方程右边的部分要摆在天平的右边。我们示范将方程左边的一部分摆在天平的左边,剩下的部分让学生 A 尝试着在天平上表征出来。干预结果显示,学生 A 能够在天平上将方程完整表征出来。

策略 4 是及时表扬和鼓励。学生 A 平时缺乏自信,所以当他能够在我们的启发引导下有所进步时,就对他进行表扬和鼓励,让他找到一点自信。当我们让学生 A 独立在天平上再操作一次时,他能边操作边口述,表明他已能够在天平上解出形如 $A \times x + B = C$ 或 $A \div x + B = C$ 的方程。

第二种方法是用图形模型帮助学生解方程,在这种方法里我们用到 3 种策略。策略 1 是教师示范作铺垫,即示范如何在图形模型上表征方程。策略 2 是通过语言引导和适当的启发,让学生独立思考,干预结果表明学生 A 能够借助在纸上画出的天平解出方程。策略 3 是巩固强化,让学生继续求解几道类似 $A \times x + B = C$ 或 $A \div x + B = C$ 的方程,结果表明学生 A 能够借助图形模型独立完成解答。

第三种方法是让学生 A 直接解方程。这里,我们采用适当提示并鼓励学生独立完成解方程和巩固强化这两种策略,干预结果显示,即使没有实物模型和图形模型的支撑,学生 A 也能独立完成解方程。

(2) 学生 A 第一次干预中呈现出的特点

学生 A 反应比较迟钝,每次操作后停留的时间较长,且记忆力不太好。在实物天平上解方程时,他需要把每一步的结果记在纸上后,才能继续下一步的操作。由于学生 A 的成绩在班里一直是倒数的,且较少得到教师的关注和表扬,所以一直都没有自信。通过本次干预,学生 A 体会到了成功的喜悦,他还告诉我们,他最喜欢的方法是第一种和第二种,他觉得这两种方法比较直观,比较好理解,说以后如果想不起来怎么做时,就在纸上画出一个天平帮助自己理解。在这个过程中,通过对学生 A 的及时表扬和鼓励,让他找到了一点自信,我们真心为学生 A 的进步感到开心。

四、对学生 A 的第二次干预

1. 直接用图形帮助学生 A 解方程

形如 $15 \times 2 - 5x = 23$ 的在未知数前有减号的方程,也是学生 A 的作业中容易出错的一类。在教学生 A 解这类方程前,我们询问他是不会解还是看错了,他回答说,觉得中间含有减号的方程有点难、有点复杂。学生 A 对此题的错误解法如下:

$$5x = (23 - 15) \times 2$$

$$5x = 16$$

$$x = 3.2$$

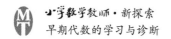

从中可以发现,经历了之前的干预后,学生 A 将此方程与形如 $A\times x+B=C$ 或 $A\div x+B=C$ 的这类方程混在了一起,依然是用方程右边的数减去方程左边的数,不理解这种问题该怎么思考。

（1）增加难度,激发求知欲

鉴于第一次的干预比较顺利,我们想给学生 A 一个挑战,这次干预没有实物天平作铺垫,直接用图形模型对学生 A 加以干预。从学生 A 的错误解法中可以看出,他看到 23 减 15×2 的积不够减,就硬是加了括号,忽略了本该有的运算顺序,说明学生 A 的记忆力和理解能力确实有所欠缺。

师:加减乘除混合在一起时的运算顺序是什么?

生:先乘除后加减。

师:这个运算顺序任何时候都不会改变,除非在有括号的时候,是不是?

学生 A 点了点头。

师:你记得上次老师教你的在纸上画天平的方法吗? 先尝试着在图形天平上把这个方程表示出来。

学生 A 在纸上画出了一个天平,天平的左边写上 $15\times 2-5x$,右边写上 23。

（2）语言提示

显然,学生 A 已经能够将方程对应到图形模型的左右两边。我们希望通过语言提示,能让学生 A 较好地理解这个方程。

师:这个方程中,我们应该先算什么?

生:要先算 15×2,等于 30。

师:真棒,那这个等式的意思是不是就变成了 30 里面减去 5 个未知数等于 23 了呢?

生:是的。

师:所以,你能在天平下方写出算式吗?

学生 A 在左边的天平模型下方写出 $30-5x$。

师:那这 5 个未知数到底等于多少呢?

生:5 个未知数等于 $30-23$。

师:你的反应真快,很好,现在你能解出来了吗?

我们让学生 A 参考在纸上画出的天平,把这个方程的解答过程完整地写在旁边,如图 5-3-4 所示。

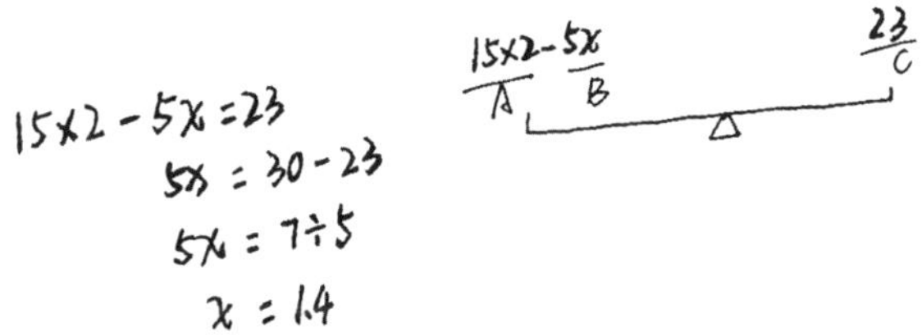

$$15 \times 2 - 5x = 23$$
$$5x = 30 - 23$$
$$5x = 7 \div 5$$
$$x = 1.4$$

图 5-3-4　学生 A 的解答过程

2. 让学生 A 尝试直接解方程

之后,让学生 A 摆脱对实物和图形的依赖,直接解抽象的方程 $18 \div 0.6 - 3.6x = 12$,方程的类型并没有变。学生 A 思考了一会儿,摇头说不会,还是需要把天平画在纸上才能解答出来。

(1) 语言鼓励

学生 A 很喜欢用画天平的方法来解方程,我们认为,学生 A 在之前的干预下是有潜力实现逐步转化的,因此对他进行言语激励。

师:我们要敢于挑战自己,要把天平在自己的头脑里想象出来,从而锻炼我们的抽象思维能力。

学生 A 没有说话,看了我一眼。

(2) 给予一定提示

师:我们先看方程的左边,要先算什么呢?

生:要先算除法。

师:对的,要先算除法。那么,$18 \div 0.6$ 等于多少呢?

学生 A 在草稿纸上演算后,告诉我们等于30。

师:嗯,再想 30 减去一个数等于 12,那这个数是多少?

生:是18。

师:这样就变成了 $3.6x$ 等于 18,那 x 等于多少呢? 你知道接下来该怎么做了吗?

学生 A 在我们的提示下把这个方程解出来了,可是,再出一道类似的题目让他完成时,该生并不能独立解答出来。于是,我们决定再返回到第二阶段,借助图形模型帮助学生 A 解此类方程。

(3) 借助图形模型帮助学生 A 解方程

对于形如 $A - B \times x = C$ 或 $A - B \div x = C$ 的方程,学生 A 能够通过在纸上画

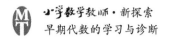

出天平把方程解出来,脱离图形模型便不能独立求解。因此,我们返回到上一种干预方法,允许他画出天平。

于是,出示方程 $36-3x=22.5$,让学生 A 借助图形模型独立完成,他很快就做了出来,具体解答过程如图 5-3-5 所示。

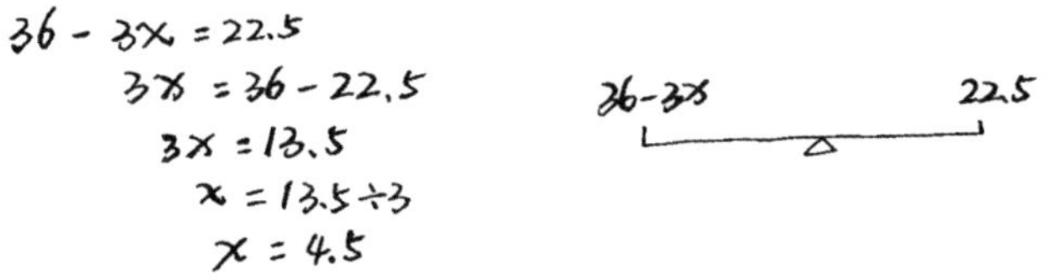

$$36-3x=22.5$$
$$3x=36-22.5$$
$$3x=13.5$$
$$x=13.5÷3$$
$$x=4.5$$

图 5-3-5　学生 A 的解答过程

3. 学生 A 第二次干预结果分析

本次干预针对的是学生 A 经常出错的形如 $A-B×x=C$ 或 $A-B÷x=C$ 的方程,我们用到了两种干预方法,分别是借助图形模型解方程和直接解方程。学生 A 能够通过在纸上画出天平的方式独自求解此类方程;对于直接求解方程,学生 A 能够在我们的指导下完成求解过程,可是单独做时思路不是很清晰,且不太愿意思考,会说不会做,需要画出天平模型才能做出来。

五、学生 A 干预结果

经过一段时间的学习,发现学生 A 对于部分解方程的题目是能够获得转化的,但对于未知数的系数前有减号的方程,如 $15×2-5x=23$,直接求解还是会做错,不知道怎么分析,需要把天平画出来才能做。虽然学生 A 不能完全获得转化,但是相比之前还是有所进步,任课教师也反映,与之前相比,错误率降低了。对于暂时不能很好地理解抽象方程的学生 A 来说,在纸上"画出"方程也是一种方法。我们相信,多画几次,学生 A 或许就能够摆脱图形模型,做到直接求解。

第四节
学了又忘的个案

一、学生 B 的基本情况

学生 B 是一个做什么事情都很慢的男生,在家是独生子,从其数学任课教师处了解到,学生 B 在班里的数学成绩是倒数 10 名左右,一般都是不及格,其他学科的成绩也常常不及格。学生 B 的一些基础测试情况如表 5-4-1 所示。

表 5-4-1　学生 B 测试情况分析

	智力			非智力		
	IQ	RV	数学学习兴趣	情绪稳定性	意志品质	气质类型
得分	96	36	0.56	38	46	胆汁质、多血质和黏液质混合型
分析	偏低	较低	一般	基本稳定	薄弱	

1. 家庭情况

学生 B 的父亲为公司职员,专科学历;母亲为美容师,专科学历。父母平时工作比较忙,没有太多时间管孩子。学生 B 每天放学后都会到妈妈的工作地点写作业,作业也是在妈妈有时间时才会帮他辅导,否则就没有人辅导他写作业,所以他的各科成绩都不是很好。

2. 学生 B 的自我评价

学生 B 觉得自己不够聪明,学习成绩落后,但是很想学好;同时觉得自己反应有点慢,平时做作业的速度也很慢。结合学生 B 在其他学科以及平时课堂中的表现,初步判定学生 B 为智力型差生,操作迟钝且推理能力欠缺。

3. 成因分析

学生 B 属于数学学习兴趣不高且爱偷懒的一类学生。小学生要想取得优异的数学成绩,首先要对数学感兴趣,只有这样,他们的学习动力才会持久。此外,学生B的学习意志较薄弱,表现为在作业中一遇到难题,不是积极思考,而是抄袭其他同学的作业。例如,老师要求作业中有错误的学生要每天独立完成订正,而学生B为了应付老师,不愿意去想自己错在哪,不愿意思考该怎么样去订正,只是去抄周围同学的正确答案,就当完成了作业。除此之外,制定的学习计划也很少能如期完成。例如,约定周末写完作业后再玩,可是一碰到自己爱看的电视节目或者有小伙伴邀请一起玩耍,就忘记了要先写作业。

家庭中,没有一个良好的学习环境也是影响学生B学习成绩的一个因素。在孩子成长的过程中,家长是孩子人生的第一任老师,家庭教育有着非常关键的作用。

二、学生 B 转化前的情况

如图 5-4-1 所示,是学生 B 转化前的解题情况。从中可以看出,无论是 $A\times B+x=C$ 这种最简单的类型,还是形如 $A-x+B=C$ 的方程,学生 B 都弄不清楚。于是,我们决定对学生 B 从最简单的 $A\times B+x=C$ 这类方程开始,求解 $4\times2+x=10$ 这一方程。

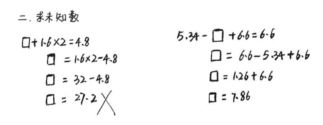

图 5-4-1 学生 B 转化前解题情况

三、对学生 B 的第一次干预

1. 用具体实物天平帮助学生 B 解方程

从学生 B 的作业情况来看,在有加减、有乘除的式子中,他应该是知道运算顺序的。为了确保该生真的知道四则运算的顺序,我们对他进行了询问。

(1) 通过对话,引导学生理清运算顺序

师:对于 $4\times2+x=10$ 这个方程,方程的左边应该先算什么呢?

生:先算出 $4\times2=8$。

师:很好,在有加、有乘的算式里,我们要先算乘法。那么,你知道这个方程在天平上怎么呈现出来吗?

学生 B 摇摇头。

以上对话表明,学生 B 是知道运算顺序的。

(2)语言提示,让学生在实物天平上表征方程

师:我们可以把方程左边的部分摆在天平的左边,那么方程右边的部分该摆在哪呢?

生:右边。

师:很好。

我们鼓励学生 B 在天平上摆砝码。

生:老师,是不是 4 乘 2 等于 8,就在左边摆 8 克的砝码?

师:是的。(学生 B 特别喜欢做一步、问一步)

生:老师,8 克的砝码怎么摆啊?(可以明显看出,学生 B 不能专注思考,特别依赖老师)

师:你要学会独立思考,不能每一步都问老师,好吗? 观察一下这里有哪些砝码,你该怎么摆呢?

学生 B 意识到,要在左边的天平上摆 1 个 5 克砝码、1 个 2 克砝码和 1 个 1 克砝码。对于等式左边的"$+x$",我们同样用彩色小纸片来代替,且学生 B 知道要把纸片也放在左边。

师:方程的右边等于 10,那么这个 10 该放在天平的哪边呢?

生:右边。

学生 B 把 10 克砝码放在天平的右边,如图 5-4-2 所示。我们引导他发现,此时的天平显然是不平衡的。

图 5-4-2 用实物天平帮助学生 B 解方程

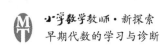
师：现在，这个方程是不是就转化成了8加上几等于10？

这个问题对学生B来说很简单，但他还是思考了一会儿，慢慢腾腾地回答$8+2=10$。

师：所以，未知数x的值为2。

为了验证结果的正确性，我们建议他把彩色小纸片拿掉，换成1个2克的砝码，发现天平果然是平衡的。所以，$x=2$是对的。

（3）巩固强化

为了让学生B真正掌握如何利用天平做这道题，我们决定让他再次把这个方程在天平上操作一遍，并提醒他可以把天平两边摆好的克数记在草稿纸上，这样就不用把天平上左右两边的砝码数再加一次。

学生B能够按照我们的要求在天平的左右两边正确摆放砝码，并得出未知数x的值为2。在此过程中，学生B的速度不是很快，其间还询问是不是这样做，但被我们拒绝了，并再次重申要养成独立思考的好习惯。

（4）有意培养学生独立思考的好习惯

针对学生B一遇到问题或每操作一步就爱问老师的这个情况，我们要求他独立在天平上完成$x+10\div2=15$这个方程的解答，并作记录。

学生B的反应也是比较慢，他花了接近一分钟的时间观察这个方程。当学生B再次想问我们是不是先算$10\div2$等于5的时候，我们打断了他的进一步询问，并且鼓励他要相信自己，怎么想就怎么做。于是，学生B接着操作，把彩色小纸片和1个5克砝码放在天平左边，在天平右边放了1个10克砝码，操作到这里，学生B停了下来。

生：老师，没有5克的砝码了，怎么办？

师：想一想，我们可以用哪几个砝码来代替5克的砝码？

学生B盯着剩下的砝码看了几秒，在天平的右边摆了2个2克砝码和1个1克砝码。其间，他的提问被我们拒绝了。但欣慰的是，他这次能够按照要求，把右边的$10+2+2+1=15$写在纸上，然后得出$x=10$。

通过在天平上摆砝码的方式，学生B已经基本上能够求出这类方程中未知数的值。虽然他依然一遇到问题就向我们确认，缺乏独立的思考，但可以看出，出现这种情况的频率有所下降。

2.借助图形模型帮助学生B解方程

在第一个实物表征阶段，学生B基本能够实现转化，接下来进入第二个图形表征阶段。

（1）表扬鼓励，激起学生的学习兴趣

师：刚刚借助天平解方程的方式是不是很有意思？

生：我觉得是有点意思的。

师：除了利用天平，我们还有一种更简单的方法帮助我们解方程，你想不想学？

生：想。

师：这次老师要把天平拿走了，虽然没有了天平，但我们可以在纸上画一个图形代表天平。

生：老师，怎么画呢？

师：是不是很想知道，老师等下就会告诉你。

出示 $7x-x+2\times3=29.4$ 这道题目，这个方程虽然看起来比刚刚在实物天平上解的方程复杂，但实质上只是多了一步。

师：你觉得这个方程难不难？

生：看起来挺难的，太长了。

师：接下来用刚刚说的新方法求解，你再看看它难不难。

（2）示范并适当引导

我们在纸上画出一个简易天平模型，因为等式的左右两边是相等的，所以画出的天平的左右两边也是平衡的。其间，学生 B 在旁边很认真地听着。接下来，引导学生 B 明白如何把方程左右两边的部分在图形模型上表征出来。

师：我们先看左边，先算哪种运算？

生：乘法。

师：很好，$2\times3=6$，我们可以把它先算出来。再看减法，7 个 x 减去 1 个 x，还有几个 x 呢？

生：6 个。

师：所以，现在天平的左边就变成了 $6x+6$，这样是不是就转化成了我们在实物天平上练习过的题目了？

学生 B 点头表示肯定。

师：现在，我们就要思考 $6x$ 要等于多少，才能让天平平衡？是不是左右两边同时拿掉 1 个 6 呀？所以，$6x=29.4-6$，下面的问题是不是就很简单了？

提示到这，我们尝试让学生 B 在纸上画出的天平旁求解未知数 x 的值，学生 B 解出 $x=3.9$。

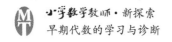

3. 学生 B 第一次干预结果分析

对学生 B 的第一次干预中,我们用了两种方法。第一种方法是用实物天平帮助他理解如何解方程,在这个方法里我们用到了 4 种策略。

策略 1 是通过对话,引导学生理清运算顺序。运算顺序的掌握是解方程的基础。从对话中得知,学生 B 对四则运算的顺序是了解的,但是不能灵活运用。策略 2 是通过语言提示,让学生 B 在实物天平上表征方程,学生 B 在这个过程中不能独立思考,总是会询问。我们要求该生独立思考,在这一干预下,学生 B 询问的频次有所降低,并能在我们的提示下将方程在天平上表征出来,借助天平求解。策略 3 是巩固强化,在没有提示的情况下,让学生 B 借助天平独立解方程,结果表明,学生 B 基本能够完成解答。策略 4 是有意识地培养学生独立思考的好习惯,让他逐渐改善依赖老师、不主动思考的坏习惯;只有经过独立思考,才能真正掌握知识点,才能更好地将知识内化。

第二种方法是借助图形模型解方程,共用到两种策略,策略 1 是表扬鼓励,激发学生的学习兴趣;策略 2 是示范并适当引导学生 B 在图形天平上表征方程。

学生 B 是一名很难做到独立思考的学生,在实物天平上解方程和在纸上画天平解方程的过程中,他总是习惯性地向我们确认,常发出"是这样吗"之类的疑问。其间,我们几次打断,让学生 B 独立思考,他也能减少提问的次数。学生 B 能够在干预过程中跟上我们的节奏,基本能独立完成解方程,初步判定干预效果明显。

四、学生 B 的第二次干预

1. 让学生 B 直接解方程

经过上次的干预,学生 B 有了很大的进步。在第二次干预中,我们要检验他掌握得怎么样,即要求他不能用前面两种方法,而是直接解方程。

出示方程 $x+6\times1.2=13.8$,在解这个方程的过程中,观察发现学生 B 已经知道要把 6×1.2 当成一个整体先算出来,等于 7.2。学生 B 在求解的过程中有个试误的过程,他思考后先写出的是 $x=6\times1.2-13.8$,$x=7.2-13.8$,发现不够减,就改成了 $x=13.8-6\times1.2$,$x=13.8-7.2$,$x=6.6$。可见他还是习惯性地用左边的数减右边的数,没有把方程当成一个天平考虑,没有把直接解方程的过程与先前的干预过程相联系。

(1) 语言提示和及时鼓励

观察到学生 B 在直接解方程的过程中依然没有思路,我们及时对他加以语言

224

提示。

师:即使我们在这次解方程的过程中没有把天平画出来,但是在心里还是要把它想象成一个天平,等号的两边就是天平的两边,左边的 x 和 6×1.2 这两部分的和加起来等于13.8。所以,x 是不是等于13.8减去 6×1.2 呀?

生:嗯,老师,我刚刚忘记了,我是不是可以把这个方程在心里想成是一个天平呢?

师:对的,就是这样的,以后如果不会做的话,我们就可以在心里把方程想象成是一个天平。

(2)巩固和强化

对学生 B 进行巩固和强化,让他独立解 $x+1.5 \times 4=7.8$ 这个方程,学生 B 的解答过程如下:

$$x+1.5 \times 4=7.8$$
$$x=7.8-1.5 \times 4$$
$$x=7.8-6$$
$$x=1.8$$

可见,学生 B 能够把这个方程求解出来,虽然有点慢,但结果是正确的。因此,我们认为,通过及时的巩固与强化,学生 B 基本能独立对形如 $x+A \times B=C$ 的方程实现转化。

2. 学生 B 第二次干预结果分析

过了几天,我们又给学生 B 出了几道类似的题目,如 $x+1.5 \div 0.3=15$。让学生 B 自己做的时候,还是会出错,会出现 $x+1.5=15 \div 0.3$;但是在我们给他稍加提示后,他又恍然大悟似地立马想了起来。从他的后期作业来看,学生 B 对一部分题目能够实现转化,一部分还是会把运算顺序弄混,转化效果一般。

五、学生 B 干预结果分析

学生 B 在每次刚干预结束后能够实现转化,但是隔了几天就会有所遗忘;在解部分方程时还是会出现错误,只能求解很简单的方程。对于方程中有加减、有乘除的复杂运算,在我们刚讲解完之后他是会的,但过几天让他再单独做,完成情况不是很理想。我们在与学生 B 的聊天过程中了解到,学生 B 听完后能够理解,但回去后并没有花时间去及时巩固,去真正掌握它,这是学生 B 转化效果一般的部分原因。

第五节
学会解方程的个案

一、个案学生C的基本情况

学生C是一个很调皮的男生,从他的数学任课教师处了解到,学生C在班里的数学成绩倒数,一般都是不及格。学生C在基础测试中的一些情况如表5-5-1所示。

表5-5-1　学生C测试情况分析

	智力			非智力		
	IQ	RV	数学 学习兴趣	情绪 稳定性	意志品质	气质类型
得分	98	36	0.24	26	40	典型的 多血质型
分析	正常	较低	较低	不太稳定	薄弱	

1. 家庭情况

学生C的父母离异,他平时跟着爸爸一起生活。由于爸爸经常出差,因此基本上都是爷爷奶奶在照顾他;而爷爷奶奶年纪大了,所以学生C的学习情况和平时习惯的养成基本没人过问。这样的家庭环境某种程度上造就了学生C的性格特别活泼好动,经常爱与同学打闹,甚至引起冲突。上课的时候也爱捣乱,不能遵守课堂纪律,教师提醒后,他也只能安静几分钟,便又开始东张西望,与其他同学交头接耳,是很让班主任头疼的一类学生。

2. 学生C的自我评价

有点贪玩,上课不能集中注意力听讲,平时想法多,对学习不是很感兴趣,长大后想从商。

3. 成因分析

学生 C 属于典型的学习兴趣缺乏、学习态度不端正的类型。有的学生认为自己聪明,学习成绩就会好,其实这是错误的想法,"伤仲永"的例子已经告诉了我们这个道理。就教学而言,如果学习的态度不端正,要想学好数学还是有一定难度的。学生 C 平时不认真完成作业,卷面不整洁,字迹写得潦草,不能按照教师的要求来完成。总之,学习态度不认真,计算屡屡出错,平时表现出不懂装懂的样子,对自己成绩不好这点也不会觉得有什么不妥。

二、学生 C 干预前的情况

干预前,学生 C 对于加减乘除的混算运算不清楚怎么做,刚学习解方程时,更是摸不着头脑,图 5-5-1 为学生 C 的错题。从他做的题目来看,他将加减乘除的运算混在了一起,习惯性从左往右算,没有理解方程的含义。我们在与他聊天的过程中,询问他上课有没有认真听讲,他摇摇头;从他的作业中也能看出他的学习态度不是特别认真,经常在作业上涂涂画画。鉴于学生 A 和学生 B 在实物天平上解方程基本都没有问题,我们决定对学生 C 直接采用第二种方法加以干预。

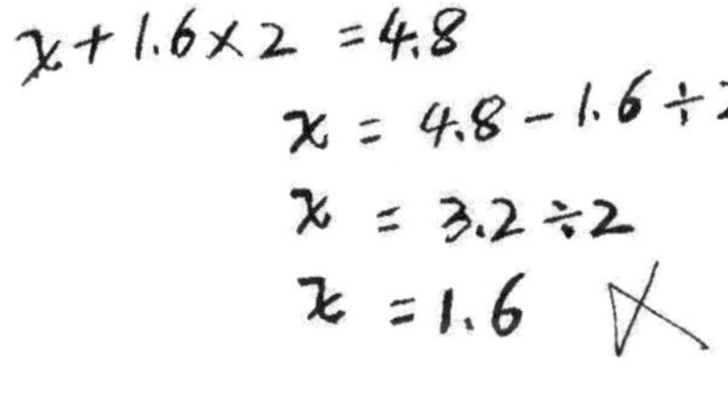

$$x + 1.6 \times 2 = 4.8$$
$$x = 4.8 - 1.6 \div 2$$
$$x = 3.2 \div 2$$
$$x = 1.6$$

图 5-5-1 学生 C 转化前解题情况

三、对学生 C 的第一次干预

1. 借助图形模型帮助学生 C 解方程

(1) 激发数学学习兴趣

学生 C 已经知道方程可以看成一个天平,方程的左右两边可以看成是天平的两边。

师:既然方程可以看成一个天平,那我们在解方程的时候可不可以在纸上画出一个天平呢?

学生 C 听了感觉很有意思,点点头,露出好奇的神情。

师:对于 $x \div 4 + 1.2 = 3.6$ 这个方程,要想把它画在纸上,该怎么画呢?(提问

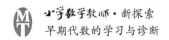

的目的是想激起他的思考,不能只听、不动脑筋)

学生 C 的眼睛转了转,能看出来他在思考;接着,我们想考查学生 C 对于加减乘除的运算顺序是否清楚。

师:这个方程该怎么处理?

学生 C 摇摇头,说不知道。

师:老师把这个方程画在纸上,你就能看得清楚了。

(2) 教师示范作铺垫

方法同前面两个学生一样,都是在纸上画出天平,把 $x \div 4 + 1.2$ 写在天平的左边,把 3.6 写在天平的右边。

师:这个方程对应到天平上是不是这个样子的?

学生 C 点头,表示肯定。

生:原来方程还可以这样做啊!

师:这样做是帮助我们理解方程的实质,天平是平衡的,等式的两边也是相等的。我们先来看方程的左边,也就是对应的天平的左边,左边要先算什么呢?

生:要先算除法。

可见,虽然学生 C 会把等式左右两边的运算混在一起,但是加减乘除的运算顺序还是知道的。

师:我们可以把 $x \div 4$ 看成一个整体,那这个等式的意思是不是就变成了一个数加上 1.2 等于 3.6 呢?

生:这样一分析,就很简单了呢,下面的我已经会了。

(3) 引导学生意识到自己的缺点,同时发扬优点

学生 C 是个急性子的学生,他不等我们说完就觉得自己已经会了。于是,我们让他在草稿纸上独立完成解答,他一开始直接写 $x = (3.6 - 1.2) \times 4$,但是很快又擦掉了,然后改成:

$$x = (3.6 - 1.2) \div 4$$
$$x = 2.4 \div 4$$
$$x = 0.6$$

解好之后,我们让学生 C 自己检查一遍,他看了一会儿,说看不出哪里有问题,认为自己应该是对的。

师:刚刚我们分析得到,这个等式的意思是一个数加上 1.2 等于 3.6,那么这个数是多少,我们能不能算出来?

生:2.4。

师:这个 2.4 是未知数 x 的值吗?

生:不是的,是 $x \div 4$ 这个整体的值。

师:那么 x 应该等于多少呢?

学生 C 恍然大悟,赶紧修改自己的答案。

师:嗯,你能很快认识到自己的错误,这一点很好,但是以后做题时不要急,一步一步来就不容易出错。

学生 C 点头表示赞同。

(4) 适当降低难度,增加成功体验,并及时鼓励

为了鼓励学生 C,我们给他出了类似的且较简单的解方程题,让学生 C 通过画天平的方法将其解答出来。例如,$1.5 + 0.6x = 4.8$,让学生 C 独立完成,他很快就解答出来了。具体如下:

$$1.5 + 0.6x = 4.8$$
$$0.6x = 4.8 - 1.5$$
$$0.6x = 3.3$$
$$x = 5.5$$

学生 C 解完后,我们让他自己检查,锻炼他的耐心,同时希望他能有危机感,不能有点进步就沾沾自喜。学生 C 仔细盯着自己写的过程,将其检查了一遍。

生:老师,我这是对的吧?

师:你先说说你是怎么想的。

生:我把 $1.5 + 0.6x$ 画在天平的左边,把 4.8 画在天平的右边,相当于 $1.5 + 0.6x$ 等于 4.8,所以 $0.6x = 4.8 - 1.5$,$0.6x = 3.3$,解出来 x 就等于 5.5 了。

师:说得很好,思路很清晰,你觉得在纸上画天平这种方式有意思吗?

生:很有意思,挺好玩的。

从学生 C 的回答中能够感受到,他对于借助图形模型解方程还是有一定兴趣的,我们打算再教给他另外一种方法。

(5) 变换方法,进一步激发兴趣

师:刚刚这道题你做得又快又对,进步很快。这道题还有另外一种解法,你想不想学呢?

生:想!

师:同样地,我们还是借助画在纸上的这个简易天平,$1.5 + 0.6x$ 还是应该写在

哪边呢?

生:左边。

师:4.8呢?

生:4.8肯定写在右边。

师:这时,天平是平衡的吗?

生:是的。

师:现在,如果我们在左右两边同时拿走1.5,天平是否还平衡呢?

生:(稍作思考)嗯,是的。

师:左边拿走1.5,还剩下什么?

生:没有了,不对,还剩$0.6x$。

师:不要慌,想清楚再说。右边拿走1.5呢?

生:右边拿走1.5就是……是3.3。

师:这个3.3是怎么得来的?

生:就是4.8减去1.5得到的。

师:嗯,你的接受能力真强,那你能按照刚刚老师说的方法,把这个方程再解一遍吗?

学生C听到赞赏后跃跃欲试,想了想后拿起了笔。解答过程如下:

$$1.5+0.6x=4.8$$
$$1.5-1.5+0.6x=4.8-1.5$$
$$0.6x=3.3$$
$$x=5.5$$

(6) 提出疑问,启发学生思考

师:很不错,可是老师还有一个疑问,为什么两边要拿走的是1.5,而不是1、2、3等其他的数呢?

生:1.5-1.5就等于0了。

师:说得太好了,这个拿走的数并不是任意的一个数,而是方程一边的不含未知数的值。比如,这个方程的左边是$1.5+0.6x$,拿走1.5后左边只剩下$0.6x$,是不是就简化了?

生:是的。

师:以后再遇到这种类似的问题,你就可以多一种思路了。

2. 学生 C 第一次干预结果

本次干预,我们用的方法是借助图形模型来帮助学生 C 解方程,共用到 6 种策略。

策略 1 是激发学生的数学学习兴趣。从先前的基础测试中,可以明显看出学生 C 的数学学习兴趣较低,所以第一步要做的就是激发他的数学学习兴趣。我们以对话的形式展开教学,让学生 C 知道接下来要学的是他平时没有接触到的一种方式,从而产生新鲜感。

策略 2 是教师示范作铺垫。由于这种方式是他平时没有接触到的,因此我们要先做示范,有了一定基础后,才能让学生 C 独立完成。

策略 3 是引导学生意识到自己的缺点,同时发扬优点。学生 C 的意志品质较低,学习态度也不是很认真,我们稍微赞许他,他就有点沾沾自喜。因此,当他因态度不认真而导致计算出错时,我们要抓住时机,引导该生认识到自己的错误。既要让他觉得自己有所进步,也要让他认识到自己还存在不足。

策略 4 是适当降低难度,增加学生成功的体验,并及时鼓励。对于这类学生,兴趣来得快、去得也快,当他觉得任务有难度而自己又做错了的时候,要适当降低难度,增加他成功的体验,否则一味地失败会降低他的数学学习兴趣,挫败感的增强不利于接下来的干预和转化,因此及时的鼓励也是很有必要的。

策略 5 是要变换方法,进一步激发他的数学学习兴趣。学生 C 对新事物感兴趣,但这种兴趣的持续时间比较短暂,因此要变换新的方法,进一步激发他的学习兴趣。

策略 6 是提出疑问,启发学生思考。这样做的目的是让学生 C 不仅知其然,更要知其所以然,明白在解方程的过程中,"拿去的这个数"是怎么来的。

从本次干预结果来看,学生 C 对方程有了一定的理解,而且能够借助图形模型独立完成形如 $A \times x + B = C$ 或 $A \div x + B = C$ 的方程,初步判定本次干预成功。

四、对学生 C 的第二次干预

1. 让学生 C 直接解方程

(1) 以新目标为诱饵,锻炼其意志

我们打算加大难度,创设一个新的目标让学生 C 去完成,即让他求解 $10 \times 2 - 5x = 4$。

师:现在我们没有天平的图形模型了,而要直接解 $10 \times 2 - 5x = 4$ 这个方程,你

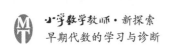

这么聪明,肯定没问题吧!

生:这个方程看起来挺难的,太长了。

师:没事的,老师相信你,你可以按照老师之前教你的方法,在头脑里想一想,仔细观察,老师相信你能独立完成。

学生C思考几秒钟,灵机一动赶紧写了起来,解答过程如下:

$$10 \times 2 - 5x = 4$$
$$x = (10 \times 2 - 4) \div 5$$
$$x = (20 - 4) \div 5$$
$$x = 16 \div 5$$
$$x = 3.2$$

(2)巩固和强化

学生C的耐心比较差,为了锻炼他的耐心和作进一步的巩固与强化,我们额外给他增加了几道类似的题目,学生C也是很快地完成了,且除了个别题目因粗心导致出错,其他基本上全对。此外,从他的解题过程来看,他更喜欢用我们教给他的第二种方法解方程。

2. 学生C第二次干预结果分析

本次干预是直接让学生C解方程,用到的策略有两种。一种是以新目标为诱饵,锻炼其意志。脱离图形模型、直接解方程,对学生C来说是一个新的挑战,也是一个新的诱饵。得知要直接解方程时,他的第一反应是题目太长了,有难度,不过我们还是坚持让他独立完成,目的就是锻炼他的耐心和意志力。

总的来说,学生C其实是个头脑很灵活的男生,他的热情来得很快。从给他出的几道解方程的解题过程中可以看出,他并没有按照我们给他的建议,即太长的方程可以一步步求解,他总是想一步到位,想证明自己掌握得很好。经过几道题的考验,学生C都能很快做出来,他开始变得自信满满。

五、学生C干预结果

干预结果表明,学生C基本能完成转化。他其实很聪明,由于上课一直不认真听讲,作业不认真做,家里也没人管,因此成绩才会越来越差。经过几次与学生C的聊天和对其在学习上的干预,他的学习态度有所端正,在我们给他单独辅导时,态度也不像以前那么随意了;他似乎也体会到了成功的喜悦,觉得自己挺有成就感的。学生C偶尔会因为粗心出点小错误,但是方程的思想他已经掌握了,能感觉到他对数学的兴趣提高了很多。任课教师也反映,他做作业比以前更加认真了。

通过对数困生的个案干预,看到自己微小的努力让学生有所进步和提高,甚至找到一点自信,我们感到非常开心和自豪。虽然不是所有的学生都能获得完全的转化,但是只要他们有进步,在我们看来都是非常有意义的一件事情。

第六节
学习困难的原因与教学建议

一、数困生在解方程学习中遇到困难的原因

1. 算术思维到代数思维的过渡存在困难

（1）方程的抽象性

用字母表示数是学习代数初步知识的一个起点。对小学生而言，将具体事物的个数抽象成数是认识上的一个飞跃，由具体的、确定的数过渡到用字母表示抽象的、可变的数，更是认识上的一个飞跃，而方程是用字母表示数的进一步拓展。方程是一种等量关系，这一数量关系把未知数和已知数联系了起来。于是，我们可以借助这一等量关系，找到所要求的未知数，从而解出方程。

（2）方程中渗透着"化归"和"逆推"的思想方法

在解方程的过程中，往往会运用到"化归"和"逆推"的思想方法。一般地，解较复杂的方程时，第一步就要对方程进行化简，即先把能计算出来的计算出来，考虑是否能对含有字母的式子进行化简，这一过程所体现的就是"化归"的思想。在这个过程中，涉及四则运算的性质，学生需要考虑哪些可以先计算，哪些可以合并，该如何将方程化简。在我们干预的三个学生中，都存在简化方程困难的问题。

同时，在解方程的过程中，也常常用到"逆推"的思想方法，推理能力较差的学生 A 和学生 B 在"逆推"上就存在一定的困难。

（3）如何利用四则运算的性质和等式的性质解方程

在解方程的过程中，是用四则运算的性质，还是等式的性质来帮助学生理解，《标准》中并没有明确指出。通过对教师的访谈了解到，教师一般为了解释清楚方程的原理，更多地会用四则运算的性质；对于在后期发现规律的学生，也会告诉他们可以运用等式的性质。在用等式的性质解方程前，学生必须先熟记四

则运算中各部分之间的等量关系式：一个加数＝和－另一个加数，被减数＝差＋减数，减数＝被减数－差，一个因数＝积÷另一个因数，被除数＝商×除数，除数＝被除数÷商。解方程时，根据具体的方程使用相应的关系式。虽然这种方法的教学效果不错，但是容易把解方程的过程变成学生机械模仿和记忆的过程。[①]这些关系式和相应的运用过程对记忆障碍型和推理能力有缺陷的数困生来说，也是存在困难的。对于形如 $8-2x=2$ 和 $9\div x=3$ 的方程，利用等式的性质来解就比较难操作。因此，如何选择合适的方法来解方程对数困生来说也是存在一定困难的。

2. 学生自身的特点

（1）学生自身发展水平

学生记忆能力、推理能力、想象能力等的发展是不均衡的，有的学生记忆存在一定障碍，或者推理能力有缺陷，逻辑思维发展缓慢；有的学生注意力不能集中，不能静下心来思考；等等。学生 A 属于记忆存在一定障碍、逻辑思维发展缓慢的一类数困生，学生 B 属于推理能力较差、注意力不集中、无法静下心来思考的一类数困生。

（2）非智力因素及外在因素

通过对 3 名个案数困生进行非智力测试，发现他们的数学学习兴趣普遍都不高，缺乏自信心，意志力比较薄弱。一些数困生容易受环境的影响，遇到困难容易退缩，没有很好的自控力，学习态度也不端正。学生 C 就属于容易受外界干扰且学习态度不端正的数困生。

（3）教师的教法

根据文献研究，发现教师的教法也是导致出现数困生的原因。用字母表示数是解方程的基础，用含有字母的式子表示数量关系，对初次接触代数的小学生来说存在一定的难度。比如，数字与字母相乘时，中间的乘号可以省略，而数字与数字之间的乘号不能省略，很多小学生容易将二者混淆。在对含有字母的式子进行化简时，会涉及"化归"思想，如果学生没有打好基础，必然会影响接下来的解方程教学。

---

① 黄科华.浅谈小学数学中的代数思想——由解方程教学说开[J].儿童发展研究,2014(04):50-52.

二、教学建议

1. 对教师的建议

（1）适当调整教学进度

每门学科都有一定的教学进度，教师不能一味地赶教学进度，而要考虑学生思维发展水平的特点。在教学用字母表示数以及把含有字母的式子进行化简时，要多花点时间，让学生能较好地从算术思维过渡到代数思维，根据学生的掌握情况适当调整教学进度。

（2）教学方法多样化，提高学生学习兴趣

教师在引入方程时，最常用的就是借助天平这个模型，让学生观察书本上的天平图片，或者课件出示天平图片，从中找到等量关系式，即天平左边物体的质量等于天平右边物体的质量，这是最常用的解释方程思想的方法。根据布鲁纳的表征系统，书本上或课件出示的天平图片都属于图形模型。因此，教师可以直接带一个实物天平到课堂上，通过直观的具体实物让学生理解方程思想，既可以吸引学生的注意力，提高学生的学习兴趣，也符合儿童发展的认知特点。进而，再从实物天平过渡到图片天平，最后抽象出具体的方程。

（3）教师应多关爱数困生

当前，任课教师对数困生的关注度和评价都不是很高。大多数情况下，数困生的成因是多方面的，不仅受学生学习动机、学习方法、归因方式、认知方式的影响，还会受教师、学校的影响。然而，数困生的问题往往没有引起教师和家长的足够重视，在整个学习过程中，一次次失败的打击造成他们厌学、叛逆的心理，学习成绩日益下降，进而成为数困生。通过对数困生的一系列行动研究，发现每个学生都有自己的闪光点，只要找到学生的根本性问题，对他们多加关心，并通过多种干预手段对他们进行教学，大部分学生还是能够获得转化的。

作为教师，我们要对数困生多一些关爱和了解，找到他们的问题所在，不能过早地放任他们；家长作为孩子的监护人，也有责任关注孩子的成绩；而数困生自身更是不能放任自我。

学生是发展中的人，具有无限的潜能，小学生更是如此。教师应该平等地对待每一位学生，不能戴着有色眼镜去看一些学生，尤其是数困生，不能给他们贴上"差生"的标签。每个小学生都有自己的尊严，且数困生在心理上较脆弱，有自卑心理，如果一味地加以指责和批评，很容易造成数困生产生强烈的厌学情绪。

教师应该对他们加以鼓励,要用爱去感染每一位学生,特别是在学习上暂时落后的学生。同时,可以给他们一些简单的任务,让他们获得成功的喜悦,对他们的点滴进步都要及时表扬,从而让他们重拾对学习的自信,增强学习数学的信心。

多元智力理论对我们的启示是,人的智力特点是多元化的,学生学习成绩的优异不能决定他们的整体成败。教师应对数困生多一点关心和鼓励,从而更好地实现他们的转化。

2. 对家长的建议

(1) 营造良好的家庭氛围

小学生从小便生活在家庭中,受影响最早的也是家庭教育,家庭氛围和外部环境容易影响小学生性格的形成和习惯的养成。和睦的家庭氛围一方面可以让孩子的心理健康发展;另一方面,当孩子在学习上或生活上遇到困难或困惑时,会主动与父母沟通,父母也可以在第一时间了解孩子在想些什么,可以及时排解孩子的烦恼,帮助他们解决困难。小学生的发展有一定的阶段性,受年龄和社会阅历的限制,对于在学习上遇到的一些问题或心理上出现的困惑,他们往往无法独立解决,这时父母应该积极鼓励,帮助孩子渡过难关,克服困难。因此,为了孩子身心的健康成长,为了他们今后的发展,家长要努力营造和睦的家庭氛围,让孩子能主动倾诉他们的心声。

(2) 多关心孩子的学习,加强与孩子的沟通

有的非智力型数困生是由于家长对孩子学习情况的不闻不问造成的,或是与孩子沟通太少,不知道他们心里想的是什么。因此,家长一定要与孩子经常沟通,了解他们最近的思想动态,掌握他们近期在学习上出现的困难及其成因。同时,在沟通时,家长要学会循循善诱,加以适当的鼓励,尽量帮助孩子解决困扰。另外,家长要督促学生养成良好的学习习惯,并经常与任课教师联系,随时获知孩子的学习动向,与学校和教师一起实现数困生的成功转化。

3. 对数困生自身的建议

(1) 端正学习态度,增强学习自信心

数困生的一大问题是对学习缺乏积极性。很多数学成绩不好的学生,他们的学习态度有一定的问题,学习不认真,上课做小动作,不注意听讲。小学的很多知识点并不是很难,只要学生上课认真听讲,下课认真复习,一般都能掌握。因此,数困生要端正自己的学习态度,认识到自己的不足之处,并多加努力。同时,也不能放任自我,认为自己学不好数学。数困生要在教师和家长的共同帮助下建立起自

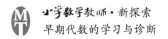
信心，要有在数学上取得进步的自信和勇气。

（2）养成良好的数学学习习惯

数困生除了要有学好数学的自信心，还要养成良好的学习习惯。找到适合自己的学习方法，一定要认真对待平时的作业，端正自己的态度，这是首先要做到的。同时，做到课前预习，课后复习；上课认真听讲，跟上教师的节奏，不懂的问题要及时向同学或者教师请教，也可以回到家里向父母请教。

第六章
等号的理解

第一节
理解等号的研究背景

近年来有许多研究发现，国内外有不少学生对于等号的真正意义，仍处于一知半解的状态。在上海的一年级第一学期的教材中，等号就被普遍使用在算式中，等式通常会以数字、运算符、数字、等号和空格的形式出现。学生在处理数学运算的时候，会过于着重知道答案，这样可能会导致学生误以为等号仅仅只是代表着"运算后的结果"或者"计算后的答案是……"的情况发生。而教材编排与教学也使得学生在日后学习代数式及判断其等价关系式时产生困扰，造成学生在代数学习上的困难与疑惑。

小学阶段特别是低年级时期，学生经常会进入到只有和差计算的等式中。学生将等号视为一个操作符号时，能正确地回答问题。当等号被理解为一个关系符号时，学生就开始解决一个加数缺少，被减数、减数或等号不在标准位置的等式（例如，$5=9-4$ 或 $3+5=4+4$）。如果学生仍然相信等号表示执行一个操作，那么对于等式中要求的不是求和或差的部分就可能回答错误。正确理解等号的重要性还表现在理解更高层次的数学问题上，如应用题和代数等式。很多时候，学生根据应用题会自发地产生或被教用代数等式来求解。如果学生对这些等式的理解因为对等号的不理解而受到影响，在小学低年级时只是很难解出基本的缺少数的等式，那么随着学段的发展，解代数方程和其他更高层次的数学计算就会变得更加困难。

在过去十多年的国际研究中，研究者们越来越多地关注代数推理的教学和学习，因为人们认识到学生在学校教育中发展的代数理解的不足。

代数一直以来都被认为是算术的一般化，代数的学习要以算术学习为基础。数学课程改革倡议的倡导者们建议将代数和算术作为一条贯穿整个课程的整体脉络来教授①。该方法通过关注学生的非正式知识和数值推理,建立早期的代数思维。采用这种方法的教师为学生提供了挑战等价概念和鼓励他们思考关系的学习情境。这支持了学生从计算到关系思维的转变。

等号知识作为数学等价的标志,是儿童数学发展的基础,是算术与代数之间的关键环节。等号从连接运算结果到表示一种平衡关系再到表示等价关系,这种所表示意义的递进,就是从算术思想到代数思想的转变。为了学生在初高中更高效学习代数以及更深入的专业学习,就要在小学积极渗透代数思想,也就是要让学生掌握正确的等号的概念。要发展学生的代数推理,就必须明确地注意发展关系式思维。这也需要把重点放在培养学生的等号概念上。因此,研究小学生对等号的理解势在必行。

1. 关于等号发展背景的研究

(1) 等号的起源

等号,符号为"=",首次出现于 1557 年,是英国的雷科德(Recorde)在《砺智石》(*The Whetstone of Witte*)一书中提出的,这本代数课本也是英国第一本使用"+""−"符号的书。雷科德为了避免重复使用枯燥乏味的"等于"这个介词,因此创用了"="这个符号来取代"等于"。他这样写道:"为避免'等于'一次次沉闷枯燥的重复,我像往常在工作中一样使用了一对平行线或者同长的孪生线'=',因为没有比两条更相等了。"因此,"="又被称为"Recorde's sign"。而"="这个符号的创立,毋庸置疑是雷科德对数学界最大的贡献。

"="这个符号被雷科德创立之后,在当时并没有被广泛接受与使用,它的推广十分缓慢。直到 1631 年,英国的奥特雷德(Oughtred)出版了一本对数学界极具影响力的书籍《数学之钥》,并在书中强调数学符号的重要性,才使得"+""−""="这些符号成为数学最终通行的标准记号。

然而,也有另外一种说法,博尔托洛蒂(Bortolotti)教授透露,存放在意大利博洛尼亚大学的一份手稿里包含与"="有关的信息,而且他倾向于认为"="作为等号在博洛尼亚发展是独立于雷科德的,甚至更早②。

---

① 蔡金法,江春莲,聂必凯.我国小学课程中代数概念的渗透、引入和发展:中美数学教材比较[J].课程·教材·教法,2013(6):57-61.
② 王俊辉.等号的历史与认知[J].江苏第二师范学院学报(自然科学版),2009(1):57-60.

(2) 等号的意义

麦克尼尔(McNeil)等人针对等号概念所作的相关研究,将学生对等号概念的认知区分为运算型及关系型①。所谓的运算型指的是一种运算定义,代表等号的右边是一种运算结果;而关系型则是指学生能以平衡的观点来看待等号左右两边的物件。巴鲁迪(Baroody)和金斯伯格(Ginsburg),贝尔(Behr)、厄尔旺格(Erlwanger)和尼科尔斯(Nichols),基兰在对等号的研究中都发现,不管在哪一种年级层中,都有许多的学生尚未对等号有完备的认识。贝尔认为,简单来说,学生往往将等号误解为只是一种运算符号,意为一定要"做某事"(doing something),而非总是将等号视为一种等价或是等量的关系②。麦克尼尔和阿里巴里(Alibali)也曾在研究中指出,学生通常会依据自身的经验来诠释并建构等号概念,当学生在小学阶段初次接触等号时,因为学习经验与范畴有限,所以会因课程编排而倾向于将等号定义为运算符号。也正因为国内义务教育阶段数学领域教材课程纲要的编排以及课程内容的铺陈中没有对于等号真正的含义作完善的引导与拓展,所以多数儿童会直接将等号定义为一种运算符号的代表,而缺乏对其等价的关系意义的认识。麦克尼尔的论点也与徐(Seo)和金斯伯格提出的论点不谋而合,后面两位学者认为在小学数学教材中,因为等号常常搭配着算术运算出现,所以学生往往会将等号定义为求得的"总数量"或运算后的"结果与答案",从而潜移默化地限制了学生对等号真正含义的理解③。麦克尼尔和阿里巴里根据这些学者的论点,提出倘若持续在这样的教学模式下学习,学生的确会容易根深蒂固地把等号直接与"运算符号"画上等号。

(3) 等号的分类

在等号的意义中,我们可以理解等号的基本含义指的是"保持式子左右相等",

---

① MCNEIL N M, GRANDAU L, KNUTH E J, et al. Middle-School Students' Understanding of the Equal Sign: The Books They Read Can't Help [J]. Cognition and Instruction, 2006, 24(3):367 - 385.

② BEHR M, ERLWANGER S, NICHOLS E. How Children View the Equal Sign [J]. Mathematics Teaching, 1980,92:13 - 15.

③ SEO K H, GINSBURG H P. "You've Got to Carefully Read the Math Sentence.": Classroom Context and Children's Interpretations of the Equals Sign [C] // BAROODY A J, DOWKER A. Students in Mathematical Thinking and Learning. The Development of Arithmetic Concepts and Skills: Constructing Adaptive Expertise. Hillsdale, NJ: Lawrence Erlbaum Associates, Publishers, 2003:161 - 187.

但是在算术当中,等号的使用却常常是要求学生求出一个最终答案。所以,等号在算术中除了具有"保持相等"的意义外,有时也蕴含着"运算"的意义。

依据克努特(Knuth)、斯蒂芬斯、麦克尼尔与阿里巴里的研究,等号的意义有二:一个意义为"得到答案",如"2＋6＝8"这一式子中,表示"2 个和 6 个合起来,得到的答案是 8 个";另一个意义为两边一样大的"等价关系",如"5＋3＝2＋6"这一式子中,表示经过数量大小的比较活动,"5＋3"和"2＋6"这两项一样大的结果。等号可因在典型等式与非典型等式中而给予不同的分类。因此,根据等号概念的分类法则,将学生对于等号概念的认知区分为"运算型定义"及"关系型定义"。"运算型定义"是指学生只将等号视为运算后与得到结果之间的连接符号,具有表示结果的意义存在,所以等号后方必须跟随出现的一个答案或结果。而所谓的"关系型定义"则是指学生能够将等号视为一种左右两侧等价的关系符号,因此不寻求必须要有结果,只要是两边符合关系对等的式子。而国内外很多研究者在探讨等号概念时,皆根据克努特、斯蒂芬斯、麦克尼尔与阿里巴里等人的分类法,将学生对等号的认知区分成"运算型"以及"关系型"。

2. 关于等号概念的相关研究

研究者在此将探讨国内外等号概念的相关研究,并分析不同等号概念类型对等号概念形成的影响,并在此小节当中,将等号类型依照克努特、斯蒂芬斯、麦克尼尔与阿里巴里等人的分类法,把学生对等号的认知区分为"运算型"及"关系型"两种意义来解释。

(1) 运算型:将等号视为运算符号

根据国外许多学者的研究,如巴鲁迪和金斯伯格,贝尔、厄尔旺格和尼科尔斯,基兰等,兰德(Rand)发现不管在哪一个年级当中,都有学生对于等号意义理解尚未完全发展完备。而此种未完备的缘由不外乎学生总将等号认定为一种必须"do something"的运算符号,意思是等号的出现就代表着必须要"做某事"。贝尔认为正因为这样的狭隘认知,学生往往无法将等号进一步认定为等价或是等量的概念[1]。麦克尼尔与阿里巴里曾在他们的研究中指出,学生在诠释以及建构一些概念的时候,多半是根据自己本身的学习经验来作演绎与归纳。当学生在小学初次接触到等号的时候,因为他们的学习经验相当有限且狭隘,加上课程编排的脉络偏

---

① BEHR M, ERLWANGER S, NICHOLS E. How Children View the Equal Sign[J]. Mathematics Teaching,1980,92:13-15.

向于运算型意义的铺陈,因此在此阶段的学生多半倾向于将等号解释为一种运算型的符号,很少有学生会将其转化成一种等价的概念。正因为这样的课程编排,导致学生无法对等号产生完备的认识①。

徐和金斯伯格也认为,在小学数学课程当中,等号常常搭配着算术运算的出现,使得小学生容易将等号定义为求得"答案"以及"总量"的一种结果连接符号,而忽略了等式左右亦存在着一种等价或等量的关系。麦克尼尔与阿里巴里认为,因为初次接触等号时总是在加减法问题中呈现,促使学生更加将等号建构归纳成一种运算结果。因为解决这样单纯加减法的运算问题时,是不需具备等式两边等价的概念,仅需针对数字做运算便可得到正确的结果,长期浸在这样的情境中,自然容易使学生将等号的意义建构成一种单纯的运算结果。

小学阶段的理解也将影响着之后关于代数的学习。巴鲁迪和金斯伯格曾在研究中指出,对初次接触代数的学生而言,他们心中所预期的等式是一种左边为单纯运算过程,右边为唯一结果且中间由等号作为连接的一种特定形式,即本章中所指的典型等式,如 $6+5=11$。基兰在早期关于等号的研究中,发现当被要求对"等号"下一个定义时,大多数的中学生对等号理解的表现和小学生一样,均对等号作出运算型的定义,只有极少数的中学生能够兼及关系型的意义。而这样的不成熟的等号概念思维不只存在于中学生,更是有可能延续到大学阶段。赫斯科维奇(Herscovics)和林切夫斯基(Linchevski)更是在研究中明确指出:尽管在一般表达式中,学生只将等号视为运算型符号并不会对解题过程及结果造成立即的影响,但在后续的学习过程当中,一旦需要将等号视为关系型的等价概念时,学生就会有所迷惑并存在认知障碍②。为了验证这样的假设,埃辛(Essien)和塞塔蒂(Setati)在2006年时曾将研究对象由小学转移至中学,果不其然,发现八年级甚至是九年级的学生多将等号视为一种求解的运算符号,较难将等号视为一种比较数量的关系型符号③。

① ALIBALI M W, KNUTH E J, HATTIKUDUR S, et al. A Longitudinal Examination of Middle School Students' Understanding of the Equal Sign and Equivalent Equations [J]. Mathematical Thinking and Learning, 2007, 9(3):221-247.

② HERSCOVICS N, LINCHEVSKI L. A Cognitive Gap between Arithmetic and Algebra[J]. Educational Studies in Mathematics,1994,27(1):59-78.

③ ESSIEN A, SETATI M. Revisiting the Equal Sign: Some Grade 8 and 9 Learners' Interpretations[J]. African Journal of Research in Mathematics, Science and Technology Education, 2006, 10(1):47-58.

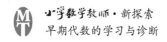

（2）关系型：将等号视为等价关系符号

纵观国内外，其实并非所有的研究结果对于等号概念都存在着负面的、不乐观的想法。克努特、阿里巴里、麦克尼尔、温伯格（Weinberg）和斯蒂芬斯就曾在研究中表示，学生对于等号意义的理解会随着中学年级的增加而有所拓展，最后终将发展出关系型的等号概念。麦克尼尔和阿里巴里在探讨学生关于等号意义的理解对经验数学和等号情境产生作用时，预期数学经验的层次与等号情境会交互影响，因此学生在单独或加减法的运算当中，会自然地将等号视为一种运算型符号；而在需要比较数量的等价题型当中，学生也会自然地将等号视为一种关系型的等价符号；而对大学生而言，不管今天面对的是一种什么样的题型，因为其本身的等号意义理解已臻完备，所以能够以一种等价的思维来解题。麦克尼尔和阿里巴里的研究中指出，中学生的表现可以被用来预测数学经验的层次与等号情境的互动性。这也呼应了伊萨克（Izsak）所提出的研究结果，这些学者认为学生在中学阶段具有良好的知识背景与组织结构能力，而这样的能力恰好能够用来学习并建构较高层次的数学问题，而适时佐以中学阶段所发展的逻辑概念，则可用来协助等价关系的建立[1]。麦克尼尔、格兰道（Grandau）、克努特、阿里巴里、斯蒂芬斯、哈提库杜尔（Hattikudur）和克里尔（Krill）提出借由这样的关系，更能帮助学生察觉复杂的相似关系，所以从发展学的角度来看，中学生比小学生更容易形成等号关系型意义的理解。基兰也曾以年龄的观点来做研究，认为12到14岁的学生即便最初对等号持着运算的概念，但经过解说以及训练过后，学生便会开始对等号建立所谓的等价关系；更进一步明确指出，13岁是接受等号成为等价符号的最佳过渡时期。

在一些早期国外研究中，威弗（Weaver）曾指出：学生对于非典型等式的方程式容易感到困扰以及混淆，而追根究底，源自学生接触非典型的机会较少[2]。麦克尼尔和阿里巴里的研究报告显示，高年级学生多半难以将等号视为一种等量等价的关系型符号，但是在等号两边具有运算方程式的等价脉络之下，便可以将等号视为一种数量比较的等价型意义符号。在后续的研究中，麦克尼尔指出，等号通常被

———

① IZSAK A. "We Want A Statement That Is Always True"：Criteria for Good Algebraic Representations and the Development of Modeling Knowledge[J]. Journal for Research in Mathematics Education，2003，34（3）：191 - 227.

② WEAVER F. The Symmetric Property of the Equality Relation and Young Children's Ability to Solve Open Addition and Subtraction Sentences[J]. Journal for Research in Mathematics Education，1973，4（1）：45 - 46.

视为运算后接答案的一种连接符号,即为典型等式(例如,6+3＝9)。非典型等式包含了"等号两边运算""等号右边运算""等号两边均不运算"和"不全等"四种。这些非典型等式往往会比典型等式更容易引发学生理解等号的等价概念。

马修斯(Matthews)等人在预设的四个水平上(即呆板运算、灵活运算、基本关系、比较关系),为学生理解等号知识的不同侧面构建了一个结构图[①]。

呆板运算:对于等号的理解非常有限,仅能解决形如 $a+b＝c$ 的等式。

灵活运算:能解决形如 $c＝a+b$ 的等式,相对于前一水平,学生的理解更灵活。但是这个水平的学生认为等号是计算的指示,且尚未掌握等号的自反性,无法判断 $a＝a$。

基本关系:学生对于等号开始具有基础的关系型理解,可以通过分别计算等式左右两边来解决形如 $a+b＝c+d$ 的等式,这样的等式等号两边都有运算,需要学生能正确认识等号的相关定义。然而这个阶段的学生没有完全摒弃等号运算性的观点,他们也会表现出只能解决等号一边有计算的问题或者在某些问题中认为等号是计算的指示。

比较关系:对于等号有比较的关系型理解。学生能认识到等号表示等式两边之间的关系,等号两边数之间的关系使之不必分别计算这两个表达式,就能得出结果。该水平可以通过观察、比较等号两边的表达式来判断、求解等式。

他们为这四种类型的问题设计了一个综合性的测量,评估学生对等号的理解以及对数学等价关系的认识。二到六年级的 224 名学生完成了这些测量。结果表明,学生对等式的形式以及运算的位置十分敏感。即使对高年级的学生来说,使用文字解释高层次的关系型推理依然具有一定的难度。值得注意的是,能达到高层次理解等号的儿童更有可能解决有难度的等式。这表明等号知识和代数思维之间存在直接联系。

3. 关于等号理解错误原因的研究

为什么学生倾向于把"等号"看作一个操作符号而不是关系符号呢? 数学家们提出了两种观点。

伦威克(Renwick)认为这种感知是学生早期算术训练的产物。在练习本与其

---

① MATTHEWS, PERCIVAL, RITTLE-JOHNSON, et al. Measure for Measure: What Combining Diverse Measures Reveals About Children's Understanding of the Equal Sign as an Indicator of Mathematical Equality[J]. Journal for Research in Mathematics Education, 2012,43 (3): 316-350.

他练习上,"1+1=?"形式的算式不断强化,使学生习惯了"等于"意味着"加起来"。丹麦(Denmark)等人调查了 10 个小学文本,也发现"等号"作为关系符号没有得到发展。他们认为,学生对等号的看法可能与他们所接受的课堂指导有关,儿童可能会不擅长有非典型算式的问题,是因为他们通常不接触这些算式。

第二种观点认为,儿童对"等价"符号的有限概念源于他们的认知局限。这些认知局限是根深蒂固的,与年龄有关,即与成长的阶段性或成熟水平有关。例如,"相等"的关系观可能取决于具体操作思维的巩固或更抽象的形式化操作思维的出现。基兰指出,13 岁是学生接受等号作为等价符号的最佳过渡时期。12—14 岁的学生经过训练后,最终会理解等号的关系型含义。同样,科利斯(Collis)认为,儿童直到 13 岁以后才能灵活地处理等式。他认为,6—10 岁的儿童无法灵活处理等式,因此,对于 4+5=3+6 或 4+5=3×3 这样的等式是无法理解的。对于"4+5=?",只有当看到右边写着 9 时,学生才会认为有意义。所以,大约 10—13 岁是一个过渡期[①]。

这两种观点的教育意义非常不同。根据第一种(与教学有关的)观点,我们只需要改变数学教学的性质,就可以促进"等价"的关系型观念。第二种观点认为,幼儿等价观念的概念性不足与深层的认知局限有关,因此改变幼儿教育的性质不会产生太大影响。

4. 关于等号概念与代数学习的关联的研究

基兰与弗格诺(Vergnaud)曾在研究中表示:学生对于等号概念的学习与理解将影响后期他们如何处理一个代数式。学者阿里巴里、克努特、哈提库杜尔、麦克尼尔和斯蒂芬斯也认为代数学习在数学教育中占了不可或缺的重要角色,然而若学生对于等号概念理解有限,则终将成为其学习代数的绊脚石。当我们细细检视方程式在数学中所扮演的本质与角色时发现,事实上所有代数方程式的操作必须了解等号是一种关系型的表征。除此之外,等式在学校各阶段的数学课程编排中无所不在,等式的理解在代数的学习中必然扮演着举足轻重的角色,更确切地说,等式中等号意义的判读直接或间接影响着未来代数的学习成效。拜尔斯(Byers)和赫斯科维奇认为学生在学习代数的解题策略时,必须要能够将等号视为一种等价型的概念,如此才能够赋予代数学习的意义而非流于一

---

① COLLIS K F. A Study of Concrete and Formal Operations in School Mathematics: A Piagetian Viewpoint[M]. Hawthorn: Australian Council for Educational Research, 1975.

种形式上的记忆。

柴克林(Chaiklin)与雷斯格德(Lesgold)研究 11 岁左右的学生如何判断算式是否相等(例如,$685-492+947$、$947+492-685$、$947-685+492$、$947-492+685$ 中,哪些式子是相等的),结果发现学生在判断过程中习惯以"计算出结果"来作判断,而不是以一种数量相等的关系来判断,这代表着学生尚停留在一种运算型的概念当中,因此面对这样题型的题目时,无法快速以等价概念作答[1]。反观克努特、阿里巴里、哈提库杜尔、麦克尼尔和斯蒂芬斯所提出的研究结果,即使是六七年级未正式接触过代数学习的学生,只要他们具有等价型的等号概念时,便可以顺利地解决代数方程式类型的数学问题。同时这些学者也提出,若学生想要了解并能使用代数来解决数学问题,则他们就必须仰赖正确的数学观念,而其中最重要的观念之一便是等号等价的概念。而斯法德(Sfard)与林切夫斯基在研究学生解方程式时也不约而同地发现,学生能处理"□$+17=24$"这种典型的等式,却无法完全处理像"$24=$□$+17$"这种非典型等式,因为学生觉得式子不像它本来应该有的常见的样子[2]。这些研究都说明,学生对等式有其必然的刻板印象,因此学生必须要先理解"等号"的真正意义,并接受等号的存在是保持一种平衡等价的概念而非总是要计算出一个结果,完备了等号概念后,才能真正处理一个代数式。王芬分析六年级学生在解决应用问题时常见的认知错误类型,认为教师应注重培养学生分析"等量关系"的能力、培养学生的表征能力、通过比较"算术法"与"代数法"的差异使学生理解代数思维的优越性[3]。

5. 教材中的等号

在上海所有小学使用统一的教材。在一年级第一学期学生学习等式前,等号以及相等的概念就已经渗透于教材设计的活动中。

(1) 比较数大小关系的等号

在"比一比"这一节中,先通过比较两个人的身高来体会"小于、等于、大于"的关系(图 6-1-1),再利用小矩形相叠形成不同的高度来形象地体会"小于号、等

① CHAIKLIN S, LESGOLD S. Prealgebra Students' Knowledge of Algebraic Tasks with Arithmetic Expressions[R] //Paper Presented at the Annual Meeting of the American Educational Research Association,New Orleans,LA,1984.

② SFARD A, LINCHEVSKI L. The Gains and the Pitfalls of Reification—The Case of Algebra[J]. Educational Studies in Mathematics,1994,26(2-3):191-228.

③ 王芬.初中学生代数入门学习困难与对策研究[D].上海:华东师范大学,2010.

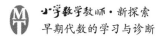
号、大于号"的含义,最后用数量关系来正式学习如何使用这三个符号。这就是学生最初接触到的等号以及两个数相等的概念。

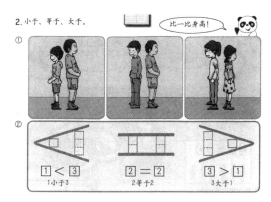

图 6-1-1 《数学》(一年级第一学期)第 18 页

（2）算式中的等号

在"加法"这一节的"合并"中正式介绍了等号(图 6-1-2),在随后的小练习中涉及如 5+1=(   )和 1+5=(   )成对出现的等式,每组这样的等式都有一幅配图,学生根据图中相对应的动物数量填写结果。也就是说,在这一课中学生在"数出来"的基础上将数量合并完成等式,他们不需要用计算完成等式。在"加法"这一节的"添加"中,教材首先给出一个情境:车上原来有 3 人,又上来 1 人,现在有几人? 然后利用图示(图 6-1-3)表现出 3 加 1 等于 4。这个图示符合实际认知,体现出皮亚诺(Peano)公理中规定的加法运算法则,每个自然数都有一个后续的自然数(0 不是任何自然数的后续数),按照这样的定义就可以确定所有自然数加法的结果。在学习了这一课之后,学生才真正开始使用加法的法则来完成等式。

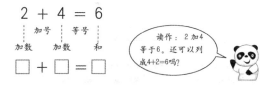

图 6-1-2 《数学》(一年级第一学期)第 23 页

图 6-1-3 《数学》(一年级第一学期)第 25 页

（3）类似方程中的等号

在"10 的游戏"一节中,在"分与合"一节内容(通过绿、黄鹦鹉的数量认识到 10 可以分为 7 和 3 或者 6 和 4 等形式)的基础上,将 10 分拆。把 10 写成了 1＋（ ）＝10,（ ）＋1＝10,10＝2＋（ ）,10＝（ ）＋3 形式的等式。至此学生认识了所有 $a＋b＝c$ 形式的等式,并且开始接触 $c＝a＋b$ 形式的等式。尽管 1＋5＝（ ）和 1＋（ ）＝10 都是可以写成 $a＋b＝c$ 形式的等式,学生可以直接通过加法运算解答前者,然而对于不熟悉数字的学生需要借助减法解答后者,形如 $c＝a＋$（ ）或 $c＝$（ ）＋b 的等式同样也可能需要利用减法。

在"20 以内的数及其加减法"一章中涉及了形如 13＝10＋（ ）以及 10＋（ ）＝15 这种类型的等式。而后,在"比较"一节中,设计了比较 3＋5 和 5＋3 大小的习题,渗透了等号的对称性。

在一年级第二学期的教材中,"认识100""两位数加减一位数""两位数加减两位数"等节中不断回顾形如 $a＋b＝c$ 的运算,如 25＋（ ）＝30 等。在"交换"这一节中(图 6－1－4),通过情境题,渗透交换两个加数的位置,和不变概念,但是教材并没有呈现出 14＋21＝21＋14 的形式来进一步描述。

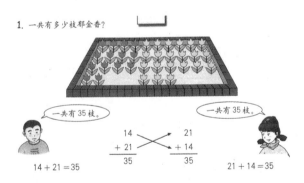

图 6－1－4 《数学》(一年级第二学期)第 67 页

一年级的教材对于等号的介绍并不详细,但在其编排中渗透着等号的不同性质。学生自己可能不清楚这些性质,但是他们依靠过去的学习以及习题经验能够解决一些问题。

一年级第一学期的教材对于等号与等式的编排中体现出一个特点:利用一些成对的等式启发学生等式之间有某种关系。例如,在"加减法(二)"一节中用两步计算 7＋5＝（ ）,第一步 7＋3＝（ ）,第二步 10＋2＝（ ）。在面对"和"超过 10 的加法运算时,将第二个加数分拆,一部分和第一个加数凑整得十,剩余的部

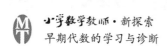

分和 10 相加;在"推算"这一节中,$17-6=($ $)$,$17-7=($ $)$ 和 $17-8=$
($ $)这三组等式一起出现,被减数相同,减数依次递增,差会依次递减;在"比较"
一节中出现了比较 $5+4$ 与 $4+4$ 大小的问题,学生可以分别计算,也可以通过观察
得出前者大于后者的结论。

（4）连等

在二年级第一学期的"巧算"一节中出现了形如 $69+16=70+($ $)=$
($ $)的等式,至此才真正呈现出关系型的等式。

（5）运算律中的等号

在二年级第二学期"巧算(2)"一节中有例题"$853-498-253=?$",其中 853 和
253 的十位数、个位数相同,所以教材呈现的一种计算过程是递等式:$853-253-$
$498=600-498=102$。这是用了交换律进行计算,但是学生在这之前并没有接触
过这样的结论。直到在四年级第一学期的"运算定律"中,学生才真正学到交换律,
如 $a+b=b+a$。尽管在小学高年级才接触结论,但是在以往的教材中就已经渗透
了相关的内容,这样的编排便于学生的认知,是深入浅出的。

第二节
访谈任务的研究设计

一、理论基础

1. 理解等号的三个阶段

莫利纳(Molina)和安布罗斯(Ambrose)在一个教学实验中研究了学生解决缺少项的等式的思维方式,并且重点研究在整个课堂活动中学生对等号的理解和对等式的分析。通过分析学生对 $a+b=c,c=a+b$ 以及 $a+b=c+d$ 这些不同形式等式的反应,发现了学生对等号理解的三个阶段,即指示阶段(stimulus for an answer)、动作阶段(expression of an action)和等价阶段(expression of equivalence)(表 6-2-1)。

表 6-2-1　理解等号的三阶段及其特点

理解等号阶段	倾向于解决的等式	每个阶段的具体表现
指示阶段	$a\pm b=c$	将等号解释为从左到右的操作符号
动作阶段	$a\pm b=c$ $c=a\pm b$	将等号解释为从左到右或者从右到左的符号
等价阶段	$a\pm b=c$ $c=a\pm b$ $a\pm b=c\pm d$	将等号解释为表示等价关系的符号,能把等式作为一个整体观察

指示阶段,指的是将等号解释为从左到右的操作符号,也就是给出等号左边所表示的操作的指令。在这一阶段,学生倾向于正确地解决 $a\pm b=c$ 形式的等式,而不是 $a+b=c+d$ 形式的等式。

动作阶段,指的是将等号解释为从左到右或者从右到左的符号,能正确解决 $a\pm b=c$ 形式的等式,但是难以解决 $a+b=c+d$ 形式的等式。例如,在等式 $14+\_=13$

+4 中,学生会把重点放在右边,认为答案是 17;在等式 12+7=7+__ 中,把重点放在 7=7+__ 的部分,认为答案是 0。在这些情况下,学生只关注 $c=a\pm b$ 的部分,并会将等式的末尾端视为"答案"。这个阶段的学生认识到了相等的对称关系。

等价阶段,指的是学生能够正确理解等号的等价意义并正确解释解决算式的思路。这个阶段的学生能把等式作为一个整体看待,意识到等号两边的数的和是相等的,需要利用所有的数字和运算才能正确解决问题[①]。

在她们的研究中,有些学生出现了"不稳定"的学习情况。例如,一个学生回答 8+4=__+5 的答案是 12,__+4=5+7 答案是 12,但正确回答了 12+7=7+__。将这样的理解情况称为不稳定阶段。

2. 概念界定

在本章中对于等式所界定的"典型等式"和"非典型等式"是参考麦克尼尔等人对等式的分类[②],其相关的定义如下:

(1) 典型等式

典型等式是为学生最熟悉的一般等式,意为等号左边为运算过程,右边为运算结果的呈现,如 5+2=7,10-4=6 等。这种等式是将等号界定在操作符号的学生最为习惯并且能够掌握的等式。

(2) 非典型等式

除了等号左边为运算过程,右边为运算结果的等式之外,其余不同呈现方式的等式在本章中均界定为非典型等式。其中,非典型等式又可以细分为三大类:包括等号右边为运算过程,左边为运算结果,如 7=2+5;或等号左右边皆为运算过程,如 2+5=3+4;或具有等号自反性的式子,如 6=6。

3. 设计实验(Design Research)[③]

(1) 设计实验的定义

首先详细记录研究的过程,研究者经常与教师合作,或者亲自担任教师,以收

① MOLINA M, AMBROSE R. From An Operational to A Relational Conception of the Equal Sign. Thirds Graders' Developing Algebraic Thinking[J]. Focus on Learning Problems in Mathematics,2008,30(1):61-80.

② MCNEIL N M, GRANDAU L, KNUTH E J, et al. Middle-School Students' Understanding of the Equal Sign:The Books They Read Can't Help[J]. Cognition and Instruction, 2006,24(3):367-385.

③ COBB P, CONFREY J , DISESSA A , et al. Design Experiments in Educational Research[J]. Educational Researcher,2003,32(1):9-13.

集学生、教师和研究者在此过程中所学知识的详细数据。接着设计研究者对以上记录作进一步分析，以获得研究报告，并对任务、研究材料及仪器作迭代设计。这类研究方法被称为"设计研究""设计实验"或是"基于设计的研究方法"。它与传统的心理学实验不同，表6-2-2为两种实验方法之间的区别[①]。

表6-2-2　设计实验方法与心理实验方法的不同之处

	设计实验	心理实验
研究地点	真实世界的学习环境	实验室
程序演变	研究程序灵活，在研究中不断发展	使用固定的程序
社会交互	协作和分享伴有复杂的社会交互	个体是孤立的
结果汇报	在实践中描述设计的过程	汇报假设是否得到
参与者角色	实验执行者和参与者是主动积极的，并影响研究中的设计	实验执行者并不影响主体，主体也不影响设计

（2）设计实验的类型

设计实验的类型包括课堂实验、职前教师发展实验、一对一教学实验（研究人员或教师与学生）、在职教师发展研究等。本章采用的是一对一教学实验方法。

（3）设计实验的目标

设计实验的目标是表述两个相关的概念：概念通道和概念轨迹。概念通道是一种理论架构，描述了引导学生成功学习概念内容的可能通道。概念轨迹指的是在一个设计实验中，学生需要通过特定的概念通道获得全面理解。实验设计要求获取一个或多个特定轨迹及其变量数据的相关记录。不管是为了任何特定系列的教学事件，还是为了全面理解概念轨迹，教师需要了解哪些是引导学生的有效路径。

（4）设计实验的特点

设计实验是一种扩展的教育调查方法，通过使用有序、新颖的课程来研究学生在交互过程中学习概念，产生兴趣。设计实验需要关注：学生完成课程任务的时候，运用了哪些先前知识；学生和教师之间是如何交流的；概念是如何出现和改变的；使用了哪些资源；如何通过研究学生作业、录像和课堂评价来设计和改进课堂教学。

设计实验不仅仅是简单地汇报学习成果，它既要有对研究结果的详细描述，也

---

① 　R.基思·索耶.剑桥学习科学手册[M].徐晓东，等译.北京：教育科学出版社，2010.

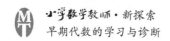

要有对研究过程的观察评价。这样,整个研究的开展和结果才可以被其他人再次运用。这类研究的分享涉及方法论使用的精确性和理由说明的充分性以方便他人对该研究价值作出判断,也方便他们将该研究联系到自己的创新情境中。

（5）设计实验的准备工作

首先在进行任何类型的设计实验时,需要解决的一个关键问题是,明确其理论意图即研究的目的是什么;其次研究团队还必须明确构成学生学习预期目标或终点的重要学科概念和推理形式;最后为了实现研究目的,团队需要确定当前学生的能力、当前的实践,以及由此可能能够构建的其他资源。在研究相对深入的领域,团队可以借鉴文献,对学生最初的理解和教学后的理解进行推测。然而,在研究较少的领域,团队通常需要进行试点工作来记录这些理解,从而记录学生先前的学习历史的结果。

（6）设计实验的实施

在设计实验中,研究者要按照任务计划实施,包括观察学生完成任务、听取和记录学生的主题讨论。

- 在课间自修的时间,对学生完成任务的情况进行小型访谈;
- 记录小组讨论任务的交互过程,检查参与者的工作和陈述;
- 投入到交互式的教学中,鼓励学生与他人分享自己的观点,回应他人的建议。

研究团队要对当天的进展作总体概述,并收集学生对课程的评价,基于绩效的评价经常被用来记录学生进展的不同情况。在实验中记录课堂上发生了什么事情,以及关键的活动时刻。这些关键的活动时刻是指学生表现得很惊讶的时候,或者需要促进的时候,或者是表现出猜想中的某些行为的时候。并且鉴于当前课堂发生的事情、对工作的检查情况,研究者对教学设计进行修正,以促进教学的提高。

（7）论证设计实验结论

设计实验将会产生有用的知识陈述,告诉人们为什么要有特定的干预,这些干预是如何操作的。实验结论的严谨性可以从以下三个方面进行论证:

- 实验已经过充分执行和分析;
- 相关的观点是已经得到证实的,并为人们所理解的;
- 观点与教育实践之间的相关性必须是明确和可行的。

（8）一对一教学设计实验

本章将要采用设计实验中的一对一教学设计实验,一对一教学实验更广泛的理论目标是建立一个过程性的概念通道,教师根据这个概念通道,可以帮助学生按照概念轨迹深入地理解特定的数学思想。本章中的一对一教学设计实验的理论目的就是建立一个帮助理解等号意义的概念通道,学生能按照预期轨迹发展其等号的等价概念,更有效地理解等号,并支持教师关于等号等价意义的教学。

二、研究问题

纵观国内外,首先许多研究不约而同地指出了学生对等号的理解存在局限性;其次有研究者认为处于理解等号不同阶段的学生有能力达到正确的理解,但是并未对此结论进行具体求证;最后国内小学生的数学运算水平比国外小学生的高。综合以上三点,我们以上海市某小学一年级学生为研究对象,从实践角度入手探讨以下问题:

(1) 通过分析学生解决等式问题的情况,探究学生对等号的理解是否存在困难;

(2) 论证学生对等号理解是否处于三种阶段;

(3) 对不同阶段的学生进行一对一教学实验,探究能否用教学的方法帮助发展学生对等号的正确理解。

本章主要采用调查法、个案研究法进行研究。

1. 调查法

调查法是一种有目的、有计划、系统地收集有关研究对象现实状况的方法。本章中调查法是结合综合测试和访谈的结果对教育现象进行了解,并对收集到的资料进行分析和归纳。根据麦克尼尔等人对等式的分类,并结合一年级学生数的运算学习程度列出四道算式,对学生进行问卷测试调查,同时通过对参与测试的每名学生进行访谈,分析整理学生对等式的解题思路,发现学生在解决等式中遇到的问题,归纳出学生理解等号的各个阶段。

莫利纳和安布罗斯选择的是位于加利福尼亚州的一所公立学校的 18 名三年级学生作为调查对象,而中国学生的数学知识基础比国外学生要高些,因此我们选择了上海市某小学一年级五班的 40 名学生作为问卷调查的对象。该小学是上海市嘉定区的一所全日制公办小学,学制五年,在嘉定区的小学里处于中上游的水平,而我们选取的一年五班在一年级六个班级里处于中等,这样更能代表一般性情况。该班共 40 名学生,其中男生 22 名,女生 18 名。

为保证测试能够顺利进行,我们已经事先与授课教师沟通好,利用自习时间对学生进行了测试,收集答题纸,并对每名学生进行单独访谈,了解他们的解题思路。

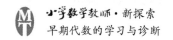

通过分析数据和访谈内容,了解国内学生对于算式等号的理解现状,由此发现学生对等号的理解存在哪些困难,国内学生对等号的理解是否如莫利纳和安布罗斯发现的那样存在三个阶段。

由于一年级学生已经学习 20 以内数的加减法,我们严格按照麦克尼尔等人提出的典型和非典型形式的等式作为测试题。

第一道题是 $3+6=\square$,这是一年级学生最常接触的左边为运算,右边为结果的典型等式类型。

第二道题是 $\square=6+2$,虽然它属于非典型算式,但是通过对一年级教材的分析,学生经常被要求写出或完成这种类型的算式。

第三道题是 $3+5=\square+4$,属于等号两边都有运算且未知数在等号右边的非典型等式。

第四道题是 $5+\square=8+4$,属于等号两边都有运算且未知数在等号左边的非典型等式。

2. 个案研究法

由于莫利纳和安布罗斯在研究结论里认为学生可以按照指示、动作和等价阶段的顺序正确理解等号,但是并未说明用何种具体的方法来进行验证,因此本章在理解等号的不同阶段的学生中各选出 1 名,对共 3 名学生进行个案研究。通过阅读文献找到理论依据来支持教学方式和方法的设计,在此基础上帮助学生理解等号,旨在探讨三个不同阶段的学生能否在某种教学指导下正确理解等号,进而发展到理解等号的最终阶段。

由于所测试的学生确实处于对等号理解的不同阶段,我们在不同于等价阶段中的其他阶段分别选择 1 名学生进行教学,这样选择的目的是验证所设计的教学方法能否帮助处于不同阶段的学生正确理解等号,以及各阶段学生对等号理解的后续发展是否能保持稳定,更重要地,也是为了使得出的结论更有说服力。测试共收到有效数据 38 份,分析后发现 7 名学生处于等价阶段,他们能够正确解释等价的意义,因此我们在剩下的 31 名学生中选择个案研究的对象。

为尽可能使调查结果具有说服性,我们选择了完全处于指示阶段的学生 A、完全处于动作阶段的学生 B、处于不稳定阶段的学生 C 进行个案研究。

3. 三种表征教学方法

布鲁纳作为美国著名的教育心理学家,曾提出了对教育界非常有用的三种表征方法——动作表征、肖像表征和符号表征。人们的认知能力能够在这几种表征方法互相作用的过程中得到发展,它们代表的是不同维度的教学方式。这三种表征依次作用于学生对某一数学知识的获得过程中。

本章主要为了加强学生对等号真正意义的掌握,因此我们根据布鲁纳的表征系统设计了三种教学方法。

第一种方法:由于学生对非典型等式比较陌生,根据布鲁纳的动作表征,我们选择用学具小圆片来进行教学。小圆片是一年级学生在学习数的分与合、列算式时经常使用的工具,他们可以根据经验来摆小圆片。通过用小圆片表示等式两边数字的关系,引导学生观察等号两边的数字是否真的能画上等号。若学生发现错误,可以指导他们用添加或移去小圆片的方式使两边的小圆片保持个数相等,得出结果,从而增强对等式的熟悉程度,加深对等号的理解程度。若学生不能理解这种方法,则通过讲解加操作指导帮助学生理解该方法。

第二种方法:经历了动作表征阶段的学具操作后,学生在记忆中会留下对学具直观的表象。学生从小掌握图示方法,可以为他们之后学习方程和更高层次的代数打下基础。因此,第二种方法就是需要学生不借助学具直接画出类似学具这种能帮助理解的图画。为便于理解,我们以一道题目为例,示范画图,边画边引导学生与教师一起说出什么应该与什么相等来体现等号两边的数应该相等。再由学生独立画图,并解释每一步的思路,表达符合等号的关系型意义的话。若学生在画图并解释这一环节感到困难,则借助第一阶段的学具帮助学生。

第三种方法:学生能够成功应用前面两种方法解决缺项算式的问题,并不意味着教学的结束,因为不能让学生只是以具体形式的思维去理解等号概念。因此,这种方法要求学生在不使用学具和不画图的情况下直接通过计算解题。若学生能够顺利解决,并能用等号两边数字相同来解释,则通过类似题型进行巩固;若学生不能顺利解决,则用图示法对学生进行教学。

4. 一对一教学设计实验

康弗里(Confrey)的教学设计实验的一个显著特点就是要求研究者对课题研究结果作出预设。通过阅读相关文献,研究者要预设实验可能出现的情况,并对自己的推测有一定的信心。提前在教学前进行预设是很有必要的,这样做的优点在于使实验者有一个较清晰的计划,按照某个特定方向记录学生一步步的思路并分析。从而推测是否正确也可以在不断的研究中得到验证。

本章将试图验证帮助学生正确理解等号的方法的可行性,从而使学生按照从没有真正理解等号的指示阶段、动作阶段到真正理解等号的等价阶段的轨迹发展。

早期代数的学习与诊断

所以我们选择了教学设计实验中的一对一教学实验,对不同理解程度的学生进行干预,发展学生的等号概念。教学时我们将以缺少项的算式为工具,根据学生自身情况,进行纠错和巩固。根据康弗里和拉钱斯(Lachance)的对教学设计实验的建议①,检验学生理解等号是否能保持稳定时要以之前的教学为基础来进行计划,在此基础上来考量学生是否能保持对等号等价意义的理解程度。在这个教学实验中,我们预设学生能够按照教学到达对等号理解的等价阶段。表6-2-3为学生理解等号的可能发展轨迹。

表6-2-3　学生理解等号的可能发展轨迹

教学前	教学后	检验
指示阶段	指示/动作阶段	动作/等价阶段
	等价阶段	等价阶段
	动作阶段	指示阶段
	等价阶段	指示/动作阶段
动作阶段	动作/等价阶段	等价阶段
	动作/等价阶段	指示/动作阶段
	指示阶段	指示阶段
	指示阶段	动作/等价阶段
不稳定阶段	指示/动作阶段	动作/等价阶段
	等价阶段	等价阶段
	等价阶段	指示/动作阶段

① CONFREY J, LACHANCE A. Transformative Teaching Experiments Through Conjecture-Driven Research Design[C]//KELLY A, LESH R A. Handbooks of Research Design in Mathematics and Science Education. Mahwah, NJ: Lawrence Erlbaum, 2000: 231-265.

第三节
理解等号的三个阶段

一、利用算式分析学生对等号的理解现状

为了解一年级学生对等号概念的理解程度,我们严格按照麦克尼尔等人提出的典型和非典型等式形式并结合一年级学生运算知识掌握程度,编制了如表 6-3-1 中所示的四道算式,利用自习时间,由教师写在黑板上,一年五班 40 名学生抄写题目并独立作答,由于 2 名学生没有答题,实际收到 38 份作答结果。

表 6-3-1　测试题目类型及正确率

等式	3+6=□	□=6+2	3+5=□+4	5+□=8+4
等式类型	$a+b=c$	$c=a+b$	$a+b=c+d$	$a+b=c+d$
正确率	100%	97%	23%	18%

1. 记录学生解题结果

从计算结果来看,3+6=□是学生最常接触的典型等式,所有学生都写出了正确答案 9;□=6+2 这道非典型等式,除了 1 名学生由于粗心将算式中一个 2 抄成 3,结果填成了 9,其他学生都写出了正确答案 8;3+5=□+4 这道题出现了 1、4、8、12、空白答案;5+□=8+4 这道题的答案有:3、7、12、17、空白。其中,四道题目全部解答正确的只有 7 人。

2. 分析学生解题思路

为进一步了解学生的解题思路,我们利用第二天的午休时间对学生进行了访谈,请学生依次说每道题是怎么思考的。

(1) 对等式 3+6=□,□=6+2 解题思路的分析

3+6=□和□=6+2 这两道题的正确率很高,对于这两道题,所有学生都说

是将已知的两数相加得到结果,下面为我们与其中一名学生的对话:

师:你为什么在 $3+6=\square$ 的结果里写上 9?

生:我把 3 加上 6(他边说边掰动着手指),算出等于 9。

师:那 $\square=6+2$ 这道题你是怎么想的呢?

生:因为这个方框里的数等于 6 加 2,就等于 8。

由于一年级学生学习了数的分与合,教师会经常要求学生练习这两种类型的等式,因此他们不会感到陌生。即使他们用对等号的操作性理解也能回答正确。但从学生的解释中可以看出,他们只是将等号视为一个输出结果的符号,他们看到等号时的第一反应就是要求得一个结果,他们认为等号的意思是要做某件事,而这样的发现在后面两道题中能更加明确地得到。

(2) 对等式 $3+5=\square+4$ 解题思路的分析

当问到 $3+5=\square+4$ 结果填写为 1 的学生是怎么想的,他们回答说因为 5 减 1 等于 4。

师:你能告诉我在 $3+5=\square+4$ 这个等式中是怎么得到答案 1 的吗?

生:因为 5 等于 1 加 4

师:那前面的 3 是什么意思呢?

生:这个我不太知道。

当问到 $3+5=\square+4$ 结果填写为 8 的学生是怎么想的,他们回答说因为 $3+5=8$,这样填写并回答的学生占了全班的一半,下面是我们与一名学生的对话:

师:你能告诉我在 $3+5=\square+4$ 这个等式中是怎么得到答案 8 的吗?

生:因为 3 加 5 等于 8。

师:那最后这个 4 呢?

生:因为我认为这个 4 是后来再需要加上的。

当问到 $3+5=\square+4$ 结果填写为 12 的两名学生是怎么想的,他们的回答是将三数相加,他们看到等号急于求得一个结果。正如林德瓦尔(Linvall)和伊巴拉(Ibarra)所观察到的,对许多学生来说,等式不是关系性表达,等号也不是一个等价关系,而是一行数字和运算符号,他们用自己认为最方便的方式进行运算[1]。

---

[1] LINVALL C M, IBARRA C G. Incorrect Procedures Used by Primary Grade Pupils in Solving Open Addition and Subtraction Sentences[J]. Journal for Research in Mathematics Education,1980,11(1):50-62.

（3）对等式 $5+\square=8+4$ 解题思路的分析

$5+\square=8+4$ 这道题的正确率最低,出现的最多次的错误答案是 12,以下是其中一段对话:

师:你能告诉我 $5+\square=8+4$ 这个等式中是怎么得到答案 12 的吗?

生:因为 8 加 4 等于 12。

师:(指着最前面的 5)可是前面还有一个数字 5 呢?

学生想了很久,没有回答,也有学生回答不知道。

这道题也不乏将三数相加得到 17 的学生,他们调换了数字和符号的顺序,得出最终结果。

师:你把 $5+\square=8+4$ 的结果填的是 17,你是怎么想的?

生:我是把 5 加 8 等于 13,再把 13 加 4 等于 17 的。

3. 发现学生理解等号时存在的问题

通过分析学生对不同等式的解答思路,可以发现在面对不同的等式时,如 $a+b=c,c=a+b$ 以及 $a+b=c+d$,学生的回答也各种各样,有的对等式中的两个数字进行求和计算,有的算出所有数字的总和,也有人得到了正确答案。像 $a+b=\square+d$ 这样的等式,学生一般性的答案是 $a+b$ 之和,或者是填写 $a+b+d$ 相加的结果。像 $a+\square=c+d$ 这样的等式,学生一般性的答案是 $c+d$ 的和,或者 $c-a$ 的结果,或者 $a+c+d$ 相加的结果。

结合计算结果和解题思路,我们发现学生对等号的理解是存在问题的。学生在解决等号两边都有运算的等式时,容易遇到困难。对于等号两边都有运算符号的等式,他们通常会将这样的等式改成有运算而且运算符号在一边的式子,他们倾向于从左到右或者从右到左去阅读的算式,这使得他们不能正确解决等号两边都有运算的缺少项的等式。要想正确解决这类等式,就必须使学生有在计算之前阅读整个等式的习惯,并且知道等号表示的等价意义。

综合各种相关的国内外文献可知,学生仅在解决形如 $a+b=c$ 的等式上没有问题,解决各种非典型形式的等式都会遇到困难。通过对测试结果的分析,国内一年级学生对于非典型等式中运算仅在等号右边的等式也是没有问题的,这可能与国内教材编排有关。根据测试中一年级学生做题遇到的问题可以发现,学生在解决运算仅在等号左边或右边的算式时没有遇到困难,等号两边都有运算的算式是学生解题的阻碍,因此我们确定了本次研究的重点是通过解决缺少项的算式来帮助学生理解等号的正确意义。

二、论证学生理解等号的三个阶段

通过分析学生对不同类型的等式的解答过程,我们发现一年级学生对等号的理解程度符合莫利纳和安布罗斯发现的学生理解等号的三个阶段——指示阶段、动作阶段、等价阶段。以下是一年级学生在此次测试中对等号理解的三个阶段的具体表现。

1. 指示阶段

第一阶段是指示阶段,这一阶段学生将等号解释为从左到右的操作符号,也就是给出等号左边所表示的操作的指令。在这一阶段,学生倾向于正确地解决 $a+b=c$ 形式的等式,即学生接触最多的典型等式。在这一阶段,学生即使遇到 $a+b=c+d$ 形式的等式,也会主要集中在 $a+b=c$ 的部分。例如,认为 $3+5=\square+4$ 答案为 8 的学生,他们只集中于解决 $3+5=\square$ 这部分,认为等号的意义就是要输出一个结果。其中一名学生更是直接忽略了后面的数字,因为他只抄写了 $3+5=\square$ 这一部分,以下为对其访谈中的一段:

师:你能告诉我你的第三题跟老师写在黑板上的是一样的吗?

生:不一样,我只抄了 $3+5=\square$。

师:你为什么没抄后面的 $+4$ 呢?

生:因为我只会计算 3 加 5 等于 8,我不知道为什么后面还有 4。

同样地,这些学生在 $5+\square=8+4$ 的方框写上 3,他们依旧只关注了 $a+b=c$ 这部分,当问到理由时,他们的回答是"因为只有 5 加 3 等于 8",完全忽略了后面的数字 4。由于从幼儿时期就养成的从左到右的书写和阅读习惯,指示阶段的学生没有认识到等号表示的两边对称的性质,认为等号后面就应该是答案。

2. 动作阶段

第二阶段是动作阶段,这一阶段学生会将等号解释为从左到右或者从右到左的符号,他们虽然能正确解决 $a\pm b=c$,$c=a\pm b$ 形式的等式,但是仍然不能正确解决 $a+b=c+d$ 形式的等式,如在等式 $5+\square=8+4$ 中,他们会把重点放在右边,认为答案是 12,因为他们只关注 $c=a\pm b$ 的部分,并会将等式的末尾端视为答案。例如,一名学生没有为这道题填上结果,以下为对他访谈的部分对话:

师:这道题你为什么没有写上结果呢?

生:因为 8 加 4 等于 12,但是我看到前面还有数字 5,我觉得不是 12,但是不知道怎么算,就空着了。

在动作阶段,学生虽然没有把等号解释为等价,但认识到了相等关系的对称性质。与第一阶段不同的是,他们虽然继续认为这个符号是一种指示,但意识到答案可能在等号的两边。

3. 等价阶段

第三阶段是等价阶段,这一阶段的学生能够正确理解等号表示的是一种等价关系,他们能把等式作为一个整体看待,知道等号两边的数的和是相等的。当学生理解了这点,就能正确解决各种典型或非典型等式,尤其是 $a+b=c+d$ 形式的缺项等式。当访谈 7 名全部答对的学生时,了解到他们对各种等式中等号的正确理解,下面的对话选自我们对其中一名四道题目全部答对的学生的访谈:

师:你能告诉老师 $3+5=\square+4$ 这道题你的结果为什么是 4 吗?

生:我是这样想的,因为 3 加 5 是等于 8 的,方框里只有填上 4,4 加 4 才能也等于 8。

师:下面这道 $5+\square=8+4$,你为什么填 7 呢?

生:跟上道题是一样的,因为 8 加 4 等于 12,只有把 5 加 7 才能等于 12,所以我填 7。

从对话可以看出,学生看到这样的等式,是先把等式作为一个整体来观察,再严格按照等式两边运算结果相等来解答。只有认识到等号的等价关系才能进行后面的分析。

第四节
从指示阶段跳跃到等价阶段的个案

本个案研究分为两次进行。第一次教学主要针对学生自己的错题,学生已经完成过一遍,能够加深印象,这次干预的目的是让学生体会和理解等号的等价意义,判断学生是否能顺利在教学指导下进入等价阶段。第二次检验教学结果,我们利用的是判断两边都有运算的等式是否正确,这是检验学生是否真正理解等号的等价意义的一个重要方法,因为判断等式正误可以让学生看到整个等式。选择这类等式,是因为学生经常写出这样的等式,以便在解决多步问题时记录下他们的计算过程。学生 A、B、C 分别选自如表 6‐4‐1 所示的指示阶段、动作阶段、不稳定阶段。

表 6‐4‐1 理解等号各阶段对应人数

理解等号阶段	指示阶段	动作阶段	等价阶段	不稳定阶段
人数	21	9	7	1

一、学生 A 对等号的理解情况分析

通过前面的测试题的作答结果(图 6‐4‐1)和访谈结果可以判断,学生 A 处于对等号理解的指示阶段,该生第一题、第二题答案正确,第三题 3+5＝□+4 的答案是 8,第四题 5+□＝8+4 的答案是 3。对于第三题,他认为等号后面是答案,所以 3 加 5 等于 8,结果为 8。第四题也是同理,等号后面是结果 8,所以方框里的数是 3。分析可知,他按照从左到右的阅读和理解习惯,认为等号是输出结果的符号。在他讲完第四道题的解题思路后,还说道"而且我还发现这两个算式是一样的,就是前面的 5 和 3 换了一下位置"。言语中透露的是他对结果的正确性是很有

把握的。在与该生的对话中,也可以看出他是一个比较外向的孩子,这一性格特点
也对下面的干预环节起到了积极的作用。

$$
\begin{aligned}
&1、3+6=\boxed{9}\\
&2、\boxed{8}=6+2\\
&3、3+5=\boxed{8}+4\\
&4、5+\boxed{3}=8+4
\end{aligned}
$$

图 6 - 4 - 1　学生 A 的答题纸

通过帮助学生纠正错题,渗透等号的等价意义,引导学生进入理解等号的下一
阶段。

二、通过教学建立学生 A 的等号概念

1. 指导学生利用学具纠错

根据布鲁纳的动作表征原理,利用学具小圆片,让学生自己动手摆一摆,自主
发现错误原因。(图 6 - 4 - 2)

师:我们先来看这个算式(3+5=8+4),请你用小圆片摆一摆等号左边的
3+5。

该生先摆 3 个小圆片,又拿了 5 个摆在前面 3 个小圆片的下面。

生:把 3 个小圆片和 5 个小圆片摆在一起就是 3+5。

师:你摆得非常正确,下面请你摆一摆等号右边的 8+4。

该生先摆了 8 个小圆片,又拿了 4 个摆在前面 8 个小圆片的下面。

生:把 8 个小圆片和 4 个小圆片摆在一起就是 8+4。

师:现在我们一起来观察一下,这两次摆的小圆片个数是一样的吗?

生:不一样,左边比右边的小圆片少。这道题好像不是填8。

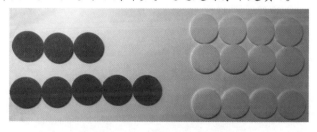

图 6 - 4 - 2　学生 A 摆小圆片

在我们准备问学生 A 这道题他回答是否正确之前,该生就发现了自己的错误。于是我们将 8 个小圆片移走,提示学生:现在只要再补上几个小圆片,左边的小圆片就和右边的个数相同了呢? 该生数了数现在两边小圆片的个数,在右边补上了 4 个小圆片。

师:现在你可以填上这道题的正确答案了吗?

生:正确答案应该是 4。

师:你现在知道这道题为什么做错了吗?

生:我只看到了前面的 3+5,没看到后面的 4。现在我知道了。

通过摆学具,学生 A 可以直观地发现自己的错误。这种方法还能帮助该生建立等号的关系型概念,这从学生 A 将左边与右边的小圆片从不相等摆成相等可以看出来。接着请该生将 $3+5=4+4$ 这个等式读两遍,以加深他对 $a+b=c+d$ 这种非典型等式的理解。

在纠正了这一道题的错误后,我们鼓励该生利用小圆片自己检查 $5+\square=8+4$ 的答案是否正确。没一会儿,他便检查出了自己的错误。

生:我先摆了 5 个小圆片和 3 个小圆片,然后摆了 8 个小圆片和 4 个小圆片,它们的个数不一样。

根据该生的回答,我们及时引入等号的等价概念。

师:你摆得很好,两边小圆片的个数明显是不一样的,而算式中的等号表示的应该是两边的个数相等。下面请你自己摆一摆,算算结果应该是多少。

学生很快在左边又补上了 4 个小圆片,数了数,说答案应该是 7。

由于该生能够熟练操作学具,因此这帮助他加深了对这类等式的熟悉程度。于是我们对该生的干预比预期要快地进入了第二种方法。根据布鲁纳的肖像表征原理,要求学生脱离实物操作,通过画图来理解等式的意思。

2. 教师示范画图

师:刚刚小圆片你摆得很好,如果以后在做题时身边没有学具怎么办呢? 没关系,我们可以画出像小圆片一样的图形来代替它。

学生的眼神有些疑惑,于是我们先来示范怎么画出图形解算式。

师:老师先教你 $3+5=\square+4$ 这道题怎么画图,好吗?

生:好!

该生回答时语气很坚定,可以看出他是很有求知欲的,注意力也很集中。

师:我们先观察这个等式,等号左边是 3+5,那先在练习纸上画 3 个小圆再画

5 个小圆,然后看到等号,我们可以就画一个等号在这里,等号右边是一个数加上
4,那我们就在等号另一边先画 4 个小圆。等号表示的是两边的数要相等,不能左
边的数大右边的数小,也不能左边的数小右边的数大。你觉得我们要在右边再画
几个小圆才能让等号两边小圆的个数一样多呢?

生:左边现在有 8 个小圆,所以右边还要再画 4 个小圆。

师:你是怎么算的呢?

生:3 加 5 等于 8 个,再把 8 减去 4 等于 4。

该生的这句回答非常关键,在逐渐深入的干预下,他的脑海中在逐渐形成两边
数字要相等,等式才能画等号。于是趁热打铁,我们鼓励该生自己画图形算出 5+
□=8+4 的结果。

该生对照着算式很快先在练习纸的左边画了 5 个小圆,然后写上了等号,接着
在等号另一边先画了 8 个小圆再画了 4 个小圆。

师:你画得很正确,看着自己画的图形,你觉得再画几个小圆等号两边就相等
了呢?

生:8 加 4 等于 12,所以左边还要再画 7 个圆,方框里应该填 7。(图 6-4-3)

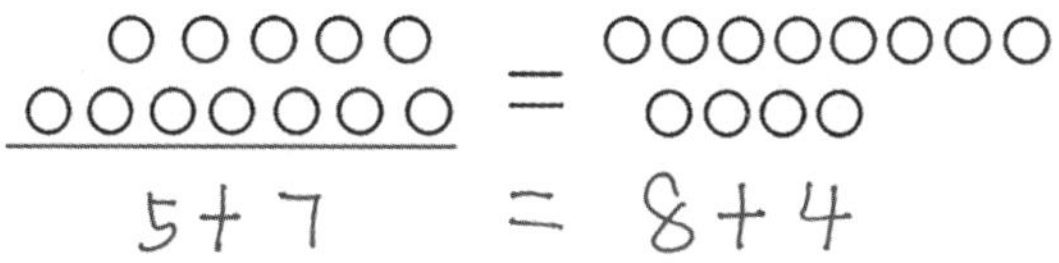

图 6-4-3 学生 A 画图解题

这两种方法是在教师指导的情况下以学生自主操作的形式进行的,我们了解
到该生对使用学具和画图方法的看法。

师:摆小圆片和画图形,你更喜欢哪种方法呢?

生:我更喜欢画图形,因为我觉得学具拿出来有点麻烦。

3. 用抽象思维解决算式

该生的回答从侧面体现了布鲁纳的肖像表征是在动作表征的基础上进行的。
于是我们按照教学计划,顺利进入到布鲁纳的符号表征方法。

师:现在看到这两个算式,如果不用学具,不画图形,你知道该怎么做吗?

生:(指着等式 3+5=□+4)3 加 5 等于 8,8 等于 4 加 4,应该填 4。

该生盯着算式想了几秒钟就作出了回答,于是进一步了解他这样做的原因。

师:现在你知道为什么这样做吗?

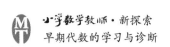

生：因为左边和右边是相等的。

在 $5+\square=8+4$ 这道题中，我们依旧要求该生在不用学具、不画图形的情况下作出解答。学生依旧说出了等号左右两边要相等，所以填 7。通过该生的回答，可以看出他已经能接受 $a+b=c+d$ 这种非典型等式了。

由于本次教学是在纠错的基础上帮助学生建立正确的等号概念，因此我们根据该生学习情况，对其进行及时强化。

师：以后不管遇到像 $3+6=\square$，$\square=6+3$ 这样的算式，还是 $3+5=\square+4$，$5+\square=8+4$ 这样的算式，我们都要先观察整个算式，不能看到等号就马上计算结果，不然就像你做的这两题一样。不管这个等号两边有几个数，看到等号要知道它表示两边的数的和要相等。

我们引导学生一起说出两边的数要相等，学生也表达出了等号两边的数相等的意思。

4. 巩固强化

为检验该生是否真正会解答 $a+b=c+d$ 形式的等式，第二天午休时间，我们在练习纸上写了两道类似的算式，$6+5=\square+3$，$\square+4=9+6$，该生很快解答出来，他没有借助一旁的学具也没有画图。

生：$6+5=\square+3$ 这个等式跟上面的一样，等号两边的数要相等，所以我把 11 减 3 等于 8。

师：你没有用学具，也没有画图，就可以直接算出结果吗？

生：是的。

师：你能解释一下为什么你填入 8 之后，这个等式是正确的吗？

生：因为它们的和都是 11。

师：所以请你记住，遇到这样的算式，看到等号时要记住等号两边的数是相等的，这样才能用等号。

初步可以判定，该生在教师补充后能接受 $a+b=c+d$ 形式的等式，并运用抽象思维解决等式。

三、对学生 A 的教学结果分析

在教学之前，学生 A 对等号的理解处于指示阶段，对于 $a+b=c+d$ 形式的等式，他依旧用解决 $a+b=c$ 的思维方式来解题，并认为自己的答案是正确的，这一明显特征表示他解题时没有观察整个等式，对于等号形成了一个固定概念即等号之后就是结果。

第一种方法是最直观的实物操作方法。该生操作能力较强,在摆学具的过程中能迅速发现自己的错误,在教师的提示下摆上正确个数的小圆片。从他对错误原因的解释"只看到了前面部分"中,说明实物操作帮助该生学会将等式视为一个整体。

第二种方法是脱离实物的画图方法。这种方法其实只是将实物简单表示在纸上,首先教师进行示范,帮助该生学习画图方法。该生能够很快画出另一道等式的图示,边画边口述这道题的做法。

第三种方法是直接用抽象思维解决等式。由于该生很好地理解了前面两种方法,并且思路清晰地表达了一定要保持等号两边数字之和相等,因此我们采用直接提问,引导该生解决等式。结果表明,在前面两种方法的等号的等价意义渗透下,该生可以直接观察等式,计算出正确答案。最后的巩固强化阶段,该生选择不借助实物和图示的方法直接计算出结果,说明他在脑海中已经能抽象出等号的等价概念了。

四、通过判断等式正误检验学生 A 的学习结果

对学生 A 的教学过程中,发展了该生对等号意义的正确理解,在此基础上,对该生的教学成果检验是以该生已经理解等号等价意义的预设进行的。于是我们选择了挑战学生等号概念的等式,请该生判断正误。选择用判断正误的方式检验该生对概念的理解,是因为这样的出题形式,使学生不得不在观察整个等式后作出判断。

(第一道为 $2+2+2=3+3$。该生认为是正确的。)

师:你是怎么判断它是正确的?

生:因为 2 加 2 加 2 等于 6,3 加 3 也等于 6,所以它们是相等的。

(第二道是在第一道的基础上增加了难度,这对学生来说将更有挑战意义。题目是 $3+3+3=9+2=11$。)

师:你回答得非常正确,接着请你判断一下这个等式写得是否正确呢?

生:我认为是错误的,我是这样想的,3 加 3 加 3 等于 9,但是 9 加 2 等于 11,它们不是相等的。

师:3 加 3 加 3 是 9,而 9 加 2 是 11,这难道不对吗?

生:我觉得不对,因为 3 加 3 加 3 等于 9,不是等于 11 的。

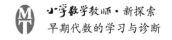

五、对学生 A 的检验结果分析

通过判断等式,该生能从整体上去分析等式。根据学生 A 的解释,看出他能够通过判断等号两边的数是否相等来证明自己的判断,这是理解了等号的等价意义的表现。这与我们的预设结果一样,即在教学的基础上,学生能保持理解等号的稳定性。

六、研究结果

学生 A 对等号的理解从最初的指示阶段经过教学能够直接跳跃到等价阶段,并保持稳定。我们初步判定处于指示阶段的学生 A 能正确理解等号的等价概念。这也说明,对等号的理解表现为指示阶段的学生能通过一系列教学方法进入等号正确理解的等价阶段,并能保持对等号等价意义理解的稳定性(图 6-4-4)。

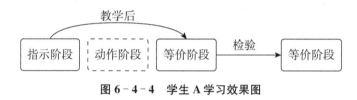

图 6-4-4 学生 A 学习效果图

第五节
在动作阶段徘徊的个案

一、学生 B 对等号的理解情况分析

根据对学生 B 答题纸(图 6-5-1)和访谈的分析,可以判断学生 B 处于理解等号的第二阶段——动作阶段,由于对非典型等式不熟悉,他只注意到了离等号最近的数字和运算符号(如 $3+5=1+4$,$5+12=8+4$)。

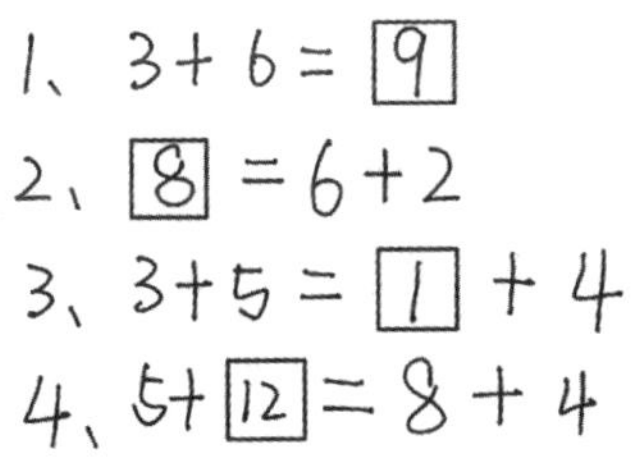

1、$3+6=\boxed{9}$

2、$\boxed{8}=6+2$

3、$3+5=\boxed{1}+4$

4、$5+\boxed{12}=8+4$

图 6-5-1 学生 B 的答题纸

师:你能说说 $3+5=\square+4$ 这道题,你为什么填 1 吗?

生:因为 5 等于 1 加 4。

师:那最前面的 3 呢?

生:不知道。

后面一道题他同样认为 8 加 4 等于 12,所以填入 12。与学生 B 同类型的学生认为答案也可能从等号右边得出,这是值得肯定的一点。根据设计好的三种方法进行干预。

二、通过教学建立学生 B 的等号概念

1. 指导学生利用学具纠错

我们先请学生 B 用小圆片摆出 1 加 4,这对该生来说很简单,接着请她在左边

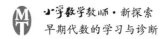
摆上 5(图 6－5－2)。

师:现在两边小圆片个数一样对吗,你会列算式吗?

生:5＝1＋4。

师:3＋5＝1＋4,5＝1＋4 这两个算式一样吗?

生:不一样,左边还有 3。

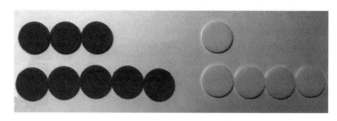

图 6－5－2　学生 B 摆小圆片

通过提问引起了该生对整个等式的关注,她似乎意识到这道题不是填 1。在我们的提示下,她开始在左边补上三个小圆片,数了数,在右边又放上了 3 个小圆片,然后擦掉了方框里的数字 1,填上了数字 4。

师:你填得很正确,能说说为什么你之前填错了吗?

生:我没有把 3 加上。

通过操作,该生说出了自己错误的原因,于是我们按照刚刚的步骤,继续提示该生发现 5＋12＝8＋4 和 12＝8＋4 是不同的等式。该生也通过摆小圆片发现应该填 7,两边小圆片的个数才能相同。

2. 在教师指导下用图示方法解决算式

在前一种方法的铺垫下,我们告诉学生,即使没有小圆片,也可以用画图的方法得出正确结果。

师:如果没有小圆片,我们可以画一个个小圆来代替它,对吗?

生:对的,小圆很好画。

师:那请把 3＋5＝□＋4 这个算式两边的数字都用小圆表示出来,再看看结果是多少?老师看看你画得是不是又好又正确。

我们先在中间画上一个等号,帮助学生 B 明确画小圆片的位置,该生很快在左边画上 8 个小圆,右边画上 4 个小圆。

师:你画的小圆真标准。现在 8 个小圆等于 4 个小圆吗?

生:8 个小圆大于 4 个小圆,再加 4 个小圆。(图 6－5－3)

师:这样画图,看这两边小圆的个数是不是一样,我们也可以算出答案。你现在会了吗?

生:会了,这样就不需要一直带着小圆片啦。

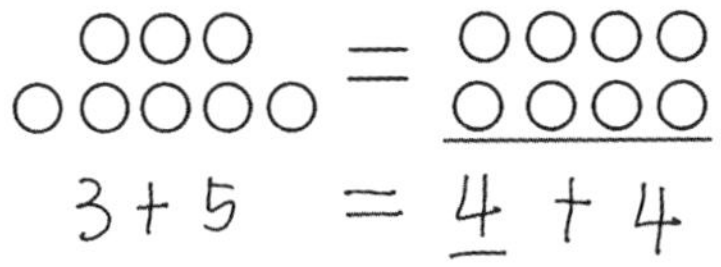

$$3+5 = \underline{4}+4$$

图 6-5-3　学生 B 画图解题

该生言语中透露出画圆方法似乎更好的想法。接下来,她用图示法将算式 $5+\square=8+4$ 解决出来。

生:左边已经有 5 个小圆了,还需要 7 个。

师:还需要 7 个小圆,右边和左边小圆的个数才能用这个等号表示,对吗?

生:对的。

3. 用抽象思维解决算式

在教学过程中,学生 B 已经逐渐将等式中的每个数字都考虑进来了,因此我们告诉该生,像 $3+5=\square+4$ 这样的算式,是可以用正确方法算出来的,在求这个缺的数时,要先观察整个等式,等号左右两边的数就像刚刚摆的小圆片一样要相等,等号左边有加法,就先算 3 加 5 得到 8,想 8 等于 4 加 4,缺少的数只能填 4。

师:现在你可以说说 $5+\square=8+4$ 这个算式怎么计算吗?

生:(迟疑了一下)8 加 4 等于 12,但结果不是 12,前面还有 5,5 加 7 等于 12。

师:你回答得非常好,现在请你观察这个算式,等号左边是 5 加 7 等于 12,等号右边也是 12,这样才能用等号连接,对吗?

生:对的!

4. 巩固强化

为巩固该生形成的等号概念,我们同样在第二天午休时间,请该生计算 $6+5=\square+3$,$\square+4=9+6$ 等式的结果。该生嘴里小声讲到 6 加 5 等于 11,11 减 3 等于 8,然后填上 8;下一道题她同样先算了等号右边的 15,然后把 15 减去 4 等于 11。

三、对学生 B 的教学结果分析

学生 B 在教学前处于对等号理解的动作阶段,她能够从等号的两边去寻找结果,这说明她考虑到了等号的对称性质,这也对接下来干预方法的实施起到了

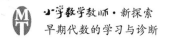
帮助。

第一种方法,既然该生只看到了等号右边的运算,我们就通过让该生摆小圆片的方法,发现摆出来的小圆片表示的算式并不是要解决的算式,对比两个算式,不难发现错误之处就在于忽略了某个数字,这样能让学生在解决这类非典型等式时注意到每个数字和运算符号,该方法实施的目的也就达到了。

第二种方法,该生学会观察整个算式了,在把实物操作转化到书面表象时就不容易出错了,在教师的指导下,该生能顺利画出等号左右两边小圆的个数,通过比较,可以很快得出缺几个小圆,还需要添上几个小圆,从而得出算式中要求的数是几。

第三种方法,在前面方法的成功干预下,我们用语言表述了这类等式的做法,试图在学生心中强化等号表示等式两边数字之和相等的思想。学生也能根据算式讲出正确答案的计算过程。

该类型学生在解决等式时,只看到离等号最近的运算和数字,试图用解决 $a+b=c$ 或者 $c=a+b$ 算式的思维得出结果,但经过三种方法不断递进的教学以及最后的巩固强化阶段,该类型学生能够算出正确答案。

四、通过判断等式正误检验学生 B 的学习结果

在第二天的最后一节自习课,我们同样请学生 B 判断等式 $2+2+2=3+3$ 的正误。

生:我觉得这是错误的,因为 3 加 3 等于 6,不等于 2。

从该生的回答可以看出,她对等号的理解发生了倒退,似乎又回到了动作阶段,因为她选择了从右到左去阅读等式,并且只看到了与等号相邻的数字和运算。于是,我们选择继续用三种教学方法,帮助学生正确理解该等式。首先用最直观的方式,引导学生摆好了学具。(图 6-5-4)

师:(先指着左边的小圆片)这边有几个小圆片,你是怎么算的?请你写下来。

生:2 加 2 加 2 等于 6。

师:(再指着右边小圆片)这边有几个小圆片,你是怎么算的?同样请你写下来。

生:3 加 3 等于 6。

师:现在请你看看这个算式,再看看自己写的算式,你发现了什么?

生:我发现了 2 加 2 加 2 是 6,3 加 3 也是 6。

师:现在你认为这个算式正确吗?

图 6 - 5 - 4 摆小圆片进行判断

该生表示该算式是正确的,于是我们再次强调,一定要在阅读完整个算式后,再进行计算或判断。

师:我们判断时要先看一遍整个算式,你看等号的左边是 2 加 2 加 2,等于 6,等号的右边呢? 3 加 3 也等于 6,两边都是 6,刚好跟你刚刚摆的小圆片结果是一样的,所以这个算式是正确的。

在该生完成第二道题 3+3+3=9+2=11 的判断时,我们提示她这个算式跟上道题一样,只是多了一个等号,一定要看完整个算式。

该生在上道题的干预下,以及似乎回忆起了昨天学习的方法,认为这个等式不正确。她说 3 加 3 加 3 等于 9,不能再把 9 加 2,这样不相等了。

师:为什么你一开始判断错了第一道题呢?

生:我忘记了这个算式,然后又想起来了。

五、对学生 B 的检验结果分析

第二次检验时,学生 B 在理解等号上出现了倒退情况,当看到等号两边都有运算的算式时,她依旧选择了自己认为最方便的方式去阅读等式并判断。但在第一次三种方法的教学基础上,该生还是能在教师的提示下发现错误,并用自己认为最正确的方法进行判断。这样的情况可能与学生上课时的注意力集中程度和知识遗忘程度有关。

六、研究结果

学生 B 对等号的理解从最初的动作阶段按照预期轨迹发展到了等价阶段,虽然在之后的检验过程中对等号的理解程度发现了倒退的情况(图 6 - 5 - 5),但在教

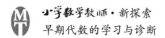
师的提示和引导下,该生还是能正确理解等号两边数相同的等价关系。综合分析,初步判定处于动作阶段的学生能够通过教学发展其等号的等价概念。

图 6-5-5 学生 B 学习效果图

第六节
发展到等价阶段的个案

一、学生 C 对等号的理解情况分析

在前测的四道题中,虽然后面两道题都属于 $a+b=c+d$ 形式的等式,但学生 C 仅第三题结果填错(图 6-6-1)。

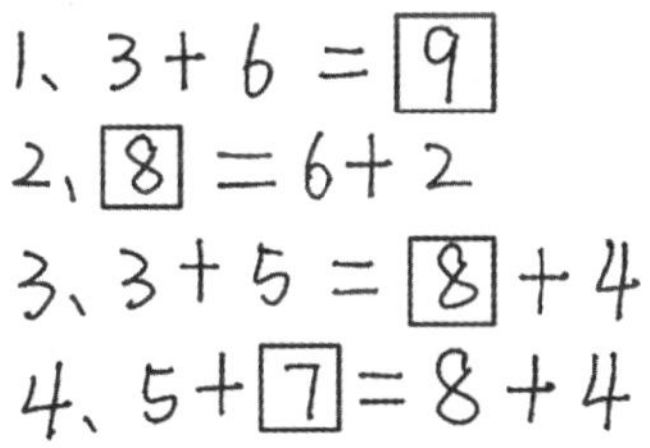

1、$3+6=\boxed{9}$
2、$\boxed{8}=6+2$
3、$3+5=\boxed{8}+4$
4、$5+\boxed{7}=8+4$

图 6-6-1　学生 C 的答题纸

师:请你说说为什么 $3+5=\square+4$ 这道题,你写的是 8 呢?

生:因为 3 加 5 等于 8。

师:好的,下面 $5+\square=8+4$ 这道题你为什么填 7 呢?

生:因为 8 加 4 等于 12,5 加 7 等于 12。

通过学生 C 的回答,可以判断她正处于对等号理解的一个不稳定的阶段,并且对自己的答案持有怀疑的态度,神情略微有些紧张。我们根据该生的情绪以一种轻松的氛围开始了对她的教学。

二、通过教学建立学生 C 的等号概念

1. 借助学具自主纠错

师:老师觉得你的思考很有道理,下面你愿不愿意跟老师玩一个游戏?

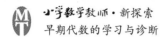

生:好的。

我们拿出小圆片问学生C是否知道是什么时,她回答说是小圆片。针对该生的答题情况,我们先请该生用小圆片来摆算式5+7=8+4。(图6-6-2)

师:等号左边是5加7,你能用小圆片摆出来吗?

生:(先摆5个,然后摆7个,放在一起)把5个小圆片和7个小圆片合起来。

师:请你在旁边用小圆片摆8加4

生:(先摆8个再摆4个,放在一起)把8个小圆片和四个小圆片合在一起。

师:你摆得可真正确。现在请你看看两边小圆片个数是一样的吗?

生:是的,都是12个。

师:现在你认为这道题你做得正确吗?

生:我认为是对的,都是12。

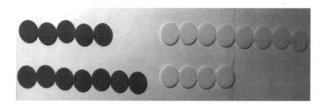

图6-6-2　学生C摆小圆片

该生通过小圆片直观感受到了等号两边数字之和相同,说话的语气比之前有了信心。于是我们请该生做小老师再来独立摆一摆3+5=8+4这个算式,看看自己的结果是否正确。

通过观察,该生根据3+5在左边摆了8个小圆片,根据8+4在右边摆了12个小圆片。

生:不是。这里不应该填8。

该生在使用学具之后马上发现自己答案填错了。在这种积极的教学效果下,我们鼓励她摆一摆、想一想到底答案应该是几。她很快撤走4个小圆片,并表示答案是4。

师:你能告诉老师为什么这道题你做错了吗?

生:我当时没有看到后面还有数字4。但是我刚刚用小圆片摆的时候想起来了。

该生似乎已经认识到了自己在解决等式时忽略了后面的数字4,通过摆学具初步感受到了等价关系,因为该生对于5+□=8+4结果是7的解释说明她脑海里对等号的关系型理解是存在的,只是理解得不够深入。于是我们为及时更深层次地渗透等价意义,对学生进行下一阶段的教学。

2. 在教师指导下用图示方法解决算式

师:刚刚我们用小圆片检查出了错题,老师觉得你表现得很好。如果没有小圆片,你知道还可以怎么检查自己做的正误吗?

生:我觉得可以掰手指,看两边的结果是不是一样。

对于该生的回答我们给予及时肯定,虽然她的思维仍然停留在操作层面,但是说明她已经能接受这种非典型等式,而且试图用一种保持等号两边结果相等的操作去解题。

师:如果以后做题时没有小圆片,我们有铅笔,有纸,有橡皮,自己动手画出来可以吗?

生(顿时表情明朗):对的!

师:回忆一下 $5+\square=8+4$ 这道题你是怎么摆的小圆片,请你动手画一画,好吗?

该生点头并看向 $5+\square=8+4$ 这道题。她先画出了几个差不多大小的圆,表示 5,然后停住了,教师提示她如果不知道的数就先不画,于是她把目光移到等号,教师再次提示等号就画一个等号,该生画完等号后很快把后面的 8 加 4 等于 12 个小圆片画出来了。

师:你的小圆片画得真好!现在你知道两边小圆片的个数相等吗?

生:不相等,要在左边再画 7 个。(边说边画,如图 6-6-3 所示)

师:你看,我们不需要准备小圆片,自己画图也可以回答正确,对吗?

生:是的,这样我就知道自己做的是正确的了。

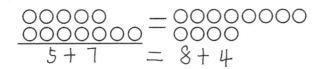

图 6-6-3 学生 C 画图解题

该生似乎很喜欢这个方法,于是请她用这个方法回答 $3+5=\square+4$ 可以怎么做。话音刚落,她就画了起来,先画了 8 个圆,再画一个等号,然后空了一点距离画出了 4 个圆。她用手数了数,又补上了 4 个圆。最后她回答的结果是 4,只要画图就知道了。通过这种方法,学生 C 掌握这种非典型等式的薄弱

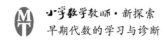
点可以被有效攻克,她会边画边观察整个等式,将等式视为一个整体理解等号的意义。

3. 用抽象思维解决算式

师:学习了刚刚两种方法,你可以说说看到 3＋5＝□＋4 这样的算式该怎么计算吗?

生:先把 3 加 5 等于 8,8 减 4 等于 4,结果是 4。

4. 巩固强化

学生 C 在三种方法的教学中表现良好,为了对学生 C 进行强化,针对该生的错题情况,我们在第二天午休时间请她解答 6＋5＝□＋3,9＋3＝4＋□,并在一旁放上学具,请学生用自己喜欢的方法来解题。该生看到算式后,开始用学具摆了起来,她在左边先摆了 6 个小圆片,再摆了 5 个小圆片,接着在右边摆了 3 个小圆片(图 6-6-4),思考了几秒后在方框中填入了 8。

图 6-6-4　学生 C 摆小圆片(巩固)

师:这道题你是怎么想的呢?

生:我是按照昨天的方法,先摆小圆片,然后想两边的小圆片要一样多,所以右边要再摆 8 个小圆片。

师:你回答得很好!所以 6 加 5 等于 11,11 减去 3 就得到了 8,对吗?

生:对的。

该生在第二题中依旧用摆小圆片的直观方法帮助自己得到了正确答案,没有再忽略某个数字,而是将等式看作一个整体,思路中能体现出对等号关系型意义的理解。

三、对学生 C 的教学结果分析

通过对话可知,学生 C 在教学前处于对等号理解的不稳定阶段,她对等号的等价型关系理解得不透彻导致她做题时思路不清晰。

第一种方法,针对该生的计算结果和答案,我们选择让该生用摆小圆片的方法,先验证了 $5+7=8+4$ 算式结果的正确性,这样既让该生体验到了成就感,又为对上道题的纠错打下了基础。该生通过摆放小圆片,知道了自己的错因,感受到了等号的等价型关系。

第二种方法,由于该生用摆放小圆片检验了自己的答案,因此对实物形成的表象要更深刻。在教师的指导下,她学会了用图示法表示等式两边的等价关系,等号的意义得到了充分渗透。

第三种方法,该生在教师不提示的情况下可以直接正确解题,这说明她对等号的理解比之前深入了。这是因为前面两种方法上取得的成功,让她对等号的概念不再模糊不清,等号就是表示两边相等的符号。

在之后的强化阶段,学生 C 虽然没有用抽象思维去解题,但是用摆学具的方法解释了要保持两边小圆片的个数相等,这就是等号等价概念的体现。

四、通过判断等式正误检验学生 C 的学习结果

在三种方法的教学后,我们认为该生对等号不会再是介于操作和关系型理解之间的模糊阶段。于是同样在自习课考查该生判断等式正误的能力,以检验该生理解等号的程度是否发生变化。

第一道题 $2+2+2=3+3$,学生 C 判断它是正确的,解释如下:

生:我是这样摆的,(开始拿起一旁的小圆片摆了起来)先摆 2 个小圆片,接着摆 2 个小圆片,再摆 2 个小圆片。在旁边先摆 3 个小圆片,再摆 3 个,我数了都是 6 个小圆片,我觉得这个算式是正确的。

下一道题 $3+3+3=9+2=11$,学生 C 同样用摆小圆片的方法来判断。

生:(摆好了小圆片之后)这边的小圆片是 9 个,可是这边是 11 个,然后这边也是 11 个,我觉得这个算式好像不正确,因为小圆片不都是 11。

五、对学生 C 的检验结果分析

在教学后,该生学会了用学具去解决非典型等式,于是选择继续摆学具来验证两边的小圆片个数是否一致。从她的解释可以发现,她已经能理解即使是两边都有运算的算式,也要保持等号两边的数相同。虽然该生没有用抽象思维去进行判断,但这样的思维方式是符合一年级学生的认知水平的,而且本实验的重点是帮助学生发展其等号的等价概念。

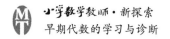

六、研究结果

学生 C 对等号的理解从最初的不稳定阶段经过教学能直接进入等价阶段,并保持稳定(图 6-6-5)。因此,我们初步可以判定对学生 C 的教学有一定的成效。对于处于对等号理解不稳定阶段的学生,可以通过三种教学方法帮助他们进入对等号理解的等价阶段,并保持稳定。

图 6-6-5　学生 C 学习效果图

第七节
研究结论和教学建议

    等号是小学数学中最重要的符号之一,理解等号概念应该从最简单的加减法学习时就开始。本章通过用符合学生运算水平的典型等式和非典型等式对一年级 40 名学生进行前测,通过访谈记录了学生理解等号时出现的问题,并了解学生对等式的分析过程,发现了学生对等号的理解可以分为三个不同的阶段,即指示阶段、动作阶段和等价阶段,其中等价阶段的学生能够从关系型意义上去理解等号。分别从指示阶段、动作阶段和不稳定阶段中的学生中各选取 1 名进行教学干预,试图帮助他们进入理解等号的最高阶段。以下为研究结论及教学建议。

一、研究结论

1. 学生理解算式中等号的困难

    一年级学生在解决形如 $a+b=c+d$ 这种两边都有运算的缺项算式时,会遇到困难。他们不能从等号表示两边数字之和相等的等价关系上去进行计算,由于形成了等号旁边输出答案的思维定势,学生往往只进行等号一边的加法运算就得出结果。学生这样计算的理由有两种,一种是认为这样的方法是正确的,另一种是他们不知道怎么计算,只是为了填上一个结果。

2. 学生对等号的理解处于三个阶段

    本章根据学生解决等式时产生的问题,发现了学生对等式中等号的理解可以划分成三个阶段,分别为指示阶段、动作阶段、等价阶段。这三个阶段的学生在解决和分析等式的表现完全不同。

3. 能通过教学发展学生对等号的正确理解

    表 6-7-1 是根据 3 名学生对等号理解的发展轨迹的观察指标得到的。

表6-7-1　3名学生理解等号的发展轨迹

学生	教学前	教学后	检验学习结果
A	指示阶段	等价阶段	等价阶段
B	动作阶段	等价阶段	动作阶段
C	不稳定阶段	等价阶段	等价阶段

表6-7-1显示,学生C按照预期轨迹发展,学生A直接从指示阶段跳跃到了等价阶段,而学生B在第二次检验后产生了倒退现象。

学生A对等号的理解处于指示阶段,经过教学,学生A学习了用三种方法分析等式,并且能够用抽象思维直接解决等式。在检验教学成果时,学生A能够在教师的提示下顺利判断等式,他学会了观察整个算式,必须保持等号两边的数相等才是正确的等式,该生同样选择了抽象方法直接计算等式两边结果进行判断。该生对等号的理解轨迹不仅与实验设计预期一致,并且能够跳过动作阶段直接进入等价阶段,这说明指示阶段的学生能够通过适当教学进入等价阶段。

学生B对等号的理解处于动作阶段,经过三种方法的教学,该生能够了解除了常见的左边运算右边答案或左边答案右边运算的等式外,其他类型的等式要用适当的方法进行解决,并且必须保持等号两边的数相等,不能忽略不靠近等号的数。但在检验学习成果时,该生又以原先的思维去判断等式的正误,在与其沟通后了解到该生还是没有完全理解等价的意义,于是选择从一年级学生最为接受的摆学具方式进行教学,唤醒学生的记忆,最后该生顺利判断了等式的正误。这一案例表明,动作阶段的学生能够通过适当的教学进入等价阶段,但由于学生接受能力的不同,而且容易遗忘是一个不可避免的因素,因此教师需要运用适当的教学方式指导和帮助学生尽可能克服,如有计划地进行巩固强化。

学生C对等号理解处于不稳定阶段,教学过程中,我们以该生感到的困难为主要突破点,按照三种方法帮该生坚定了正确理解等号的思路。该生也选择用自己最为接受的摆学具方式解决同类等式。在检验学生学习成果时,该生能够正确判断等式。该生能从不稳定阶段进入等价阶段,并能在判断等式正误时保持在理解等号的等价阶段。说明即使学生对等号的理解比较模糊,也依旧可以通过教学帮助学生正确理解等号。

综合以上不同情况的教学案例,我们总结出:不同阶段的学生都能够通过适当的教学发展其正确理解等号等价意义的能力。要使学生认识到自己对等号理解错误,只需要对他的结果和思考过程提出质疑,因此这不是很难去改变的事。但是为了让学生从一开始就养成良好的习惯,从一年级学生开始,教师就应当根据学生对等号理解的实际情况进行教学式的概念渗透,并定期强调等号的正确解释,让学生能在等号出现的地方都能回忆起它所表示的两边等价意义。

二、教学建议

小学低学段学生的认知能力较为不足,拥有的知识结构还比较不完整,因此教师要根据低年级学生的这一特点,注重在教学中尽可能地去一点一点地渗透等号的意义,让学生在学习过程中不知不觉地接受教师的指导,加深对等号等价意义的理解。我们在成功实施布鲁纳提出的三种方法的基础上,对教师关于等号的教学提出如下建议。

1. 重视教材问题的情境,渗透等号的本质含义

已有的数学教材上,与等号相关的教学内容和练习,基本采用的是左边是运算、右边是答案的形式,这样的安排对学生理解等式的意义会产生一定的局限性,长期下去会使学生形成思维定势,因此教师可以根据教材情境进行适当改编。

一年级第一学期教材"加与减"这一节的例题图,本来只有图 6 - 7 - 1 右边这幅图:鸟巢里本来有 6 只鸟,若又飞来了 2 只,一共有几只? 这道例题很好地表达了加法合并的意义,却忽略了等号的等价意义。教师可以对例题作改编,出示图 6 - 7 - 1 中左右两幅图:左边这幅图有 6 只鸟,右边这幅图有 8 只鸟,这两边的鸟一样多吗? 怎么样变化之后两边的鸟就一样多了呢? 学生可以直观地感受到,只有左边也飞来 2 只鸟,这两边的鸟的只数才会相等。这样就能很好地解释"6+2=8",从而帮助学生抽象出等号的本质含义,即等号表示两边数量相等。

图 6 - 7 - 1 小鸟原图(右)与改编图(左)

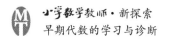

教师可以在完成原教学目标基础上对其进行升华，像上面这道题对情境进行适当改编或者补充一个类似的情境，能调动学生积极思考，并在潜移默化中渗透了等号的等价意义。

2. 充分利用或创造平衡材料，体会等价意义

学具是低年级学生最为接受的学习工具，无论是在学习数字的认识还是数的分与合时，都需要运用到小棒、小圆片等工具。在个案干预中发现，学生能够很好地利用学具来理解等号。对于等号两边都有运算的算式，教师可以指导学生用不同颜色的小圆片进行摆放，这样更能区分是两边都有运算的等式，明确从两边小圆片不相等到相等的过程是如何进行的。另外教师还可以创造学具，如制作一年级学生能够直接看懂的数字天平(图6-7-2)，作为直观的平衡材料，请学生自己动手操作。在数字天平中，教师可以首先以小组的形式，让学生动手直观感受大于、小于、等于的区别，然后让学生动手操作，移动数字卡，保持两边数字相同。

图6-7-2 数字天平

数字天平还有一个好处就是适合所有类型的等式，在学生充分体验之后，可以指导学生写出 $a+b=c$，$c=a+b$，$a+b=c+d$ 形式的等式。在操作后，学生可以直观感受到相同的数才能构成等式、两边总和相同才能构成等式。对于二、三年级的学生，教师可以介绍实物天平，通过使天平两边从不平衡到平衡，调动学生学习的兴趣，促使他们思考只要在某一边加上或者减去若干就可以保持平衡。这样学生对等号的等价意义才会有更深的体会。教师可以尝试在学具上多花些心思，因为这是最能调动学生学习积极性和兴趣的方式，也是适合学生最初的认知水平的方式。

3. 构建不同类型等式，培养等价意识

在小学阶段，等号的出现相当于预示着某个运算结果的产生，如果不在教学中帮助学生突破对等号的认识，将会使学生陷入定势思维，即等式中的等号只是表示要做某事的含义。所以，教师应该根据不同年级学生数学知识的掌握程度，建构一

288

些不同形式的等式,促进学生更加正确地理解等号的意义。以一年级学生为例,我们建议教师构建以下几种不同结构的等式类型。

(1) 结果在左的等式,如 $a=($ $)+($ $)$、$a=($ $)+($ $)+($ $)$ 等。这样的等式可以使学生意识到等式并不是只有结果在右、运算在左的形式。

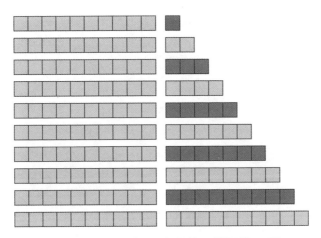

图 6 - 7 - 3 《数学》(一年级第一学期)第 40 页

图 6 - 7 - 3 是一年级第一学期教材"十几就是十和几"一节的开篇。如果出示 $11=□+1$,就和 $10+1=11$ 表示的意思不同,前者是一个数在找寻与它相等的值的数,后者仅为一个运算结果。对于 $a=($ $)+($ $)$,可以从算术和代数的角度来理解,前者表示数的分解,后者表示数与式的等值,这对于学生理解等号的深层含义是很有帮助的。在学生学会了教材要求的算式后,教师可以适时寻求突破,构造这种算式可作为学生对等号等价意义理解的启蒙。

(2) 两边都有算式的等式结构,如$($ $)+($ $)=($ $)+($ $)$,$($ $)+($ $)+($ $)=($ $)+($ $)+($ $)$等。这样的等式帮助学生在计算前阅读整个等式,将其作为一个整体。

图 6 - 7 - 4 是一年级第一学期教材最后一章复习与整理中"大家来做加法"的活动,要求学生根据这张加法表做加法。

一年级学生由于认知水平限制可能很难写出两边都有算式的等式,因此教师可以在学生找规律涂色后,引导学生写等号两边都有算式的等式,尽可能多地写或者以"开小火车"的形式来写,并正读反读所写的等式,通过学生之口讲出等号两边算得的数相等。这时教师再适时多次强调,学习的等式中,等号表示的是两边数的和一定要相等。如此教学能够使学生理解等号的过程真正跨出一步。当学生能够

0+0	1+0	2+0	3+0	4+0	5+0	6+0	7+0	8+0	9+0	10+0
0+1	1+1	2+1	3+1	4+1	5+1	6+1	7+1	8+1	9+1	10+1
0+2	1+2	2+2	3+2	4+2	5+2	6+2	7+2	8+2	9+2	10+2
0+3	1+3	2+3	3+3	4+3	5+3	6+3	7+3	8+3	9+3	10+3
0+4	1+4	2+4	3+4	4+4	5+4	6+4	7+4	8+4	9+4	10+4
0+5	1+5	2+5	3+5	4+5	5+5	6+5	7+5	8+5	9+5	10+5
0+6	1+6	2+6	3+6	4+6	5+6	6+6	7+6	8+6	9+6	10+6
0+7	1+7	2+7	3+7	4+7	5+7	6+7	7+7	8+7	9+7	10+7
0+8	1+8	2+8	3+8	4+8	5+8	6+8	7+8	8+8	9+8	10+8
0+9	1+9	2+9	3+9	4+9	5+9	6+9	7+9	8+9	9+9	10+9
0+10	1+10	2+10	3+10	4+10	5+10	6+10	7+10	8+10	9+10	10+10

图 6-7-4 《数学》(一年级第一学期)第 58 页

接受这样的阅读和书写习惯,心中形成等号即等式两边的数值等价的印象,就能快速解决如 $2+5=\square+4$ 这类等式,为接下来的学习打下坚实基础。

第七章
分数情境中的数学抽象

◎ 情境中数学抽象的理论
◎ 访谈任务的研究设计
◎ 数学抽象的特征
◎ 教学建议

第一节
情境中数学抽象的理论

数学抽象能力的理论模型及框架

以色列学者德雷福斯（Dreyfus）、赫什科维茨（Hershkowitz）和施瓦兹（Schwarz）提出数学抽象的操作型定义：抽象即垂直重组已建构的数学并形成新的数学结构的一种活动。其中，"已建构的数学"有两层含义：一是先前抽象的结果；二是初始的、未经提炼的抽象实体。"新的数学结构"包括数学证明、新的数学对象、解决问题的新策略等[①]。

他们将数学抽象分为三个阶段：一是出于新结构的需要，二是新结构的产生，三是新结构的巩固。而且他们建立了RBC模型，用三个可以观察的认知行为分析新结构的产生过程，分别是识别（Recognizing）、发展（Building-with）、建构（Constructing）。识别是指学习者意识到与该情境相关的某个特定的已有的知识结构；发展包括使用或组合识别的结构以获得局部性目标；建构包含通过垂直数学化组合或整合已有结构，从而产生新的结构。这些行为相互嵌套，其中发展包含识别，建构包含识别与发展，因此该模型又称动态的嵌套RBC模型或RBC＋C模型（后一个C指的是新建构的巩固过程，他们认为新结构的产生并不意味着学习者已经获得了新的结构，学习者甚至可能没有完全了解这种新结构，这种结构经常是脆弱的、易受情境影响的，通过巩固过程，学习者可以对建构的新结构有更深的认

---

① HERSHROWITZ R, SCHWARZ B, DREYFUS T. Abstraction in Context：Epistemic Actions[J]. Journal for Research in Mathematics Education，2001，32(2)：195 - 222.

识)①。德雷福斯、赫什科维茨和施瓦兹通过一些案例证实了 RBC 模型的合理性与可操作性,如典型的对角线乘积属性的抽象案例。通过 RBC 模型还可以对知识结构建构过程进行动态追踪,发现一些"部分正确的建构",即结果正确但建构过程存在缺陷,或结果错误但建构出了大量的知识②。

宏吉允(Jee Yun Hong)和金闵敬(Min Kyeong Kim)在巴蒂斯塔(Battista)等人提出的数学抽象能力的水平和内容的基础之上,提出了数学抽象能力的三个水平,具体如表 7-1-1 所示③。他们依据这一框架评价了韩国小学高年级学生解决结构不良问题时表现出来的数学抽象能力水平和形式,发现通过让学生解决结构不良问题可以提升学生的数学抽象能力水平。这一结论与达维多夫等人的研究结论相符,即学生的抽象思维是可教并可以提升的。

表 7-1-1　数学抽象能力水平的分析内容

水平	分析内容
水平一 数学结构的识别	• 学生是否识别出解决给定问题所需的数学结构? • 学生是否识别出已学的数学结构(包括数学知识、概念和原理)?是否能够识别和确定与问题相关的一般属性? • 学生是否能够基于自身经历和直觉,识别出问题中涉及的物理属性?
水平二 数学结构的应用	• 学生是否将问题简化成简洁的形式?是否通过形成一般性概念,使用数学联系和结构描述问题? • 学生是否积极地应用已学的数学结构(包括数学知识、概念和原理)解决该问题? • 学生是否通过推广问题中涉及的数学概念解决问题?
水平三 新的数学结构的建构	• 学生在解决问题的过程中,是否形成了新的数学知识和结构?是否能够将此推广到不同的现实生活情境中? • 学生是否基于已学的数学结构建构了新的结构(包括数学知识、概念和原理)?

① 黄兴丰.数学课堂活动的研究——聚集探索实践课,反思数学教学改革[D].上海:华东师范大学,2008.

② RON G, DREYFUS T, HERSHKOWITZ R. Partially Correct Constructs Illuminate Students' Inconsistent Answers[J].Educational Studies in Mathematics,2010,75(1):65-87.

③ HONG J Y, KIM M K. Mathematical Abstraction in the Solving of Ill-Structured Problems by Elementary School Students in Korea[J]. Eurasia Journal of Mathematics, Science and Technology Education, 2016, 12(2): 267-281.

　　米歇尔莫(Mitchelmore)等学者将抽象理论运用到百分数[①]、变化率[②]、角度[③]等的教学中,都获得了令人满意的结果。

　　结合中外研究者对数学抽象能力的相关研究,并参考德雷福斯、赫什科维茨和施瓦兹建立的 RBC 模型(具体框架如表7-1-2所示),将数学抽象分为三个阶段,并用三个可以观察的认知行为分析新结构的产生过程,分别是识别、发展、建构。

表7-1-2　数学抽象能力的 RBC 模型

数学抽象的阶段	可观察的认知行为	评判指标
出于新结构的需要	识别	学习者意识到与该情境相关的某个特定的已有的知识结构。
新结构的产生	发展	使用或组合识别的结构以获得局部性目标。
新结构的巩固	建构	通过垂直数学化组合或整合已有结构,从而产生新的结构。

　　正如有学者强调,RBC 模型又称动态的嵌套 RBC 模型。一方面,发展和识别的认识活动是嵌套于建构过程的。另一方面,新的结构产生是在其他已有的结构基础上发展出来的,是一个辩证的过程,当新的结构形成后,又可以被识别和发展成另一新的结构,成为新的结构发生的基础[④]。如图7-1-1,已有的结构(简单基础抽象)为1号抽象圈,新结构也就是在已有结构基础上发展出来的抽象结构,即为2号抽象圈。也就是说,2号抽象圈是在1号抽象圈的基础上发展起来的。

　　本章将三个可观察的认知行为一一对应学生数学抽象能力的水平。水平一:数学结构的识别;水平二:数学结构的运用;水平三:新结构的建构。

　　学生的数学抽象能力水平与分数情境问题的难度息息相关。难度大的问题对应

---

　　①　WHITE P, MITCHELMORE M. Teaching Percentage as a Multiplicative Relationship[C] // Building Connections Research Theory and Practice: Proceeding of the 28th Annual Conference. Deakin University Press, 2005:783-790.

　　②　MITCHELMORE M, WHITE P, MCMASTER H. Teaching Ratio and Rates for Abstraction [C] // WATSON J, BESWICK K. Proceedings of the 30th Annual Conference of the Mathematics Education Research Group of Australasia. MERGA Inc, 2007.

　　③　WHITE P, MITCHELMORE M. Teaching Angles by Abstraction from Physical Activities with Concrete Materials[J]. International Group for the Psychology of Mathematics Education, 2003, 4:403-410.

　　④　黄兴丰.数学课堂活动的研究——聚集探索实践课,反思数学教学改革[D].上海:华东师范大学,2008.

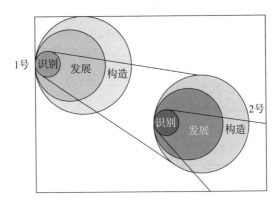

图 7-1-1　动态的 RBC 模型图

的水平是在基础问题对应的数学抽象能力三个水平基础之上的数学抽象能力水平。例如,如果把倍比条件求部分的分数情境题看作是在 1 号数学抽象圈中发生的话,那么倍比条件求整体的分数情境问题就是在 2 号数学抽象圈中发生的。从教材的角度来看也是合理的,两类问题都是在倍比条件中,不同的是一个是求部分,一个是求整体。求部分的分数情境问题实际上是分数的乘法;而求整体则对应分数的除法。在教材中,总是将分数乘除法分为两节,并且分数的除法总是在分数的乘法之后。

　　本章主要从分数角度研究学生的数学抽象能力水平。我们通过研究小学分数的相关教材教辅资料,从问题特征和条件特征两方面出发,归纳分数应用题的类型并自编分数情境测试卷。从问题特征出发,分为求部分、求整体;从条件特征出发,分为倍比分数情境、差比分数情境。由此形成倍比条件求部分(PM 型)、差比条件求部分(PD 型)、倍比条件求整体(WM 型)、差比条件求整体(WD 型)这四种类型的分数问题,利用 RBC 模型建立这四类分数情境问题的联系,如图 7-1-2 所示。

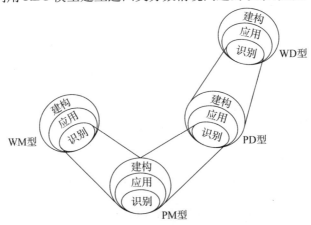

图 7-1-2　四类分数情境的抽象水平评价图

再根据 RBC 模型在每一类分数情境中构建评价指标,获得学生在各类型维度下的数学抽象能力水平。分数情境中学生数学抽象能力水平的评价框架如表 7-1-3 所示。

表 7-1-3 分数情境中学生数学抽象能力水平的评价框架

分数情境 类型名称	分数情境题型	数学抽象 能力水平	评价指标
倍比条件 求部分	已知 A,且 B 是 A 的 $\dfrac{a}{b}(a<b)$,求 B。	识别	能够识别问题情境中的单位"1",理解 A 的 $\dfrac{a}{b}$ 就是把 A 看成单位"1"。
		应用	能在具体情境中应用单位"1",能正确计算 A 的 $\dfrac{a}{b}$ 是多少。
		建构	能建立倍比条件求部分问题中的数量关系,理解 A 的 $\dfrac{a}{b}$ 还是 A 的部分,但在数值上与 B 相等,构建出 $B=A\times\dfrac{a}{b}$。
差比条件 求部分	已知 A,且 B 比 A 少 $\dfrac{a}{b}(a<b)$,求 B。	识别	识别关键句中的单位"1"; 区别于倍比条件,关注到差比条件。
		应用	能在具体情境中写出并应用正确的数量关系且得到正确答案。
		建构	在差比条件求部分问题中,成功构建 $B=A\times\left(1-\dfrac{a}{b}\right)$。
倍比条件 求整体	已知 A,且 A 是 B 的 $\dfrac{a}{b}(a<b)$,求 B。	识别	能够准确识别出单位"1"; 区别于求部分,关注到求整体。
		应用	能在具体情境中写出并应用正确的数量关系,类似于 $A=B\times\dfrac{a}{b}$,且计算出正确答案。
		建构	利用逆向思维,在倍比条件求整体问题中,成功构建 $B=A\div\dfrac{a}{b}$

（续表）

分数情境 类型名称	分数情境题型	数学抽象 能力水平	评价指标
差比条件 求整体	已知 A，且 A 比 B 少 $\dfrac{a}{b}(a<b)$，求 B。	识别	识别关键句中的单位"1"； 区别于倍比条件，关注到差比条件。
		应用	能在具体情境中写出并应用正确的数量关系，类似于 $A=B\times\left(1-\dfrac{a}{b}\right)$，且计算出正确答案。
		建构	利用逆向思维，在差比条件求整体问题中，成功构建 $B=A\div\left(1-\dfrac{a}{b}\right)$。

第二节
访谈任务的研究设计

一、研究对象

本章是在分数情境中研究小学生的数学抽象能力。分数在上海小学数学教材中第一次出现是在三年级第二学期(分数的初步认识),此后学生将在六年级第一学期学习分数的乘除法。本章将选取五年级学生作为测试对象。一方面五年级学生已经具备了分数的概念,另一方面五年级作为上海的小学毕业年级,调查学生的数学抽象能力是对小学阶段数学学习能力的一次检验,也是给预初数学教师教授分数乘除法提供学情调查。

我们选取上海市徐汇区的一所小学的全体五年级学生作为测试对象,该校五年级有四个班,由两位数学教师执教,教龄都在 15 年以上。全体五年级学生共 153 名,其中男生 72 名,女生 81 名。

二、研究方法

1. 测试法

测试法是一种以书面形式对信息进行收集的方法。本次研究设计四类分数情境问题,回收并对测试卷结果进行统计分析,以此了解学生的数学抽象能力处于何种水平。

本次研究通过大量文献综述确定了研究问题之后,根据课程标准和小学数学教材及相对应的分数应用练习题进行分析,最终将测试题按照问题性质分为:求整体和求部分两类;按照条件性质分为:倍比条件和差比条件两类。由此组合成四类分数情境问题,即倍比条件求部分、差比条件求部分、倍比条件求整体、差比条件求整体。

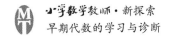

2. 访谈法

访谈是一种与被试者进行面对面交流的调查方法,有正式和非正式之分。非正式访谈与正式访谈不同,正式访谈拥有特定的提问和回答的形式,而在非正式访谈中,研究者向局内人询问自己感兴趣的事情,像普通的交谈一样,这些问题是随意的、自由发挥的,谈论什么主题和怎样谈论均不受已有观念的约束。本次研究在测试卷调查之后,随机抽取部分学生进行非正式访谈,进一步了解学生在解题时的思维路径,了解学生的数学抽象能力水平。

本章是研究学生的数学抽象能力水平,一般来说,能力是一种无形不可见的东西,通过纸笔测验的结果,可以初步了解学生的抽象能力水平,但是要深入了解学生在解题时的思维路径,还是需要访谈法的介入。

三、研究思路

本次研究分为三个阶段。

第一阶段:问题分析。首先确定研究问题,然后查阅"数学抽象的相关研究""数学抽象能力的相关研究""在情境中解决分数问题的相关研究"等相关文献并进行综述,总结过去研究的成果以及不足,从而选取研究的突破口,并寻找理论基础作为本次研究的支撑。

第二阶段:数据的收集与分析。首先分析教材并选取适当内容,设计并编制测试卷;其次发放测试卷。在大面积发放测试卷之前,我们选取了 5 名学生进行试测,其中 2 名成绩优异的学生,2 名成绩中等的学生和 1 名成绩中等偏下的学生。试测后发现,由于五年级学生还未学过假分数,因此将测试卷的第 3 题"果园里有桃树 30 棵,梨树比桃树多 $\frac{2}{5}$,梨树有多少棵?"改为"果园里有桃树 20 棵,梨树比桃树少 $\frac{2}{5}$,梨树有多少棵?"。接着,对全体被试学生进行施测,发放测试卷。最后,对回收上来的测试卷结果进行整理和分析。为了深入了解学生的思维路径及数学抽象能力水平,我们将随机选取编号尾号为 6 的 15 名学生进行访谈,分析学生在四类分数情境中出现的困难和致困成因,也分析学生是否完成了建构及如何建构。

第三阶段:提出结论及对策。根据第二阶段的分析结果找到学生在各维度下出现的困难成因并且进一步了解学生的思维路径,给出提高小学生在分数情境中数学抽象能力水平培养的对策。

四、研究工具

分数是小学阶段数学学习的重要内容，一方面分数是学生在认知数的范围上的一次扩充，从整数扩充到分数；另一方面分数情境中的问题往往与分数相对应的数量有关，即学生需要找到数量之间的关系，才能解决此类分数情境问题。因此，无论是培养学生对于分数的熟悉度还是培养学生对于数量之间关系的感知，都属于培养小学生的数感，而培养数感就是培养学生的数学抽象能力的一部分。

我们对义务教育数学课程标准以及小学数学教材进行研读，将分数情境问题划分为四类：倍比条件求部分、差比条件求部分、倍比条件求整体、差比条件求整体。因为上海市五年级学生尚未学到分数乘除法的计算，所以我们预计更多的学生会采用份数的思想来解决测试卷中的分数问题。也就是说，学生只有通过应用所给分数与其对应数量之间的关系才能解决测试卷中的问题。这样就达到了解学生数学抽象能力水平的目的。

五、研究内容

本章从内容和认知两个维度了解学生的数学抽象能力水平。

根据调查对象的学情以及教材在分数情境部分的知识内容编写测试题，学生在三年级已经初步学习了分数，了解了分数的意义，根据学生已学内容，查阅试题资料，将情境维度归纳为倍比条件求部分、差比条件求部分、倍比条件求整体、差比条件求整体四类。其中，倍比条件求部分具体指"求一个数的几分之几是多少"；差比条件求部分具体指"求比一个数多（少）几分之几的数是多少"；倍比条件求整体具体指"已知一个数的几分之几是多少，求这个数"；差比条件求整体具体指"已知比一个数多（少）几分之几是多少，求这个数"。

认知维度借鉴德雷福斯、赫什科维茨和施瓦兹提出数学抽象的操作型定义，在此基础上形成本次研究的理论框架，即数学抽象能力水平。水平一：数学结构的识别；水平二：数学结构的应用；水平三：新结构的建构。

根据理论基础中所呈现的学生在分数情境中数学抽象能力水平的评价指标框架，在情境上分成了四个维度，在水平上分为了三个水平，但是由于这四类分数情境问题在难度上存在差异，因此这四类分数情境问题分别所处一个抽象圈，并且四个抽象圈中存在一定的关系。根据评价指标框架，我们将得到学生在这四类分数

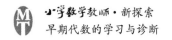
情境中的数学抽象能力水平。

当然,为了保证测试卷的效度,我们设计测试卷时在四种类型的题目上设置了两道题,学生在每一种题型的数学抽象能力水平由学生在这两道题上的平均分决定(平均分出现小数时取整,如某学生在两道题上的得分分别为1分、2分,则平均分为1.5分,其数学抽象能力水平取1分,水平一为最终水平,即我们认为数学抽象水平取两道题的低值)。同时需要注意的有两点:一是虽然是三个水平,但在实际评价过程中,仍然会出现有学生连水平一都达不到的情况,因此将未识别结构的学生归为未达水平一;二是水平三是一种思维过程,在纸笔书写中难以看出是否建构,因此在测试卷结果的统计分析中,只能看到学生在前两个水平的表现情况,我们将在访谈过程中选取15名学生重点关注他们是否完成了相关建构,达到水平三。

具体的评分标准见下列各表。

倍比条件求部分问题1:爷爷养白兔12只,灰兔是白兔的$\frac{2}{3}$,求爷爷养了多少只灰兔。

【解析】这是一道倍比条件求部分的题目。首先学生需要准确识别单位"1"为白兔的只数,在此基础上正确计算白兔的$\frac{2}{3}$,即12的$\frac{2}{3}$是多少,然后所求得的8在实质是白兔的只数,但在数值上与灰兔的只数相等,因此得出灰兔的只数为8。

表7-2-1 倍比条件求部分问题1的评分标准

水平	相关回答或评分依据
未达水平一	未准确识别单位"1"为白兔的只数,也未正确解出最终答案。
水平一	准确识别白兔的只数为单位"1",但未能得到正确答案。
水平二	准确识别白兔的只数为单位"1",并能够正确计算白兔的$\frac{2}{3}$等于8只。
水平三	能够厘清白兔只数和灰兔只数之间的数量关系,白兔的$\frac{2}{3}$是8只,这8只实际上是白兔的只数,但是在数值上等于灰兔的只数,因此灰兔也为8只。进一步能够总结出倍比条件求部分的公式,即$B=A\times$几分之几。(A已知,B未知)

倍比条件求部分问题2:有一块面积为48平方米的苹果园,葡萄园的面积是苹果园的$\frac{3}{4}$,求葡萄园的面积。

【解析】这仍然是一道倍比条件求部分的题目,但是与倍比条件求部分问题 1 不一样的是,本题为连续量情境。首先学生需要准确识别单位"1"为苹果园的面积,在此基础上正确计算苹果园面积的 $\frac{3}{4}$,即 48 的 $\frac{3}{4}$ 是多少,然后所求得的 36 平方米在实质上是苹果园的面积,但在数值上与葡萄园的面积相等,因此得出葡萄园的面积为 36 平方米。

表 7-2-2　倍比条件求部分问题 2 的评分标准

水平	相关回答或评分依据
未达水平一	未准确识别单位"1"为苹果园的面积,也未正确解出最终答案。
水平一	准确识别苹果园的面积为单位"1",但未能得到正确答案。
水平二	准确识别苹果园的面积为单位"1",并能够准确计算苹果园面积的 $\frac{3}{4}$ 等于 36 平方米。
水平三	能够厘清苹果园面积和葡萄园面积之间的数量关系,苹果园面积的 $\frac{3}{4}$ 是 36 平方米,而这 36 平方米实际上还是苹果园的面积,但是它在数值上等于葡萄园的面积,因此葡萄园的面积也为 36 平方米。进一步建构出倍比条件求部分的公式,即 $B = A \times$ 几分之几。(A 已知,B 未知)

差比条件求部分问题 1:果园里有桃树 20 棵,梨树比桃树少 $\frac{2}{5}$,求梨树有多少棵。

【解析】这是一道差比条件求部分的题目。首先学生需要准确找到单位"1",当然这一题的单位"1"相较倍比条件求部分类型而言更隐藏,需要将关键句进行转化,即将"梨树比桃树少 $\frac{2}{5}$"转化为"梨树是桃树的 $\frac{3}{5}$"。在准确识别单位"1"是桃树棵数的基础之上,准确计算出桃树的 $\frac{3}{5}$,也就是 20 的 $\frac{3}{5}$ 是 12 棵,这 12 棵在实质上是桃树的棵数,但是在数值上与梨树的棵数相等。因此得到梨树的棵数为 12 棵。或者暂时计算出梨树比桃树少的棵数,即 20 的 $\frac{2}{5}$ 等于 8 棵,这 8 棵在实质上是桃树的棵数,所以用 $20-8=12$ 得到的仍然是桃树的棵数,但在数值上 12 棵与梨树棵数相等。

表 7 - 2 - 3　差比条件求部分问题 1 的评分标准

水平	相关回答或评分依据
未达水平一	未准确识别单位"1"为桃树的棵数,也未正确解出最终答案。
水平一	准确识别桃树的棵数为单位"1",并能够厘清桃树和梨树之间的数量关系,正确理解"梨树比桃树少$\frac{2}{5}$"中的"$\frac{2}{5}$"所代表的含义,能够意识到需要将桃树和梨树之间的差比转化为倍比,即"梨树是桃树的$\frac{3}{5}$",但未能正确得到最终答案。
水平二	准确识别桃树的棵数为单位"1",能利用数量关系式或画图或利用份数的思想准确求解,即 $20 \times \left(1 - \frac{2}{5}\right) = 12$(棵)。或者先求出梨树比桃树少的棵数,再根据梨树和桃树之间的关系,求得梨树的棵数。
水平三	能够说出"梨树比桃树少$\frac{2}{5}$"其实就相当于"梨树是桃树的$\frac{3}{5}$",在解出桃树的$\frac{3}{5}$是 12 棵的基础之上,能够厘清桃树和梨树之间的数量关系,这 12 棵实际上还是桃树的棵数,但在数值上等于梨树的棵数,因此梨树的棵数为 12。进一步建构出差比条件求部分的公式,即 $B = A \times (1 - 几分之几)$。(A 已知,B 未知)

差比条件求部分问题 2:小胖和小丁丁去买笔记本,小胖花了 15 元,小丁丁花的钱比小胖少$\frac{1}{5}$,求小丁丁花了多少钱。

【解析】这是一道差比条件求部分的题目。首先学生还是需要准确找到单位"1",需要将关键句进行转化,即将"小丁丁花的钱比小胖少$\frac{1}{5}$"转化为"小丁丁花的钱是小胖的$\frac{4}{5}$"。在准确识别单位"1"是小胖花钱数的基础之上,准确计算出小胖花钱数的$\frac{4}{5}$,也就是 15 的$\frac{4}{5}$是 12 元,这 12 元实质上是小胖花的钱,但是在数值上与小丁丁所花钱数相等。因此得到小丁丁花了 12 元。或者先计算出小丁丁比小胖少的钱数,即 15 的$\frac{1}{5}$等于 3 元,这 3 元实质上是小胖花钱数的一部分,所以 $15 - 3 = 12$ 元,还是小胖花的钱,但是在数值上和小丁丁花的钱数相等。

表 7－2－4　差比条件求部分问题 2 的评分标准

水平	相关回答或评分依据
未达到水平一	未准确识别单位"1"为小胖花的钱数，也未正确解出最终答案。
水平一	准确识别小胖的钱数为单位"1"，能够厘清小胖和小丁丁所花钱数之间的数量关系，正确理解"小丁丁花的钱比小胖少 $\frac{1}{5}$"中的" $\frac{1}{5}$"所代表的含义，能够意识到需要将小胖和小丁丁花钱之间的差比转化为倍比，即"小丁丁花的钱是小胖的 $\frac{4}{5}$"，但未能正确得到最终答案。
水平二	准确识别小胖花的钱数为单位"1"，并能利用数量关系式或画图或利用份数的思想准确求解，即 $15\times\left(1-\frac{1}{5}\right)=12$(元)。或者回答 $15\times\frac{1}{5}=3$(元)；$15-3=12$(元)。
水平三	能够说出"小丁丁花的钱比小胖少 $\frac{1}{5}$"其实就相当于"小丁丁花的钱是小胖的 $\frac{4}{5}$"，在解出小胖的 $\frac{4}{5}$ 是 12 元的基础之上，能够厘清小丁丁花的钱和小胖花的钱之间的数量关系，这 12 元实际上是小胖花的钱数，但在数值上等于小丁丁的花钱数，因此小丁丁花了 12 元。进一步建构差比条件求部分的公式，即 $B=A\times(1-几分之几)$。(A 已知，B 未知)

倍比条件求整体问题 1：爷爷养白兔 12 只，是灰兔的 $\frac{2}{3}$，求爷爷养了多少只灰兔。

【解析】这是一道倍比条件求整体的题目。首先学生需要准确识别出单位"1"是灰兔的只数，其次学生要能够知道白兔只数和灰兔只数之间的数量关系，即白兔只数＝灰兔只数 $\times\frac{2}{3}$，又由于要求灰兔只数，因此运用逆向思维得到灰兔只数＝白兔只数 $\div\frac{2}{3}$。

表 7－2－5　倍比条件求整体问题 1 的评分标准

水平	相关回答或评分依据
未达到水平一	未准确识别单位"1"为灰兔的只数，也未正确解出最终答案。
水平一	准确识别出灰兔的只数为单位"1"，区别于求部分，能意识到灰兔这个整体是未知的，但未能得到正确答案。

水平	相关回答或评分依据
水平二	能准确建立白兔只数和灰兔只数之间的数量关系,即白兔只数=灰兔只数$\times\frac{2}{3}$,能够应用数量关系式或画图或利用份数的思想,求解得到正确答案为18只。
水平三	能建构倍比条件求整体的思路,即 A 在数值上与 B 的几分之几相等,所以已知 B 的部分是多少,求 B 这个整体用除法。能够利用逆向思维直接建构 $B=A\div$几分之几。(A 已知,B 未知)

倍比条件求整体问题2:有一块面积为 12 平方米的苹果园,是葡萄园面积的$\frac{3}{4}$,求葡萄园的面积。

【解析】这是一道倍比条件求整体的题目。首先学生需要准确识别出单位"1"是葡萄园的面积,其次学生要能够知道苹果园面积和葡萄园面积之间的数量关系,即苹果园面积=葡萄园面积$\times\frac{3}{4}$,又由于要求葡萄园面积,因此运用逆向思维得到葡萄园面积=苹果园面积$\div\frac{3}{4}$。

表 7-2-6　倍比条件求整体问题 2 的评分标准

水平	相关回答或评分依据
未达到水平一	未准确识别单位"1"为葡萄园的面积,也未正确解出最终答案。
水平一	准确识别葡萄园的面积为单位"1",能意识到葡萄园作为整体是未知的,区别于求部分,这是求葡萄园这个整体,但未能得到正确答案。
水平二	能够厘清葡萄园面积和苹果园面积之间的数量关系,即苹果园面积=葡萄园面积$\times\frac{3}{4}$,能够利用数量关系式或画图或利用份数的思想,求解得到正确答案为16平方米。
水平三	能建构倍比条件求整体的思路,即 A 在数值上与 B 的几分之几相等,所以已知 B 的部分是多少,求 B 这个整体用除法。能够利用逆向思维直接建构 $B=A\div$几分之几。(A 已知,B 未知)

差比条件求整体问题1:果园里有桃树 30 棵,桃树比梨树少$\frac{2}{5}$,求梨树有多少棵。

【解析】这是一道差比条件求整体的题目。首先学生需要准确识别单位"1"是梨树的棵数,并且能够根据关键句找到桃树棵数和梨树棵数之间的数量关系。当然,由于是差比条件,因此尽量还是转化成倍比条件,这样会更加容易得到二者之间的数量关系,即桃树棵数＝梨树棵数$\times\left(1-\dfrac{2}{5}\right)$。由于已知的是桃树棵数,因此运用除法是乘法的逆运算,得到梨树棵数＝桃树棵数$\div\left(1-\dfrac{2}{5}\right)$。

表 7-2-7　差比条件求整体问题 1 的评分标准

水平	相关回答或评分依据
未达到水平一	未准确识别单位"1"为梨树的棵数,也未正确解出最终答案。
水平一	准确识别梨树的棵数为单位"1",能够意识到需要将桃树和梨树之间的差比,即"桃树比梨树少$\dfrac{2}{5}$"转化成桃树和梨树之间的倍比,即"桃树是梨树的$\dfrac{3}{5}$",但未能正确得到最终答案。
水平二	准确识别梨树的棵数为单位"1",并应用桃树和梨树之间的数量关系,通过画图或者利用份数思想得到正确答案,即 $30\div\left(1-\dfrac{2}{5}\right)=50$(棵)。
水平三	能建构差比条件求整体的思路,即 A 在数值上与 B 的几分之几相等,所以已知 B 的部分是多少,求 B 这个整体用除法。能利用逆向思维直接建构 $B=A\div(1-$几分之几$)$。(A 已知,B 未知)

差比条件求整体问题 2:小巧和小亚比身高,小巧的身高为 120 cm,小巧比小亚矮$\dfrac{1}{5}$,求小亚的身高。

【解析】这是一道差比条件求整体的题目。首先学生需要准确识别单位"1"是小亚的身高,并且能够根据关键句找到小巧身高和小亚身高之间的数量关系。当然,由于是差比条件,因此尽量还是转化成倍比条件,这样会更加容易得到二者之间的数量关系,即小巧身高＝小亚身高$\times\left(1-\dfrac{1}{5}\right)$。由于已知的是小巧身高,因此运用除法是乘法的逆运算,得到小亚身高＝小巧身高$\div\left(1-\dfrac{1}{5}\right)$。

表 7-2-8　差比条件求整体问题 2 的评分标准

水平	相关回答或评分依据
未达到水平一	未准确识别单位"1"为小亚的身高,也未能正确解出最终答案。

（续表）

水平	相关回答或评分依据
水平一	准确识别小亚的身高为单位"1"，并能意识到需要将小巧和小亚身高之间的差比，即"小巧比小亚矮 $\frac{1}{5}$"转化为小巧和小亚身高之间的倍比，即"小巧的身高是小亚的 $\frac{4}{5}$"，但未能正确得到最终答案。
水平二	准确识别小亚的身高为单位"1"，并应用小巧和小亚身高之间的数量关系，利用画图或者份数思想得到正确答案，即 $120 \div \left(1 - \frac{1}{5}\right) = 150 (\text{cm})$。
水平三	能建构差比条件求整体的思路，即 A 在数值上与 B 的几分之几相等，所以已知 B 的部分是多少，求 B 这个整体用除法。能利用逆向思维直接建构 $B = A \div (1 - \text{几分之几})$。（$A$ 已知，B 未知）

第三节
数学抽象的特征

一、研究对象的总体情况

在测试卷总体情况的分析中,需要注意的是,水平三(新的数学结构的建构)是一种思维过程,在纸笔书写中难以看出是否建构。因此,在测试卷结果的统计分析中,只能看到学生在前两个水平的表现情况。我们将在访谈过程中选取 15 名学生重点关注他们是否完成了相关建构,达到水平三。

1. 学生在倍比条件求部分型分数情境问题上的数学抽象能力整体情况

表 7 - 3 - 1　学生在倍比条件求部分型分数情境中的总体表现

水平	人数	百分比
未达水平一	15	10%
水平一	24	16%
水平二	114	74%

从表 7 - 3 - 1 可知,对于倍比条件求部分型的分数情境问题,学生的数学抽象能力总体水平发展得不错。74% 的学生达到了水平二,即大部分学生能够解决"求一个数的几分之几是多少"。我们还应该注意到,像这样求一个数的几分之几是多少属于三年级在分数的初步认识中已经学习的内容,但是仍然有 10% 的学生未达水平一,他们不能识别这类问题的单位"1"是什么,可以说这些学生的数学抽象能力水平较低,发展他们的数学抽象能力对他们的数学学习来说至关重要,这应当引起教育工作者的重视。同时,我们可以看到,达到水平一但是未能成功应用的学生约占 16%,这部分学生仅仅知道单位"1",但是并没有理解单位"1"这一概念的真正意义,对概念的理解不到位。要注意,概念的理解对于学生数学抽象能力的发展是很重要的。

2. 学生在差比条件求部分型分数情境问题上的数学抽象能力整体情况

表 7-3-2　学生在差比条件求部分型分数情境中的总体表现

水平	人数	百分比
未达水平一	30	20%
水平一	29	19%
水平二	94	61%

　　对于差比条件求部分型的分数情境问题,学生的数学抽象能力总体水平一般。如表 7-3-2 所示,对比倍比条件求部分型的分数情境问题,达到水平二的学生人数有所减少,未达到水平一的学生人数有所增多,这是合理的。因为差比条件求部分型分数情境问题是"求比一个数多(少)几分之几的数是多少",需要将差比的关键句转化为倍比才能更清晰地解答出此类问题。

　　差比条件求部分型分数问题是在倍比条件求部分型分数问题基础上的一个难度提升,未达水平一的百分比比例有所上升,说明在倍比条件求部分型分数问题中,原来能够达到水平一的学生,有部分未达水平一,遇到这样的分数问题无从下手。从达到水平二的学生比例上可以看出,原来能够达到水平二的学生现在可能只能达到水平一甚至连水平一都达不到,说明学生在解决差比条件求部分型分数问题上遇到了困难。从问题性质看,两类问题都是求部分的分数问题,差异在于条件性质不一样。倍比条件求部分型分数问题条件中的分数是作为两个对象之间的倍数关系存在的,而差比条件求部分型分数问题条件中的分数是作为两个对象之间的差值存在的。所以在求解差比条件求部分型分数问题时,第一步是要把差比条件的关键句转化为倍比,因此会出现学生关键句转化困难,从而导致抽象能力水平降低的情况。

3. 学生在倍比条件求整体型分数情境问题上的数学抽象能力整体情况

表 7-3-3　学生在倍比条件求整体型分数情境中的总体表现

水平	人数	百分比
未达水平一	51	34%
水平一	25	16%
水平二	77	50%

　　在倍比条件求整体型的分数情境问题上,如表 7-3-3 所示,达到水平二的学生

人数又有所减少,仅 50％的学生达到了此水平,说明这一类型的分数问题在难度上又上了一个台阶,导致一部分学生依靠现有的抽象能力无法解决该问题;未达到水平一的学生人数较前两种题型都有所增加,有约 34％的学生在识别什么是单位"1"的问题上表现困难。这种类型的分数问题的单位"1"即所求,与学生以往的正向解题思维不同,这稍微涉及代数的思维,小学生解决这类问题时会觉得有些吃力。

与倍比条件求部分型分数问题相比,从条件性质来看,条件中所给分数都是作为两个对象之间的倍数关系存在的,即都为倍比的分数情境。不同之处在于问题的性质,倍比条件求部分型分数问题是已知整体求部分,这是最常规的分数问题;而倍比条件求整体型分数问题是已知部分求整体,属于常规问题的逆运算。而逆向思维对部分小学生来说是有些困难的。

4. 学生在差比条件求整体型分数情境问题上的数学抽象能力整体情况

表 7-3-4　学生在差比条件求整体型分数情境中的总体表现

水平	人数	百分比
未达水平一	75	49％
水平一	41	27％
水平二	37	24％

差比条件求整体型的分数情境问题是此次测试卷中难度最大的,因此更能从中看出哪些学生思路清晰,能够判断分数与对应数量之间的关系,从而求得最终结果。差比条件求整体型的分数情境问题是"已知比一个数多(少)几分之几是多少,求这个数",在解决这类问题时,首先找到单位"1"就已经比较困难了,学生需要先将差比转化为倍比;其次学生需要在会解决"已知一个数的几分之几是多少,求这个数"的基础上,得到差比条件求整体型分数情境问题的最终答案,然而学生在倍比条件求整体型的分数情境问题上已经表现得不够理想了,因此能最终得到正确答案的人数自然锐减。如表 7-3-4 所示,仅有 24％的学生最终既能正确找到单位"1",又能都得到正确答案。这一数据表明,学生在求整体的情境中表现不佳,难以找到题中数量关系。

从上述数据分析中,可以得出:

(1) 学生在已知整体求部分的问题解决中的表现比已知部分求整体要好。

(2) 学生在分数作为倍比出现的问题解决中的表现比分数作为差比的情况要好。

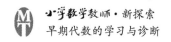
二、各维度下具体情况分析

通过以上分析,学生在倍比条件求部分型分数情境问题中数学抽象能力水平情况相对较好,对差比条件求部分型、倍比条件求整体型、差比条件求整体型分数情境问题的抽象能力水平都有待提高。为了探究学生出现的问题,以及学生的思维特征,了解学生是否达到水平三(新的数学结构的建构),本次研究从153名学生样本中抽取尾号为6的15名学生进行了访谈。

1. 倍比条件求部分型分数情境问题

通过定量分析发现,74%的学生在倍比条件求部分型分数情境问题中达到了水平二,为了探究学生出现的问题,以及达到水平二的学生是否达到水平三,我们对抽取的15名学生进行访谈。访谈结果如表7-3-5所示。

表7-3-5 访谈结果统计

	未达水平一	水平一	水平二	水平三
学生编号	S6、S66	S76、S86、S96		S16、S26、S36、S46、S56、S106、S116、S126、S136、S146

在访谈中,我们发现两名未达到水平一的学生学习成绩都处于中下游水平。由于学生初次学习分数内容是在三年级,之后较少接触分数问题,导致这两名学生最基础的整体中求部分的问题也不能解决。S66说:"什么是单位'1',我想不起来就瞎填的。"显然,他对于分数的相关概念已经遗忘。与乱做的S66相比,S6虽然也未能正确识别,但是有自己的思考,其解答过程如图7-3-1所示。在接受访谈的过程中,她解释道,12只白兔中的$\frac{2}{3}$是灰兔的只数,那么把12平均分成3份,得到的4只白兔就是单位"1"。S6将单位"1"错误地理解为一份。上述两名学生之所以未达水平一,是因为对于单位"1"的概念不熟悉。

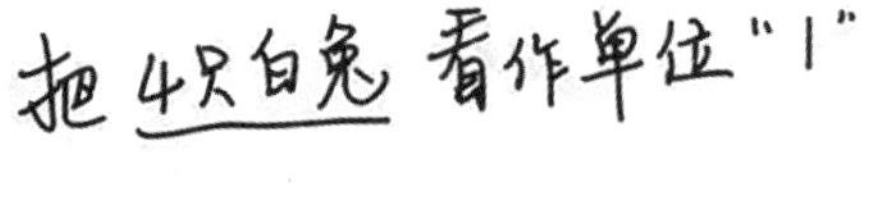

把4只白兔 看作单位"1"

图7-3-1 S6对于单位"1"的错误理解

仅达到水平一的3名学生中,虽然都能准确识别两道问题中的单位"1",但是不能进行应用,深层的原因是对于分数的意义不够理解。S76 和 S86 提到她们记得教师之前说的"的"字前面的是整体,由此才判断成功。我们认为,单纯的死记硬背仅处于识别水平,还不能达到应用水平。因此,这一水平的学生不能求得分数所对应的数量,不会将所看作的整体(单位"1")平均分成几份(分母),取其中的几份(分子)。

达到水平二的 10 名学生,他们既能正确识别出问题中的单位"1",又能正确列式计算出正确结果,其中 S26 将自己的思路清晰地展示在测试卷中,如图 7‐3‐2 所示。

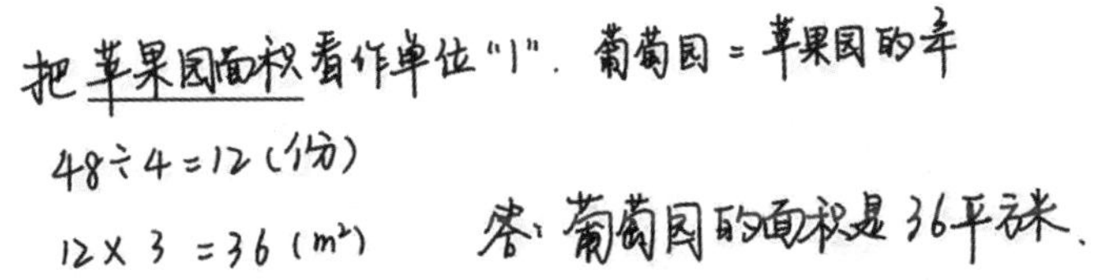

把苹果园面积看作单位"1". 葡萄园＝苹果园的¾

48÷4＝12(份)

12×3＝36 (m²)   答: 葡萄园的面积是36平诛.

图 7‐3‐2　S26 的正确解答

为了解以上达到水平二的学生是否达到了水平三,对这 10 名学生进行访谈,访谈实录如下:

研究者:你觉得这两道题是一种题型吗? 请你进行概括。

S16、S26、S36、S46、S56、S106、S116、S126、S136、S146:是一种题型,就是已知整体和分数,让你求分数所对应的部分是多少。

研究者:如果让你用一个数量关系来表示这一类题目,你会怎么做?

S16、S26、S36、S46、S56、S106、S116、S126、S136、S146:已知 A,且 B 是 A 的

$\dfrac{a}{b}$,求 B。数量关系是:$B = A \div b \times a \left(\text{或者 } B = A \times \dfrac{a}{b} \right)$。

从上述访谈可以看出,10 名学生均达到了水平三,能够从具体情境中抽象并成功建构出在倍比条件中求部分的一般数量关系。

2. 差比条件求部分型分数情境问题

在定量分析中,我们可以发现,在差比条件求部分型分数情境问题中,有 61% 的学生达到了水平二,相较于倍比条件求部分型分数情境问题,学生的数学抽象水平有所降低。说明学生在倍比的分数情境中,更加容易进行数学抽象。为了探究学生出现的问题,以及达到水平二的学生是否达到水平三,我们对抽取的 15 名学生继续进行访谈。

表 7-3-6　访谈结果统计

	未达水平一	水平一	水平二	水平三
学生编号	S6、S66、S76、S86、S96	S16、S46	S56、S116	S26、S36、S106、S126、S136、S146

在表 7-3-6 可以发现,未达到水平一的学生是在倍比条件求部分型分数情境问题中水平一及水平一以下的学生,在倍比条件求部分型分数情境中达到水平三的学生在差比条件求部分型分数情境问题中都能达到水平一。差比条件求部分型分数情境问题与倍比条件求部分型分数情境问题相比,相同的是,问题性质一致,都是求部分;不同的是,差比条件求部分型为差比条件,而倍比条件求部分型是倍比条件。在访谈过程中,S6 和 S66 表示看不懂题目,S96 未能注意到差比条件求部分型的这两道题与倍比条件求部分型问题的区别,将差比条件求部分型按照倍比条件求部分型的解题思路进行,导致最终求出的量是差量。S76、S86 两名学生告诉研究者,她们不明白梨树比桃树少 $\frac{2}{5}$ 到底是少梨树的 $\frac{2}{5}$,还是少桃树的 $\frac{2}{5}$,故无从判断哪一对象才是正确的单位"1"。在差比的条件下,虽然两名学生意识到了与倍比条件不同,但反而难以找到单位"1"了。因此,在差比条件求部分型分数问题中,学生未达水平一的原因一是读不懂题或未读清题意,二是关注到差比条件但却难以找到单位"1"。

达到水平一的 S16 和 S46 两名学生,他们能简单识别单位"1"并关注到差比条件,但思路不够清晰,不能先将差比条件转化为倍比条件或者先算出差量。其深层原因是不能应用单位"1",对单位"1"和分数所代表的含义理解不够。

在达到水平二的 8 名学生中,我们看到他们的解题思路清晰,根据题目中的条件找出相应的数量关系,并成功解得正确答案。例如,S136 在测试卷中的解答情况如图 7-3-3 所示。

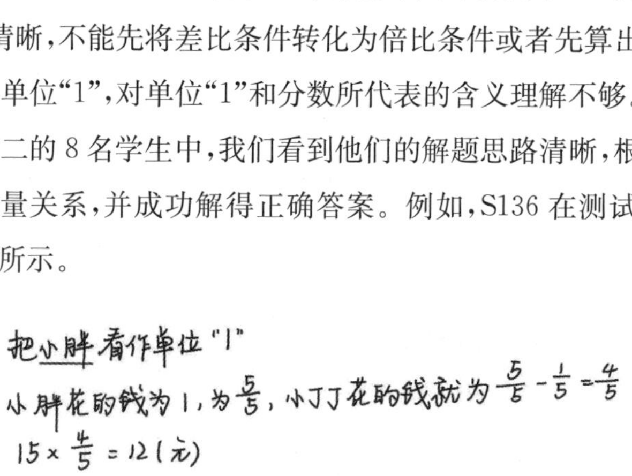

把小胖看作单位"1"

小胖花的钱为1,为 $\frac{5}{5}$,小丁丁花的钱就为 $\frac{5}{5}-\frac{1}{5}=\frac{4}{5}$

$15 \times \frac{4}{5} = 12(元)$

图 7-3-3　S136 的正确解答

S136 根据关键句"小丁丁花的钱比小胖少 $\frac{1}{5}$",得出把小胖花的钱看成单

位"1"(和谁作比较,谁就是单位"1"),小丁丁花的钱就是可以看成 $\frac{4}{5}$,而这 $\frac{4}{5}$

是 $\frac{5}{5}$ 中的 $\frac{4}{5}$,也就是对应小胖花的 15 元中的 $\frac{4}{5}$,在数值上就等于小丁丁花的

钱数。

为了解这 8 名达到水平二的学生是否达到水平三,对他们进行访谈,了解其
思维路径以及是否能够建构出这一类分数问题的一般数量关系。访谈实录
如下:

研究者:这两道题你的解题方法一样吗? 说说你的想法。

S56、S116、S136:一样的方法。我是通过将"比⋯⋯少"的条件转化成"是⋯⋯
的"的条件,然后就能像解决 1、2 两题的方法一样求出分数所对应的部分是多
少了。

S26、S36、S106、S126、S146:一样的,这两题我都是先求出分数对应的量是少
多少,然后做减法得到要求的数量。

研究者:如果我将这两类题型转化成"已知 A,B 比 A 少 $\frac{a}{b}$,求 B",请你给出

数量关系式。

S136:$B=A\times\left(1-\dfrac{a}{b}\right)$。

S26、S36、S106、S126、S146:$B=A-A\times\dfrac{a}{b}$。

在这 8 名学生中,有 6 名达到了水平三,还有 2 名学生(S56、S116)没能告知研
究者一般的数量关系,原因在于学生仅会在具体情境中得到正确结果,不能拓展到
一般情境中,未能建构出差比条件中求部分的数量关系。

3. 倍比条件求整体型分数情境问题

在定量分析中,我们可以看出,在倍比条件求整体型分数情境问题中,有 50%
的学生达到了水平二,相较于倍比条件求部分型分数情境问题,学生的数学抽象能
力水平大幅降低。说明学生在已知部分求整体的分数情境中,更加难以进行数学
抽象。为了探究学生出现的问题,以及达到水平二的学生是否达到水平三,我们对
选取的 15 名学生继续进行访谈。

表 7-3-7　访谈结果统计

	未达水平一	水平一（识别）	水平二（应用）	水平三（建构）
学生编号	S6、S66、S86、S96	S16、S46、S76、S116	S36、S56、S106	S26、S126、S136、S146

　　从表 7-3-7 中可以看出，未达水平一的学生较倍比条件求部分型分数情境问题人数有所上升。在访谈过程中发现，学生的错误原因有两种：一是像前两类问题一样，对分数问题完全不了解，没有掌握单位"1"的概念、整体与部分之间的关系等；二是由于 5、6 两题与 1、2 两题的表征相似性极高，因此审题不仔细导致将倍比条件求整体型分数情境问题当成倍比条件求部分型分数情境问题去做。

　　达到水平一的 4 名学生都能通过关键字"的"，简单判断识别单位"1"，但思路不够清晰，不能在具体问题中先通过列出正确的数量关系式再计算，而是将题目中所有的数字进行无意义的运算。因此，在倍比条件求整体型的分数情境问题中，学生之所以未能达到水平二，是因为不会先列出正确的数量关系式，太过急于求成。

　　在达到水平二的 7 名学生中，大部分是通过先列出数量关系式，再用自己的方法得到正确答案。在这 7 名学生中，我们看到了 2 名学生的独特解法，如图 7-3-4 和图 7-3-5 所示。

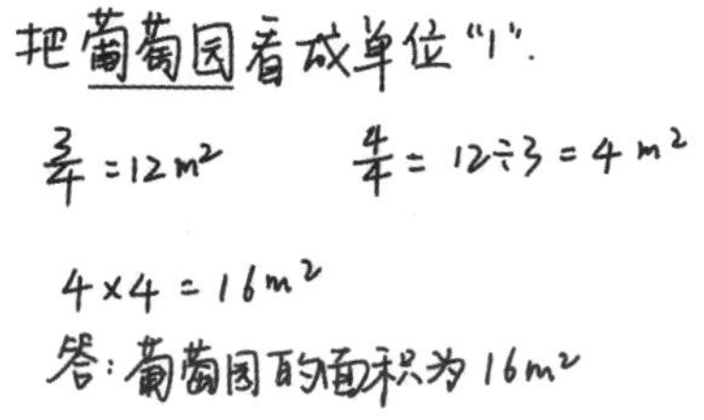

图 7-3-4　S126 的独特解答 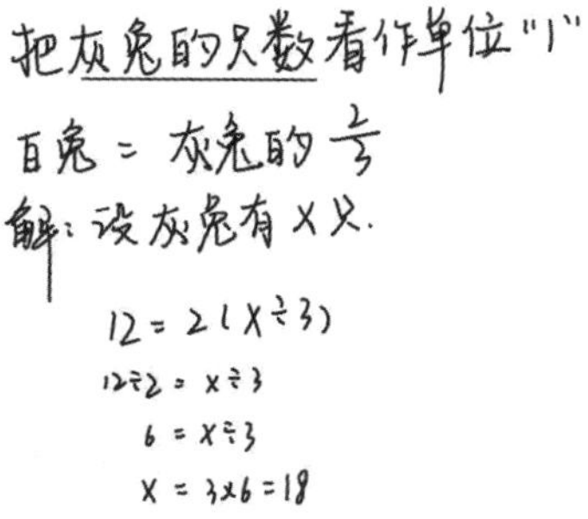　　　　图 7-3-5　S106 的独特解答

　　S126 在倍比条件求整体型的分数中，通过读题，建立了" $12 = \frac{3}{4}$ "这样的等式，其意义是非常重大的，说明学生已经深刻理解了分数的意义。在倍比条件求整体中，学生认为这 $\frac{3}{4}$ 就是 12 平方米，因此，本题中需要求得葡萄园的面积，也就是 $\frac{3}{4}$

这个分数的整体所对应的量,那么可以先求出 $\frac{1}{4}$ 是 $12\div3=4$ 平方米,$\frac{4}{4}$ 即单位"1"(整体),就是 $4\times4=16$ 平方米。

S106 在倍比条件求整体型分数情境问题中意识到,这一类型的题目与倍比条件求部分型分数情境问题的不同在于,倍比条件求部分型是求部分,而倍比条件求整体型是求整体,并且在正确列出数量关系式之后发现,整体是未知的,于是采用刚学过的列方程解应用题,设整体(即灰兔的只数)为 x,最终解得 $x=18$,即灰兔的只数为 18。

为了解这 7 名达到水平二的学生是否达到水平三,对他们进行访谈,了解他们的思维路径以及是否能够建构出这一类分数问题的一般数量关系。访谈实录如下:

研究者:5、6 两题与 1、2 两题有何区别?

S26、S36、S56、S106、S126、S136、S146:一个是求部分,一个是求整体。

研究者:对比于第一类分数问题的一般数量关系,你能够建立这一类分数问题的一般数量关系吗?

S26、S126、S136、S146:已知 A,且 A 是 B 的 $\frac{a}{b}$,求 B。一般的数量关系是:$B=A\div a\times b\left(\text{或者 }B=A\div\frac{a}{b}\right)$。

在 15 名被访学生中,有 4 名学生在倍比条件求整体型的分数情境问题中完成了建构。原来达到水平二的 7 名学生中,有 3 名学生未能成功建构出一般的数量关系式,原因在于学生在两道题中采用的方法不一样,不能进行概括归纳。学生仅仅会解决具体情境中的问题,但不能进行拓展归纳。因此,能够进行建构的学生,本身具备一定的数学概括能力。

4. 差比条件求整体型分数情境问题

在定量分析中,我们可以看出,在差比条件求整体型分数情境问题中,仅有 24% 的学生达到了水平二,相较于倍比条件求整体型分数情境问题,学生的数学抽象能力水平又有所降低,再一次说明学生在差比的分数情境中更难抽象出其中的数量关系;相较于差比条件求部分型的分数情境,学生达到水平二的人数骤减,再一次说明求整体对于学生来说操作难度更大。为了探究学生出现的问题,以及达到水平二的学生是否达到水平三,我们继续对抽取的这 15 名学生进行访谈。

表 7-3-8　访谈结果统计

	未达水平一	水平一（识别）	水平二（应用）	水平三（建构）
学生编号	S6、S16、S46、S66、S76、S86、S96	S36、S56、S106、S116		S26、S126、S136、S146

从表 7-3-8 中可以发现，未达水平一的学生占到近一半，说明在差比条件求整体型分数情境问题中，学生连理解问题都难，原因在于相较于倍比条件求整体型分数情境问题，差比条件求整体型分数情境问题是综合性更高的一类问题，学生需要先将关键句差比条件转化成倍比条件才能继续下面的解答。

在未达水平一的 7 名学生中，有 6 名学生未答题或仅仅填上错误的单位"1"，S16 是因为识别错误单位"1"及未关注到这是求整体的问题，所以在后续的解答过程中没有能够得到正确答案。S16 在测试卷中的答题情况如图 7-3-6 所示。

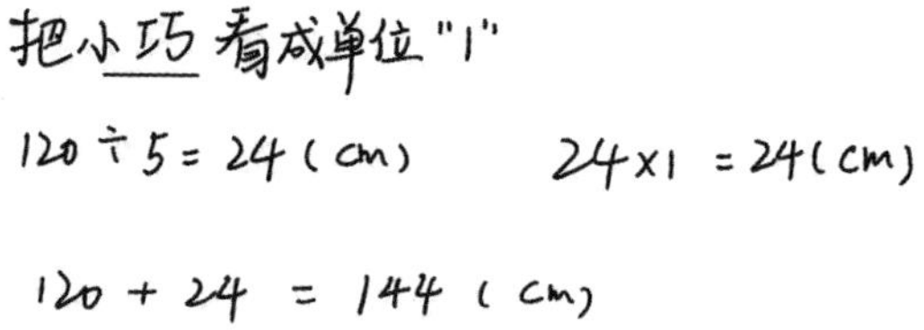

把小巧 看成单位"1"

120 ÷ 5 = 24 (cm)　　　24 × 1 = 24 (cm)

120 + 24 = 144 (cm)

图 7-3-6　S16 的错误解答

学生在差比条件求整体分数情境中未成功识别单位"1"及未关注求整体的最主要原因就在于，学生在面对"比……少"这样的差比条件关键句时，难以将其转化成倍比条件，即"是……的"的语句。因此，如果学生能够具备将差比条件转化成倍比条件的能力，一般情况下就能够识别出正确的单位"1"了。

在达到水平一的 4 名学生中，S36 和 S56 告诉研究者，他们知道和谁作比较谁就是单位"1"，也就是在差比条件求整体的第 2 个问题中，将小亚看作单位"1"，可问题是他们不知道小亚的身高是多少，也就无法得到小亚的 $\frac{1}{5}$（或 $\frac{4}{5}$）是多少。通过这样的陈述，我们可以发现，学生虽然能够识别单位"1"并且也发现了这是差比条件求整体的题型，但是没有能够达到水平二的原因就在于未主动去列出正确的数量关系式，仅仅是定性判断。

在达到水平二的 4 名学生中，不止 1 名被访者表示，用线段图的方法做起来思路会更加清晰。如图 7-3-7，小巧比小亚矮 $\frac{1}{5}$，那么可以把小亚看成单位"1"，均等分成 5 份,小巧就是同等的 4 份,所以已知小巧的身高是 120 厘米,那么就能求出小巧 1 份的身高是 30 厘米,而这 1 份的身高和小亚的 1 份在数值上是相等的,所以小亚的身高可以用 5 份这样的 30 厘米来表示,也就是 150 厘米。从中我们可以发现,只要学生能够找准单位"1"并将线段图画出,那么问题就会迎刃而解。

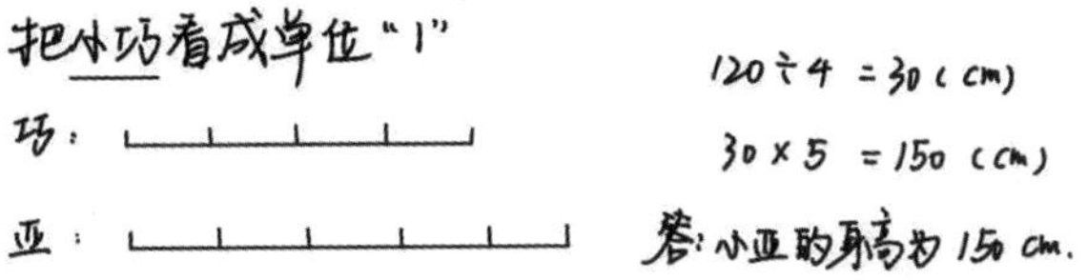

图 7-3-7 S146 的正确解答

为了解这 4 名达到水平二的学生是否达到水平三,对他们进行访谈,了解他们的思维路径以及是否能够建构出这一类分数问题的一般数量关系。访谈实录如下:

研究者:你认为 7、8 两题和前面哪一类问题比较相像,为什么?

S26、S126、S136、S146:我觉得和 3、4 两题比较像,因为它们都是"比……少"的问题,这个比较难理解,可以先把"比……少"转化为"是……的"再做。

研究者:如果让你将第四类问题像第二类一样,写出一般的数量关系式,你会怎么做?

S26、S126、S136、S146:已知 A,且 A 比 B 少 $\dfrac{a}{b}$,求 B。一般的数量关系式是 $B = A \div \left(1 - \dfrac{a}{b}\right)$。

第四节
教学建议

一、夯实基础知识,注重概念教学

小学生原有的知识储备是一切解题活动的出发点[①],也始终作为一个关键的影响因素左右着学生分数应用题的解题,夯实学生的数学基础知识也是提高小学生数学抽象能力水平的前提。通过测试卷结果我们可以看出,几乎每道题都存在知识性错误,而且知识性错误的发生率不低,而导致知识性错误产生的最重要的原因就是对分数概念的不理解或者说理解不完整。尤其是在对于单位"1"的理解上,一部分学生将其机械地、笼统地归为整体,没有结合具体的分数情境进行分析,归根结底还是对单位"1"概念掌握不透;还有一部分学生将单位"1"理解为每份数,这主要是受整数思维的影响,并没有真正理解分数所代表的含义。因为缺乏单位"1"概念或是对单位"1"概念掌握不够,导致学生在数学抽象能力的水平划分中连最基本的数学结构的识别都无法达到,抽象能力亟待提高。

二、借助直观操作,感悟数学抽象

数学抽象离不开直观,数学中很多的概念、命题都是从现实生活的具体事物中抽象出来的,因此,教学应当加强与现实生活的联系,帮助学生直观积累。学生的数学抽象能力一般是从低层次的抽象到高层次的抽象发展,即先借助具体事物,再到借助事物表象和数学概念、命题进行抽象。五年级学生的思维水平处于从具体到抽象的过渡阶段,需要借助一些直观操作,在具体操作的基础上感悟抽象的

---

① 韩冰,王光明.认知结构在解题过程中的作用与思考[J].中学数学杂志,2005(11):28—32.

概念。

正如我们在前文所说,在分数情境中,先找到单位"1"是准确解题的前提,但是这样的思维过程对于部分小学生来说稍显抽象,毕竟单位"1"是一个抽象概念,但是条条大路通罗马,数学教师应当在日常的教学中渗透给学生一题多解的思想。数学是一门科学,一门可以拓展思维的科学,因此解题方式方法应当发散出去,让学生开动脑筋,尽量想办法找到突破口。

三、在数学素养综合发展过程中提高抽象能力

小学五年级学生在数学思维能力上还没有发展完全,需要大力培养,各数学能力的发展是紧密联系的,加强其他能力的培养能够促进数学抽象能力的发展。课程标准指出,在数学课程中,应当注重发展学生的数感、符号意识、空间观念、几何直观、数据分析观念、运算能力、推理能力和模型思想。在总目标中提出学生数学思考的具体表现之一就是建立数感、符号意识和空间观念,初步形成几何直观和运算能力,发展形象思维和抽象思维。其实,每一种素养的形成和数学抽象能力的发展都是同步的。例如,推理能力和运算能力中分别包括推理证明和数式的演算,而这些形式化的过程与数学抽象密不可分;空间观念,即根据物体特征抽象出几何图形,想象出物体的方位和相互之间的位置关系;模型思想,即在建立模型的过程中从现实生活或具体情境中抽象出数学问题,用数学符号表示数学问题中的数学关系和规律。

四、注重观察、分析、类比、猜想、概括等活动经验的积累

数学概念的掌握、数学法则的建立、数学规律的探索、问题策略的提炼往往需要学生经历完整的抽象思维活动。教师需要尽可能引导学生进行观察、实验、分析、归纳、类比、联想,综合运用各种思维方式去建立数学知识与现实世界之间的联系,把数学变成抽象符号的游戏。数学活动能充分调动学生积极性和主动性,这对其能力的培养是有促进作用的。

五、加强数学抽象能力的训练

解题的训练是有必要的。增加训练和题海战术不同,训练是要有质量的,学生通过训练能够有新的提升,非机械性的,不是单纯地把题目做熟就可以了,而是需要在问题解决后对其进行反思。正如波利亚提出的解决问题的四个阶段:理解题

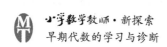

目,拟订方案,执行方案,回顾①。其中,回顾阶段是一个重要且有益的阶段。在这个阶段中,学生对已解决的问题重新审视,思考结果是通过什么途径得出的,采用逆向思维,发现与其他事物的联系,抽象出可以解决其他问题的策略。进一步地,还可以对问题作适当地变式,然后归纳问题中所包含着的共同数学方法,抓住本质,能更好地迁移。有时候会碰到抽象程度比较高的数学问题,可以将问题简单化、特殊化,从而抽象出一般的解决途径。

对于一个数学概念,教师自己要做到心中有数,对其本质属性有深刻的领悟,方能在其内涵和外延上作变化,帮助学生更好地掌握。做到这一点,需要教师充分挖掘教材中的资源,加强对教材中数学抽象的呈现方式的理解②。同时,教师可以试着指导学生经历抽象的过程,从而抓好教学时机,使得教学更加有层次性。

① 波利亚.怎样解题——数学教学法的新面貌[M].徐泓,冯承天,译.上海:上海科技教育出版社,2002.

② 赵静.数学抽象的表现形式及其教与学的调查研究——基于苏科版教科书"图形与几何"领域[D].南京:南京师范大学,2015.

图书在版编目（CIP）数据

早期代数的学习与诊断 / 黄兴丰著. — 上海：上海教育
出版社，2021.8
ISBN 978-7-5720-1117-7

Ⅰ.①早… Ⅱ.①黄… Ⅲ.①代数课－教学研究－小学
Ⅳ.①G623.5

中国版本图书馆CIP数据核字(2021)第158992号

责任编辑　李　达　王雅凤　周明旭
美术设计　王　捷

Zaoqi Daishu de Xuexi yu Zhenduan
早期代数的学习与诊断
黄兴丰　著

出版发行	上海教育出版社有限公司
官　　网	www.seph.com.cn
地　　址	上海市永福路123号
邮　　编	200031
印　　刷	上海商务联西印刷有限公司
开　　本	700×1000　1/16　印张20.75　插页1
字　　数	360千字
版　　次	2021年8月第1版
印　　次	2021年8月第1次印刷
书　　号	ISBN 978-7-5720-1117-7/G·0876
定　　价	59.80元

如发现质量问题，读者可向本社调换　电话：021-64377165